U0710856

本书为国家社科基金项目（项目批准号：11BSH014）

本书出版受江西省十二五重点学科"南昌大学管理科学与工程学科"资助

NONGMINGONG JIUYE BODONG FENXI
JI DUICE YANJIU

农民工就业波动分析及对策研究

陈东有 等著

人民出版社

目　　录

附 录

绪　　论

一、农民工就业波动问题的提出

农村中的富余农业劳动力向非农产业和城镇转移,是世界各国工业化、城镇化发展的普遍趋势,是农业人口比重大的国家农业现代化的必然要求。从 20 世纪 80 年代开始,至今依然在进行的农民工潮是中国历史上人数最多、范围最广的人口迁徙和自发性劳动力结构性配置运动,越来越多的农村劳动力进入城镇,为中国的工业化和城镇化的发展作出了巨大贡献。在这场历史大变革运动中,对进城的农民工来说,就业是最基本的生存保障,为了获得比较稳定的工作、比较满意的工作条件、比较满意的劳动报酬、比较满意的生活待遇等,农民工四处奔波,不断地流动,中国的农民工为了生存和发展,人处于流动中,就业状态处于波动中。我们发现,正由于这是一场自发性的就业运动,其涉及面之广、影响之深,前所未有,就业流动过程中的波动性也就不同于一般意义上的就业波动,它展现出了中国社会和经济运动中的深层次现实问题。研究近五年来中国农民工的就业波动,可以发现中国社会前进和经济发展中的深层次问题,并通过实事求是的研究,努力找到解决这些问题的办法。

(一)关于农民工

2006 年 3 月 27 日,《国务院关于解决农民工问题的若干意见》公布,这是国务院制定的一个全面研究解决农民工问题的重要指导性文件。《意见》指出:"农民工是我国改革开放和工业化、城镇化进程中涌现的一支新型劳动大军。他们户籍仍在农村,主要从事非农产业,有的在农闲季节外出务工、亦工亦农,流动性强;有的长期在城市就业,已成为产业工人的重要组成部分。大量农民进城务工或在乡镇企业就业,对我国现代化建设作出了重大贡献。"这是国家对农民工的定性评价,再次充分肯定了农民工的历史地位与作用,但在这种高度评价里,仍然用了"农民工"这个词。

农民工,原本是来自民间的说法,概念内涵很简单,就是"农民"加"工人",即身份是农民,职业是工人。由农村务农者转变为非农产业劳动者或者说城镇务工者,不论他们是长期性的还是季节性的。这里的农民身份不只是由原有职业确定的,比如第一代迈着泥腿进城务工的农民兄弟们;也是由我们国家的户籍制度决定的,比如离开十分熟悉的农村的第一代农民工和对农村已经陌生了的第二代(新生代)农民工。有一段时期,曾经讨论"农民工"这个名称是否是对他们的一种歧视,呼吁改名。但是我们很快发现,用"工人"、"进城务工人员"等等名称都不足以说明他们的本质特征。尊重现实,说明本质,本书还是用"农民工"来称呼目前规模已经高达2亿6千万务工的农民兄弟。

这里有一点必须强调,我们还认为,"农民工"是对农民工"农民"身份和权益的一种肯定。过去,我们认为农民要低城市市民一等,这是一种歧视观念的表现。现在,随着改革开放的不断深入,农民应有的权益逐渐得到肯定和重视,附着在"农民"身份上的财产权益不仅越来越明显地突现出来,而且也越来越得到法律和政策的保障,也越来越给农民兄弟带来更多的收益。因此,不能再用落后的观念去看待"农民工"这个专用名词。

中国的产业工人发展与西方国家产业工人的发展有很大的区别。中国的产业工人与农民有着天然的密切联系。西方的产业工人主要是来自城市中的市民和其他无业人员,农民占的比重不高,因为欧洲许多国家的城市发育比较早,在工业革命之前,已经有数量很多、比较成熟的城镇及庞大的市民队伍,他们为工业革命和近现代工业的发展提供了大量的人力资源。中国的近现代城镇发育迟缓,市民队伍人数较少,而我国在19世纪后期和20

世纪初期的近现代工业,工人队伍一方面来自城镇里的市民,如手工业者、店员和体力劳动者,一方面更多的是来自城镇郊区乃至离城镇更远的山乡的农民,他们或失去了土地进入城镇,或因贫困而放弃土地进入城镇。毛泽东在《中国革命和中国共产党》一文中分析中国的"无产阶级"时说得很明白:"中国无产阶级中,现代产业工人约有二百五十万至三百万……由于从破产农民出身的成分占多数,中国无产阶级和广大的农民有一种天然的联系,便利于他们和农民结成亲密的联盟。"①20 世纪 70 年代末开始的改革开放,最直接促成中国产业工人队伍迅速发展的原因有两条:一是农村首先掀起了以家庭联产承包责任制为突破口的农村改革,农民有了自己决策生产和调整劳动时间的权力,生产力和生产积极性空前提高,于是农村出现大量的富余劳动力。二是城镇开始了工业化和城镇化建设的浪潮,物质财富开始涌现,制造业、建筑业、交通业等行业劳动力的大量缺乏,城镇中的市民难以补上这个巨大缺口,于是农民发现了这个机遇,自发地从农村走进城市,变过去的务农为现在的务工。中国近现代史上虽然有无数次农民进城务工的浪潮,但这是第一次短时间内出现的由成百上千万大规模从农村的田地走进城镇从事工业生产的农民组成的新的产业工人队伍,即农民工。中国从来没有过如此广泛深刻的社会大变革,也没有如此大规模的经济发展,所以也从来没有过这么多的农民向城镇迁徙。

农民进城务工就业,成了农民工,中国的二产、三产有了一支庞大的工人队伍,这是好事,是中国社会进步的标志,是中国经济发展的表现。但数千万、上亿、数亿人口在短暂的 30 年中发生如此大规模的就业迁徙,也给社会带来许多的难题。我们的城市公共服务资源、我们的产业就业结构及其容纳量、我们过去由计划经济确定下来的一整套规则制度还来不及进行适应性改革或改变,具体到我们城镇中为农民工提供的吃、住、行、医、公共文化、义务教育、文化活动等基本物质和公共服务的供应,我们在农民工集中

---

① 《毛泽东选集》第二卷,人民出版社 1991 年版,第 644 页。

进城和返乡时要提供的交通条件,我们应该公平地像对待城镇市民一样对待农民工的制度、规则还有观念都来不及准备妥当。其中一切问题的焦点和引发其他问题的核心就是农民工的平等就业问题。由于我们还没有做好准备,农民就进城成了工人了,于是,原本处于流动中的农民工其流动性更为突出,这种流动性最直接地导致了农民工就业产生波动。

不论现实的困难有多大,也不论新产生的问题有多少,农民工已经成为了中国当代工人阶级的重要组成部分,成为了中国改革开放的重要力量,成为了决定中国发展前进的重要力量。关于农民工对当代中国经济社会发展的贡献,已有很多学者进行了总结和阐述,这里不再赘述,特引用国务院农民工办课题组在《中国农民工发展研究》中归纳的"农民工对我国经济社会发展的重大贡献"作为当前的一致看法:"农民工队伍的产生和壮大,是继农村家庭承包经营制度和乡镇企业之后,中国农民的又一伟大创造,是解放农村社会生产力的又一伟大创举。改革开放30多年来,农民工为我国深化改革,扩大开放,推动科学发展,加快工业化和城镇化进程,推进社会主义新农村建设,做出了特殊的历史贡献。农民工群体的出现,正在改变我国经济社会基本格局,并将对未来经济和社会发展产生全局性、战略性、历史性的影响。"重大贡献表现为:"促进了我国工业化的快速发展","支撑了我国城镇化的快速发展","推动了改革的不断深化","带动了农业、农村和落后地区的发展","推动了我国社会结构转型",等等①。

(二)新中国成立以后农民进城务工就业简要回顾

新中国成立以后,与人口迅速增长对应的是在工业化和城镇化、农业机械化的进程中,农村富余劳动力越来越多,逐步孕育了农村劳动力向城市转移、农业劳动力向非农产业转移的趋势,由于户籍不能随意改变的原因,以农民身份离开农村从事非农产业劳动的"农民工"这样一种特殊的过渡性

---

① 国务院农民工办课题组:《中国农民工发展研究》,中国劳动社会保障出版社2013年版,第8—9页。

社会群体越来越大①。

1.限制农民进城务工就业阶段

从国家政策层面和实际情况来看,1958 年出台的《户口登记条例》一直延续到 1983 年,我国推行城乡就业隔离政策,基本上不允许农村劳动力自由进入城市就业,即使到了 20 世纪 80 年代初期,改革开放已经开始,一部分农村劳动力凭依自己的手艺和做小商小贩进入城市,也受到了限制。1981 年 12 月 30 日,国务院还下达了《国务院关于严格控制农村劳动力进城做工和农业人口转为非农业人口的通知》。这是限制农民进城务工就业阶段。

2.允许农民流动进城务工阶段

进入上世纪 80 年代中期,随着城乡一系列改革措施的实施,乡镇企业异军突起,国民经济出现了逐步高速增长的形势,对非农产业就业的用工需求加大,特别是东部地区率先发展,城市各项建设开始高涨,本地劳动力已经远远不能符合要求,而各地,主要是中西部地区农村大量的剩余劳动力已经开始向东部地区特别是城市涌动,于是,政府有条件地认可农民流动进城务工就业的权利,允许农民进城务工。这是允许农民流动进城务工阶段。

3.控制"盲流"的阶段

允许流动进入到 1988 年底,由于经济过热,出现了严重的通货膨胀,国家采取了治理整顿的政策,很多建设项目下马或停建,相当一部分企业开工不足,国民经济增长速度明显放慢,城市劳动力市场就业形势恶化,大量农民工被清退,农民工只得向农村回流。各地也采取了许多措施,实施治理整顿政策,于是农民工进城务工就会违反当地政府的就业和居住相关规定。另外,一部分农民以"离土不离乡"的方式进入乡镇企业做工,但好景不长,乡镇企业因为产权不明晰等原因或是纷纷倒闭,或是无法接纳太多的农民工,农村富余劳动力因为就业空间过小仍然在向有着已经实施开放政策和

①　国务院农民工办课题组:《中国农民工发展研究》,中国劳动社会保障出版社 2013 年版,第 55—61 页。

经济比较发展的沿海地区涌动。于是,在中国的大量媒体上,我们可以看到"盲流"这两个十分刺眼的字。这是控制"盲流"的阶段。这个阶段时间并不长,有三年多的时间。

4.引导有序流动阶段

从 1992 年邓小平南方讲话之后,中国的改革开放再次展现出活力,两股力量推动着农民工再一次突破一切阻力涌向城市:东部沿海地区的工业化、城镇化建设迅猛发展,制造业、建筑业和服务业需要大量的劳动力,对农村富余劳动力来讲,这是巨大的拉力;而农村改革促动农民思想变得更加活跃,农村内部就业压力挤压出来的大量剩余劳动力涌动着向城市要工作的活力,这是巨大的推力。面对这种形势,国家调整了农民工进城务工的政策指向,采取了一系列举措允许并引导农民工进城务工,"盲流"变成了"潮流",直到进入新世纪。这一时期,有几个国家文件代表了这种政策倾向,如 1997 年 11 月国务院办公厅转发的劳动部等部门《关于进一步做好组织民工有序流动工作意见》,2000 年 1 月 17 日《劳动和社会保障部办公厅关于印发做好农村富余劳动力流动就业工作意见的通知》。这是引导有序流动阶段。

5.以人为本,开始公平对待农民工进城务工就业阶段

进入 21 世纪,随着城镇化、工业化进程加快,教育、卫生、文化等公共资源在大中城市集聚,城乡差别越加明显;不同地区、不同行业、不同地位、不同资源导致的收入差距也越来越大,农民工不仅进城务工人数在与年俱增,农民工的权益和农民工进城务工出现的社会问题也在与日俱增。对农民工这个社会人群的认识必须得到进一步的明确,农民工进城务工后应该享有的合法权益应该得到承认,进城务工的农民工人格应该得到尊重。党的十六大召开后,随着科学发展、以人为本思想的提出,农民工是当代中国产业工人的重要组成部分的共识开始确立并普及,保障农民工的合法权益,尊重农民工的人格,解决包括欠薪、社会保障、留守儿童等一系列农民工问题成为社会的积极呼声。这个时候,中央出台的几个关于农民工的重要文件可

以作为阶段性的标志,如 2002 年 1 月 10 日的《中共中央国务院关于做好 2002 年农业和农村工作的意见》,2003 年 1 月 5 日的《国务院办公厅关于做好农民进城务工就业管理和服务工作的通知》,2006 年 3 月 27 日的《国务院关于解决农民工问题的若干意见》。这是以人为本,开始公平对待农民工进城务工就业阶段。

由此而论,20 世纪 90 年代以来大量流动性"农民工"的涌现,反映了农民工进城务工和跨地区流动的客观必然性。进入 21 世纪以来,随着我国城镇化、工业化进程的加快和农民工对城镇化、工业化、城市社会经济发展的巨大贡献得到了越来越多人的认同,农民工进城和就业问题已成为全局性的问题。

人力资源和社会保障部副部长杨志明在党的十八大记者招待会上指出,我国现在的农民工有 2.5 亿,其中外出务工的农民工为 1.5 亿。2013 年 1 月出版的《中国农民工发展研究》数据显示,我国的农民工总量已达 2.63 亿,其中外出务工的农民工已经超过 1.63 亿。根据国家人口和计划生育委员会发布的 2012 年《中国流动人口生存发展状况报告》,在农民工这一流动群体中,60%的农民工集中在制造、社会服务、建筑业等低薪或高危行业,年龄在 20—44 岁之间的青壮年劳动力约占总量的 2/3。这些新生代农民工大多数在城市成长,基本不懂农业生产,即使经济形势波动,城市就业形势不好,他们也不大可能返乡务农。国家统计局在监测分析中也得出相近的结论,多半新生代农民工基本不愿意从事农业生产,接近一半有在城市定居的打算,这意味着新生代农民工向城市流动已经成为并将继续成为一种趋势。不过,蔡昉指出,农民工尚未成为城镇户籍居民,社会保障不健全,面临周期性失业的风险,仍然是劳动力市场上的脆弱人群,存在较大的就业波动。

6.全面深化改革,农民工问题进入制度性解决的阶段

2013 年 11 月 9 日至 12 日,中国共产党十八届三中全会举行,全会审议通过了《中共中央关于全面深化改革若干重大问题的决定》。《决定》中多

次讲到与农民工权益直接相关的制度建设问题,多年来,关于解决农民工一系列问题的讨论,都将纳入制度建设的范畴,从根本上解决问题。农民工诸多问题进入制度性解决的阶段。解决"城乡二元结构问题"是诸多问题的"牛鼻子",《决定》提出:"城乡二元结构是制约城乡发展一体化的主要障碍。必须健全体制机制,形成以工促农、以城带乡、工农互惠、城乡一体的新型工农城乡关系,让广大农民平等参与现代化进程、共同分享现代化成果。"关于农民工等农业转移人口市民化问题,《决定》提出,推进农业转移人口市民化,逐步把符合条件的农业转移人口转为城镇居民。创新人口管理,加快户籍制度改革,全面放开建制镇和小城市落户限制,有序放开中等城市落户限制,合理确定大城市落户条件,严格控制特大城市人口规模。稳步推进城镇基本公共服务常住人口全覆盖,把进城落户农民完全纳入城镇住房和社会保障体系,在农村参加的养老保险和医疗保险规范接入城镇社保体系。建立财政转移支付同农业转移人口市民化挂钩机制,从严合理供给城市建设用地,提高城市土地利用率。这是解决本课题正在讨论的农民工进城就业后的公平待遇和基本权益的重要举措。关于农民工的财产权利和经济权益,《决定》提出,赋予农民更多财产权利。保障农民集体经济组织成员权利,积极发展农民股份合作,赋予农民对集体资产股份占有、收益、有偿退出及抵押、担保、继承权。保障农户宅基地用益物权,改革完善农村宅基地制度,选择若干试点,慎重稳妥推进农民住房财产权抵押、担保、转让,探索农民增加财产性收入渠道。建立农村产权流转交易市场,推动农村产权流转交易公开、公正、规范运行。推进城乡要素平等交换和公共资源均衡配置。维护农民生产要素权益,保障农民工同工同酬,保障农民公平分享土地增值收益,保障金融机构农村存款主要用于农业农村。健全农业支持保护体系,改革农业补贴制度。这是为农民工外出务工就业奠定了坚实的经济基础,也为农民工外出务工就业和创业开辟了更多的渠道。对于农民工多年来外出就业因身份而受到的歧视,《决定》提出了制度性的保障:规范招人用人制度,消除城乡、行业、身份、性别等一切影响平等就业的制度障碍和就业歧视。

（三）关于就业波动

从社会学和经济学的角度来看社会就业,都是动态的,不会一成不变。只要有就业者发生职业变动,就会出现社会就业的波动。现在我们要研究的问题,不仅面对的是进入劳动力市场的上亿劳动者和数十万用人单位会在就业和用工上作出不断的选择,更要面对促动这种选择的经济形势与社会变革的千变万化。如果这样来认识,那么就业波动可解释为:在就业者和用人单位的主观需要以及就业环境的客观影响下形成的就业人数的变化。

就业波动可以从性质上分为正常波动和非正常波动。

正常波动是指在有利于就业者和用工企业双方选择权的正常情况下,出现的社会、行业、企业用工数量的增减。

非正常波动正好相反,是指在不利于就业者和用工企业一方或双方选择权的非正常情况下出现的社会、行业、企业用工数量的增减。

正常波动对社会人力资源配置具有积极意义,是市场对人力资源配置的表现,也是政府按照市场规律和社会发展的需要以及特殊情况下对人力资源配置的必要协调;非正常波动会扰乱社会人力资源配置,其中包含就业者和用工企业的合法权益受到损害,是市场自身的异常和政府部门不恰当干扰的表现。

正常波动,农民工根据自己就业收益与成本差额的比较,根据自己就业技术的变化提高等,通过自己拥有的人脉关系(社会资本)的支持,选择或重新选择不同地区、不同产业、不同行业、不同企业进行就业,使某地区、某产业、某行业、某企业的就业人数出现变化;某企业由于生产结构进行调整、生产技术发生革新、生产规模发生变化等方面的原因,某行业、产业、地区的经济、生产发生变革、调整、转型、升级等方面的原因,使就业人数出现变化。这都是正常的就业波动,是生产力发展变化的表现。本书重点对非正常波动进行研究。

非正常波动,主要是人为的因素,因为制度的设计,如户籍制度设计和规定,导致就业者的选择与再选择中不公平而出现就业波动;因为劳资双方中的一方不遵守国家规定损害了对方合法权益,如工资、社会保障、福利和企业的正常生产等,导致就业波动。本书所说的"就业波动",指的就是就业波动中这些非正常波动内涵,这是本书研究的对象。另外有一些因非人为因素造成的非正常波动,不属于本项目讨论的范围,如自然灾害导致的社会就业状况出现波动,无法通过人力来进行纠正。至于全球性、全局性的经济、金融出现突发问题而导致的就业波动,只作为本书研究时的背景讨论。

当然,就业波动还可以从时间的关系上分为暂时性波动、持久性波动,从空间的关系上分为全局性波动、局部性波动,从产业、行业关系上分为单纯性波动和复杂性波动,等等。这些波动类型都比较好理解,也会成为本书研究中的对象。另外,在时间与空间相互关系上又有纵向波动和横向波动两个角度,这里稍作说明。

纵向波动,主要是同一个空间不同时段的波动状态,受不同时期国内外经济形势的影响,就业在全国或某个区域、产业、行业和企业呈现波动,如2008年秋季发生的由美国次贷危机引发的全球性金融危机,给中国的制造业带来很大的冲击,特别是与世界市场关系最为紧密的沿海发达省份,由于外企外商突然撤单毁约,导致大批企业或停产、或倒闭,大批农民工不得不提前返乡。到2009年春节前,全国14000万外出农民工约有一半提前返乡,其中有1800万需要解决就业问题。如江西全省约有180万农民工提前返乡,约占外出务工人员的三分之一。到2010年开始的欧债危机又冲击中国的相关产业,给中国的企业带来不稳定的因素,导致农民工就业发生波动。我国一些行业出现产能过剩,由于市场行情和经济发展出现波动,在不同的时段影响着相关企业的就业出现不稳定的波动状态。

横向波动,主要是在一段时间内,不同的地区、行业、企业因为制度性、市场性、群体性的原因引起的就业波动状态。这里既有行业、产业结构调整的影响,一、二、三产业之间的调整,劳动密集型产业与技术密集型产业之间的调整;也有区域间劳动力流动的影响。企业性影响目前比较复杂,中小企业发展面临困难,企业利润与工资成本相矛盾。制度性影响表现在用工制度、教育制度、社会保障制度上,目前,跨省劳务输出权益保障仍有很多问题没有解决。群体性影响表现不仅有身份、性别歧视上的老问题,现在更多的涉及第一代农民工中出现的家庭照顾问题、自己的身体问题,第二代农民工教育培训、人格尊严和价值实现问题。

纵向波动与横向波动的研究要看它们的具体表现,主要是作为观察问题和分析问题的维度来处理,不一概而论。纵向波动中的国际金融危机对农民工就业的波动是全局性的,可以作为观察问题分析问题的背景来对待。而横向波动中的制度性问题、企业的问题等,则直接进入问题的分析过程和解决问题的具体举措中来考虑。

二、农民工就业问题在国内外研究现状述评

就业和就业波动往往受到经济形势变化、产业结构调整、国家和地方政策的出台以及就业者个体特征变化等诸多因素影响。农民工就业波动主要表现为务工人数在特定区域输入和输出的变化、务工季节的变化、外出务工地区的变化以及务工行业的变化。这些外在的波动状态反映出农民工心理需求的变化、权益期待的变化、工资待遇期待的变化、处理好家庭关系的期待变化以及更深层次的社会公平的期望在不断增长。从整个社会层面来看,这是不同社会阶层心理发生变化、社会治理亟待加强和企业用工制度理应作出调整的现实反映。

就业理论是宏观经济学的一个重要组成部分,也是劳动经济学的主要内容。然而,对于中国农民工这一中国特有群体的就业实践及其问题的研究,国外学界研究不多,他们的主要成就既有早期经典理论的建设,也有二战之后针对新的就业问题与就业波动问题的论述,在宏观理论和策略上对我们不无启示。而近十多年来,由于中国农民工队伍不断发展壮大,由此带来的一系列经济问题和社会问题越来越引起党委政府的重视,引起国内许多学者研究的热情,国内学界实证性研究成果十分丰富。

(一)国外相关研究

1.关于就业与失业的问题

马克思指出,在工业发展的进程中,随着资本有机构成(不变资本与可变资本之比)的不断提高,可变资本在总资本中所占的比重相对减少,"对劳动的需求总是赶不上资本的积累",劳动力对资本的供给却绝对增加,这势必产生大量相对过剩人口,导致劳动者失业①。

亚当·斯密在谈到自由贸易时认为,被撤销保护的产业会暂时减少就业人数,但经济体系有很好的适应力,"国内有更多的居民能够由此取得收入和就业机会"②。以马歇尔为代表的新古典经济学继承和发展了斯密的经济思想,他们认为,在完全竞争市场不会出现大量的长期失业。凯恩斯提出了与此相反的观点③,他认为,由于"边际消费倾向"、"资本边际效率递减"和"流动性偏好"三大心理定律共同作用导致社会总需求不足,经济中不存在生产和就业向完全就业方向发展的强大的自动机制,单靠市场的力量难以达到充分就业状态。

关于科学技术对就业问题的影响,在西方学术界有着不同的认识,甚至迥异的观点。克鲁格曼认为,"劳动力的持续波动是现代经济无法回避的特征之一",即使经济实现了就业但仍然存在失业现象④。曼昆也认为,由于"工人有不同的偏好与能力,工作有不同的特点与性质",加上"找工作者和空缺职位的信息交流并不完全",因此"一些摩擦性失业是不可避免的"⑤。索伦森认为,"从社会的角度讲,失业是一种资源浪费",他进而在

① 《马克思恩格斯全集》第16卷,人民出版社1964年版,第168页。
② [英]亚当·斯密:《国民财富的性质和原因的研究》(下卷),郭大力译,商务印书馆2009年版,第27—29页。
③ [英]凯恩斯:《就业、利息和货币通论》,高鸿业译,商务印书馆1999年版。
④ [美]克鲁格曼:《经济学原理》,黄卫平译,中国人民大学出版社2013年版,第318—319页。
⑤ [美]曼昆:《宏观经济学》,张帆译,中国人民大学出版社2009年版,第163—164页。

"效率工资"的基础上提出了治理非自愿性失业的结构性政策①。

门施等新熊彼特派学者认为,基本创新是推动经济增长的最重要动力,创新有利于促进就业。不过,也有不少学者担忧,采用新生产工艺的工厂往往减少对劳动力的需求量,限制了没有受过教育的人的就业机会;与此同时,使用陈旧设备的工厂可能在竞争中失利,导致其劳动者因此而失去工作。不过,正如诺拉所言,科技进步"目前有加剧失业的危险,而将来有增加就业的可能"。也许在短期内,科技进步会在某些行业或某些部门造成一定程度的就业波动;但就长期而言,有利于就业结构的优化升级②。制度经济学代表人物康芒斯认为,由于机械发明的浪潮,"劳动没有时间得到调整","新的产业扩张得不够快",会引起"暂时的失业"③。针对科技进步对就业造成的影响,哈耶克等经济学家从整体均衡理论和要素替代理论出发,认为要大力发展现代科技,这样从长远来说可以创造出一些新的就业机会。

2.关于农民进城就业原因

发展经济学对农民进城就业进行了研究。刘易斯认为,城乡实际收入差距是农村劳动力向城市转移的动力,传统部门存在剩余劳动力,"如果工业部门按固定的工资率提供就业机会,对农业产出的边际贡献低于制度工资率的劳动力,是愿意转移到工业部门去的"④。托达罗则放弃了刘易斯模型的假定,认为农村是否选择前往城市就业的主要动机在于城乡预期收入差异,迁入者找到工作的概率与城市创造的就业机会成正比,与城市的失业人数成反比⑤。20世纪60年代,美国学术界的"推拉理论"从另一视角分析了农民进城就业的原因,但有的学者注意到农民向城市转移就业时存在

---

① [丹]索伦森:《高级宏观经济学导论》,王文平译,中国人民大学出版社2012年版,第283—292页。

② [法]诺拉:《社会的信息化》,施以方译,商务印务馆1985年版。

③ [美]康芒斯:《制度经济学》,赵睿译,华夏出版社2013年版,第473—474页。

④ Lewis W A."Economic Development with Unlimited Supplies of Labour", *The Manchester School of Economic and Social Studies*,1954(22):139—191.

⑤ [美]托达罗:《发展经济学》,余向华译,机械工业出版社2009年版。

"中间障碍"。

3.关于就业波动

Bardhan 和 Y.Algan 分析了经济周期与宏观就业波动关系,研究认为:在萧条周期,产出下降可以迅速摧毁就业,使失业率在短期内迅速蹿升;但到了繁荣期,产出的恢复并不会带来失业率的快速下降,相反,失业率会持续地徘徊于高位,似乎很难恢复到萧条前的水平①。在经济萧条时,公共部门的工资刚性造就了它相对于私人部门的工资优势,私人部门就业岗位的竞争力削弱,人们涌向公共部门求职。由于求职者减少,私人部门空缺岗位被填满的概率减少,这反过来抑制私人部门提供空缺岗位的积极性,并使就业形势变得更加严峻②。

Figura 探讨了暂时性波动、持久性波动与人力资本关系,研究认为:就业波动可分为暂时性与持久性波动,暂时性波动意味着个体主动在家庭生产、岗位搜寻和劳动力市场就业之间进行抉择,对个体人力资本影响较小;而持久性波动意味着个体被动从事非市场就业活动,对个体人力资本,特别是与工作岗位直接相关的专用人力资本影响很大③。D.Lim 的社会政策与就业波动关系研究认为:各国政府对企业裁员行为都会作出或多或少的限制以提高企业的解雇成本,有的政府甚至会直接冻结企业的解雇行为。劳动管制政策和解雇成本使企业不敢随心所欲地调整雇用量④。

4.关于促进就业

对促进就业,国外学者也有不同的观点。以亚当·斯密为代表的古典

---

① [日]速水佑次郎:《发展经济学》,李周译,社会科学文献出版社 2003 年版,第80—81 页。

② 丁守海:《经济周期中就业波动研究新进展》,载《经济理论与经济管理》2010 年第 9 期。

③ Figura, A. "Explaining Cyclical Movement in Employment", *Labour Economics* (forthcoming),2009(6).

④ D.Lim. "On Estimating the Employment-output Elasticity for Malaysian Manufacturing", *The Journal of Developing Areas*,1976(10).

经济学派认为,市场机制可以灵活调节劳动力就业问题,政府无须采取任何
干预措施。以马歇尔为代表的新古典经济学也坚持市场的调节作用,反对
政府干预就业市场。但凯恩斯认为,单靠市场的力量难以达到充分就业状
态,政府必须同时采取财政政策和货币政策,实现经济的充分就业均衡。新
凯恩斯主义继承了凯恩斯的基本观点,同时提出政府要干预工资合同,并采
取积极的货币政策,以提高就业率。

发展经济学从经济结构、产业转换和人力资本等角度提出了解决就业
问题的一系列措施。在刘易斯看来,解决发展中国家就业问题的主要途径
是扩大现代工业部门的资本积累和生产规模,从而加速农业富余劳动力的
转移[①];托达罗指出许多发展中国家的失业问题越来越严重,大批劳动力在
城市中找不到工作,而同时又有越来越多的农民试图离开农村而进入城市,
这一现象是传统人口流动模型所难以解释的,他进而提出了通过加快农业
发展消化富余劳动力、减少城市就业压力并最终消除二元经济结构的思
路[②];舒尔茨则更着重强调人力资本对现代经济增长的影响,他认为,人力
资源市场政策应从保障失业者的生活为目标转向充分开发利用人力资源,
以加大人力投资来解决失业与职位空缺的矛盾[③]。

当然,由于马克思政治经济学与西方经济学的形成背景不同,他们对于
就业的分析路径和方法措施各有差异,给我们带来的启示也大不相同。比
如,马克思提出的通过技术进步引起的分工发展和产业扩张,可以带来就业
的补偿。总的来看,西方就业理论中关于完善劳动力市场和结构性失业方
面的众多论述,对于缓解我国当前的农民工就业问题有重要的借鉴意义。

（二）国内相关研究

在新中国成立后的三十多年时间里,国内理论界拘泥于社会主义没有

① Lewis W A."Economic Development with Unlimited Supplies of Labour", *The Manchester School of Economic and Social Studies*,1954(22):139-191.

② Harris,John,Michael Tadaro."Migration,Unemployment and Development:Two-SectorAnalysis",*American Economic Review*,1970,(60):126-142.

③ 任保平:《发展经济学的工业化理论述评》,载《学术月刊》2004年第4期。

失业这一观念,一般很少研究包括失业问题在内的就业问题。由于当时农民不可能自由地离土离乡进城务工,也就没有相关问题的讨论。20世纪80年代末治理改革开放的第一次"通胀"以后,我国的失业逐步显现:大批企业"关停并转",大量工人"下岗"失业;而农村富余劳动力进城打工势头强劲,于是有人认为,商品经济条件下"失业在所难免"。邓小平南方谈话以后,汪大海等学者进而提出,"失业是市场经济的伴生物",社会主义社会和资本主义社会都存在失业,这两种社会制度在失业问题上并无本质区别①。于是包括失业问题在内的就业问题成为了国内理论界研究的正常问题,而农民工进城务工的就业问题更是引起了众多学者的关注和研究。

1.农民工就业中的"人口红利"的问题

很多学者从供给和需求的关系分析我国农民工就业问题。王诚认为,农民工失业的根本原因是供给总量巨大和有效需求相对不足之间的矛盾,经济增长创造的岗位满足不了就业的需求增量②。有的学者甚至认为,即使剩余劳动力不复存在,但是农民工这样一个庞大的以非技术工作为主体的劳动人群,还是会对整个劳动力市场产生巨大的供给压力。郜风涛从经济周期角度分析后发现,新中国成立后,经济经历了十多次大起大落,其中每次大的紧缩,都造成银行投资减少,社会需求下降,企业产品积压,失业人数增加③。

"人口红利"是国内学者研究农民工就业时的热门话题。胡鞍钢等一些专家将我国实行计划生育政策所引起的抚养比降低称之为"人口红利",他们研究表明,中国总抚养比每降低1个百分点,经济增速提高0.115个百分点,劳动力人口也随着增加。云南大学发展研究所吕昭河教授量化分析了"人口红利"的实现效率,指出教育水平及聚集效应、资本积累的产业环

① 汪大海:《挑战失业的中国》,经济日报出版社1999年版,第8—12页。
② 王诚:《当前经济增长中的失业治理》,载《浙江社会科学》2000年第5期。
③ 郜风涛:《中国转型期就业制度研究》,人民出版社2009年版,第158—160页。

境、物质资本形成效应等因素的影响系数分别为 0.1549、0.1234 和
0.0371①。唐代盛则从人口年龄结构角度分析当前劳动力状况对经济增长
的影响②。不过,李鹏认为,随着中国"稳增长"政策刺激下,新一轮"用工
荒"再次从沿海地区进一步向中西部蔓延,我国的"劳动力无限供给特征"
逐渐消失③。张翼预测,到 2015 年左右,我国 15—64 岁劳动力人口年净增
加额将由正数转为负数,这标志着我国的"人口红利"即将结束④。

2.农民工就业中的"刘易斯拐点"问题

2004 年以来,从东南沿海向全国蔓延的"民工荒",让"劳动力过剩"理
论受到巨大冲击。于是,近年的"刘易斯拐点"理论又被引入中国,解释当
前的劳动力短缺现象。蔡昉等专家认为,中国发生"民工荒",意味着我国
迎来了"刘易斯拐点"⑤。胡德巧进一步认为,今后一个时期,中西部分地区
经济仍将保持较快增长,对农民工的吸引力继续增强,东部地区用工短缺将
由季节性趋于常态化⑥。但户籍制度、单位制度、社会保障制度、社区制度、
工会制度都会从正反两个方面影响到中国的"刘易斯拐点"出现,同时也决
定着中国能否充分利用劳动力的低成本优势。张桂文对"刘易斯拐点"进
行了拓展,他把"短缺点"与"商业化点"的间隔界定为"刘易斯转折区间",
并且参照中国工业化、城市化、农业化和市场化的发展进程,从而断定中国
已进入"刘易斯转折区间"⑦。不过,他同时指出,"刘易斯转折区间"的来
临只是农业劳动边际生产率低于制度工资的剩余劳动力全部转移到城市现

① 吕昭河:《中国区域间人口红利差异分解及解释》,载《中国人口科学》2012 年第 4
期。
② 唐代盛:《人口红利理论新进展》,载《经济学动态》2012 年第 3 期。
③ 李鹏:《新生代农民工的流动趋势分析》,载《财经问题研究》2012 年第 9 期。
④ 张翼:《我国未来劳动力人口的供给及就业技能需求变化分析》,载《中国经贸导刊》
2009 年第 9 期。
⑤ 蔡昉:《超越人口红利》,社会科学文献出版社 2011 年版,第 33—35 页。
⑥ 胡德巧:《东部地区用式形势及对策》,载《人民日报》2011 年 4 月 13 日。
⑦ 张桂文:《二元转型及其动态演进下的刘易斯转折点讨论》,载《中国人口科学》2012
年第 4 期。

代生产部门的标志,它并不能表明我国的劳动力从此由过剩进入短缺。当然,也有学者对"刘易斯拐点"持怀疑态度。吴华认为中国农村劳动力尚不符合刘易斯二元经济理论的基本条件①。易富贤甚至提出,"刘易斯拐点"只有理论价值,没有实际意义②。中国现在面临的是劳动力数量的下降,而不是所谓的"刘易斯拐点"。另外还有些学者认为,目前农村中,仍有不少年龄偏大的富余劳动力。只不过他们不再是那些20多岁,希望离家越远越好的孩子,他们需要顾家。在向中西部地区进行产业转移时,又能产生一批新的劳动力供给。如今,第一梯队紧张了,但仍可以去挖掘第二梯队——那些年龄偏大的农村剩余劳动力。尽管国内学者对"刘易斯拐点"是否真正来临众说纷纭,但对它持欢迎态度的大有人在。郑秉文认为,"用工荒"是推动中国转变增长方式的一个内生动力,它可以拉动产业结构调整,是促进城镇化的一个市场推力③。辜胜阻认为,"民工荒"是对现行发展模式的巨大挑战,是转变经济发展方式的重要契机,他还提出要充分利用"民工荒"的市场倒逼机制,推进农民工市民化,构建和谐的劳动关系④。

3.农民工"结构性短缺"问题

农民工的结构性短缺逐步成为国内学者关注的重点。李培林等学者认为,改革开放以来,产业调整和技术升级使资本与技术对劳动的替代优势日益强化,各种所有制经济的资本劳动比率都呈现了不断上升趋势,劳动力市场中资本替代劳动的"资本深化"现象十分明显,从而造成结构性失业⑤。章铮同样关注农民工的结构性短缺问题,认为当前短缺的农民工主要是25岁以下的女工,短缺的企业主要是那些工资较低的企业⑥。杨灵也认为:中国就

① 吴华:《"刘易斯拐点"的中国现实判断》,载《人口与经济》2012年第4期。
② 易富贤:《人口政策如何调整》,载《经济导报》2012年第18期。
③ 郑秉文:《如何从经济学角度看待"用工荒"》,载《经济学动态》2010年第3期。
④ 辜胜阻:《以"用工荒"为契机推动经济转型升级》,载《中国人口科学》2011年第4期。
⑤ 李培林:《当代中国民生》,社会科学文献出版社2010年版,第103—109页。
⑥ 章铮:《民工供给量的统计分析——兼论"民工荒"》,载《中国农村经济》2005年第1期。

业方面仍然面临巨大的压力,最主要的矛盾是总量的压力和结构性的矛盾并存①。王诚等学者尖锐指出,行业垄断是造成结构性失业的重要原因②。

4.农民工劳动力的市场分割问题

姚先国从劳动力市场分割理论出发,认为中国的劳动力被分割成几个不同的市场,各个市场有着各自分配劳动和决定工资的特点及方式,这种状况影响了农民工的合理流动,是造成农民工就业波动的重要原因之一③。陈宪甚至认为劳动力市场分割是影响农民工就业的首要因素④。杨宜勇对劳动力市场进行系统分析后也强调,由于我国劳动力市场的客观性技术分割和主观性行政分割同时并存,必然导致摩擦性失业⑤。盛仕斌也持相似观点,他指出,中国劳动力市场的发育不良及人为分割,造成了农民工的劳动力价格严重扭曲,并对其就业产生影响⑥。乔明睿认为我国存在一级和次级劳动力市场,并指出户籍差异是限制农民工进入一级劳动力市场的重要因素。吴愈晓研究发现,因农民工所处的就业环境没有内部劳动力市场的协调,不得不接受相对刚性的低工资安排,这对农民工的就业也造成了一定影响⑦。

5.农民工就业的制度性障碍问题

有的学者从制度障碍这一原因出发,认为当前农村当中并非没有剩余劳动力,"民工荒"在一定程度上可能是由于制度原因导致的。张春泥提出,城乡二元结构阻碍了农民工流动就业,户籍歧视是导致农民就业不稳定

---

① 杨灵:《寻求破解就业困局之道》,载《中国政协》2012 年第 5 期。
② 王诚:《当前经济增长中的失业治理》,载《浙江社会科学》2000 年第 5 期。
③ 姚先国:《劳动力市场分割:一个文献综述》,载《渤海大学学报》2005 年第 1 期。
④ 陈宪:《劳动力市场分割对农民工就业影响的机理分析》,载《生产力研究》2009 年第 20 期。
⑤ 杨宜勇:《加大再分配调节公平分配的力度》,载《求是》2011 年第 2 期。
⑥ 盛仕斌:《要素价格扭曲的就业效应研究》,载《经济研究》1999 年第 5 期。
⑦ 吴愈晓:《劳动力市场分割、职业流动与城市劳动者经济地位获得的二元路径模式》,载《中国社会科学》2011 年第 1 期。

的重要原因①。也有部分学者从金融政策方面进行研究,目前我国每年成千上万的新增劳动力,绝大多数被非国有企业所吸纳,但由于金融制度不健全,非国有企业普遍存在融资难的问题,这已成为阻碍它们健康发展的"瓶颈",也是造成广大农民工就业波动的原因之一。

6.农民工就业的人力资本原因

殷晓清等学者试着从人力资本角度分析农民工就业,由于农民工先赋和自致的原因,这部分社会成员固定处于社会结构的下层,没有向上流动的机会,只能从事流动性质的临时性职业。因此,农民工就业模式呈现出低声望职业、低技术劳动和异地流动三大特征②。赵珍认为,农民工的人力资本越高,他们和同等学历本地人所从事的职业越相似,这说明人力资本对其获得职业的等级有重要影响③。杨菊华运用社会排斥理论研究了农民工进城务工的影响因素,认为主流社会想方设法且有效利用现存的制度、结构、心理等多种因素和手段,将农民工群体排斥在主流社会之外,以便维系自身利益最大化④。赖德胜认为,从一定程度上来说,"民工荒"实质上是"技工荒"⑤。宋骁通过对中国流动人从业状态的人力资本影响因素进行分析后认为,教育程度、技能培训和工作经验是影响流动人口就业的三大因素⑥。

除此之外,任仲文指出,常被提及的"民工短缺"问题,一个很重要的原因就是就业质量太差,导致农民工不愿意干,缺工企业95%以上是就业质量差的企业⑦。

---

① 张春泥:《农民工为何频繁变换工作》,载《社会》2011年第6期。
② 殷晓清:《农民工就业模式对就业迁移的影响》,载《人口研究》2001年第3期。
③ 赵珍:《人力资本产权化的经济效应分析》,载《山西财经大学学报》2006年第1期。
④ 杨菊华:《社会排斥与青年乡——城市流动人口经济融入的三重弱势》,载《人口研究》2012年第5期。
⑤ 赖德胜:《中国就业60年》,中国劳动社会保障出版社2010年版,第248—249页。
⑥ 宋骁:《人力资本、经济结构与流动人口从业状态》,载《人口与经济》2012年第5期。
⑦ 任仲文:《"八个怎么办"学习参考》,人民日报出版社2011年版,第88—90页。

7.农民工就业问题中的权益保护问题

杨志明指出,与老一代农民工相比,新生代农民工在权益诉求方面,已由以往的挣钱回乡发展,向进城谋职融入城市生活转变,由工资支付保障向要求提高薪资待遇并完善社会保障转变[1]。

由于现实与历史的原因,受现行的城乡二元制结构、社会保障制度和法律法规缺陷的影响,农民工群体一直处于城市社会边缘,受到社会不平等的歧视,基本权益得不到保障,使得农民工在城市中处于一种尴尬的境地,成为社会当中客观存在的弱势群体,这与他们的贡献是极为不相称的。

张车伟认为,"招工难"是农民工利益诉求发生变化等诸多因素共同导致的结果[2]。

8.农村劳动力就业迁徙的家庭原因

有的学者从家庭角度进行分析,杨云秀研究表明,农村劳动力的回流,外出劳动力回流的概率起初随着家庭人力资本和家庭自然资本的增长而上升,达到一定程度后开始下降[3]。迁移选择是综合考虑家庭禀赋状况的理性决策,尤其是对于年青一代的外出劳动力,家庭经济资本的增加会阻碍家庭外出务工。

李强等学者从性别角度进行分析,他在对北京的外来农民工调查发现,农民工的家庭化迁移会减少女性居家就业和外出就业的概率,降低女性农民工的就业水平[4]。

9.农民工就业波动中的技术原因

李培林、丁守海分析经济周期对就业及其就业波动的影响,认为:在现代化的过程中,产业结构的升级和技术创新的加快,使技术和资本对劳动的

---

①　杨志明:《新生代农民工融入城市仍面临"三难"》,新华网,2011年3月23日。

②　张车伟:《中国劳动供求态势变化、问题与对策》,载《人口与经济》2012年第4期。

③　杨云秀:《中国农村地区的家庭禀赋与外出务工劳动力回流》,载《人口研究》2012年第4期。

④　李强:《"双重迁移"女性的就业决策和工资收入的影响因素分析》,载《中国人口科学》2012年第4期。

替代优势日趋强化。工业往往不是在大量吸纳劳动力而是开始饱和吐出劳动力,服务业缓慢增长的就业机会,难以容纳同时来自农业和工业外溢的劳动力①。

10.农民工就业中的行政性歧视

杨宜勇深入探讨了劳动力市场行政分割和非正规就业的关系,认为:对我国劳动力市场中的下岗职工、农民工非正规就业和城乡分割体制展开研究,劳动力市场行政性歧视分割具体表现在:对本地农村劳动力的歧视、对外地农村劳动力的歧视、对外地非农劳动力的歧视②。

周天勇分析了城市化政策和农村劳动力的就业流动问题,认为:严格的户籍管理制度,严厉的行政管理措施,对农业教育、生产不断投入等政策和措施的实施,从效果上看不但没有解决我国的城市化和劳动力的就业流动问题,反而使我国的城市化进程出现倒退③。

11.农民工就业对策的研究

国内研究中有一个很重要的内容,就是研究问题总是与研究对策紧密联系在一起。国内学者在研究农民工就业问题时,往往结合我国的实际情况,对促进农民工就业提出了更具体的政策措施。

①三大产业中实施统筹兼顾

邹永红列举了英国的强制转移模式、美国的自由迁移模式、日本的政府主导模式、韩国的集中转移模式、中国台湾的分散转移模式和以巴西为代表的拉美模式,并运用发展经济理论,提出我国政府在制定决策时应统筹兼顾,既要考虑农民工向二、三产业的合理流动,也应该重视农业内部的吸纳④。对于农业内部,肖卫指出,要通过提高农业劳动生产率,提升农业现

---

① 李培林:《当代中国民生》,社会科学文献出版社 2010 年版,第 103—109 页;丁守海:《经济周期中就业波动研究新进展》,载《经济理论与经济管理》2010 年第 9 期。

② 杨宜勇:《加大再分配调节公平分配的力度》,载《求是》2011 年第 2 期。

③ 周天勇:《户籍制度改革与中小城市发展》,载《宏观经济管理》2013 年第 8 期。

④ 邹永红:《农村剩余劳动力转移理论及模式比较》,载《经济研究导刊》2009 年第 6 期。

代化水平,推动农业发展,以促进农业劳动力向非农产业有效流动,进而实现更高水平的农民工就业①。

②加大社会公共管理力度

很多学者认为政府要大力加强对农民工的社会公共管理职能。韩长赋指出,在"刘易斯拐点"到来之前,唯有通过调整相关公共管理和社会政策,让具有条件的农民工有序地融入城市,成为新市民或新产业工人,才能真正实现工业化和城镇化的发展目标,最终完成社会的全面进步②。殷晓清主张建立有效的社会流动机制,对进城农民工尝试规划移民社区③。

③加大教育和培训力度

加大教育和培训力度,是诸多农村劳动力转移问题专家普遍关注的措施。顾和军指出,教育水平越高,劳动参与率越高;培训对于中国的劳动力就业有显著的正面影响,参加培训会将劳动参与率提高11.4%④。刘晓昀认为,在为农村劳动力提供技术培训时,应进行科学调研,以提高培训效率,促进农村劳动力在非农产业就业⑤。谢建社从"进城"和"务工"两个角度深刻分析了农民工教育问题,认为他们进城务工的生存状况在很大程度上都取决于他们受教育的程度,提高农民工自身素质十分重要,而提高农民工素质的一个重要手段就是城市融入性教育,把农民工思想教育、文化教育、技能教育、常识教育与培训融为一体⑥。

④引导农民工要用好熟人网络

纪志耿对四川等西部地区进行深刻分析后认为,后金融危机背景下的

---

① 肖卫:《中国劳动力城乡流动、人力资源优化配置与经济增长》,载《中国人口科学》2013年第1期。

② 韩长赋:《解决农民工问题的基本思路》,人民网,2011年3月30日。

③ 殷晓清:《农民工就业模式对就业迁移的影响》,载《人口研究》2001年第3期。

④ 顾和军:《教育和培训对中国城镇劳动力就业的影响》,载《人口与经济》,2011年。

⑤ 刘晓昀:《农村劳动力就业与波动的性别差异》,社会科学文献出版社2011年版,第163—165页。

⑥ 谢建社:《风险社会视野下的农民工融入性教育》,社会科学文献出版社2009年版。

沿海—内地要素价格比的深刻变动,给西部地区承接东部劳动密集型产业转移和吸纳农民工返乡提供了"后发"机遇,要充分利用乡村社会中浓厚的熟人网络,在亲情的张力之下,把大量有资本、有技术、有热情的农民工召唤回乡,减少农民工就业波动①。

⑤要加强制度建设

结合我国正在积极进行的城镇化、工业化的实际,马雪松提出在制度创新方面要将户籍制度改革、土地制度改革与城镇体系规划联系起来考虑当前农民工遇到的各种问题,提出了建立全国统一的养老保险信息平台和劳动关系预警机制与和谐社会评价指标体系来保证农民工合法权益,提高农民工就业质量②。刘琦从法律角度,阐述了农民工在就业资格和用工条件、从业环境、职业培训、社会保障等方面的权利,并提出政府责任是解决农民工就业问题的关键所在③。在谈到农民工的社会保障时,唐巍提出了一个深化农民土地制度改革、赋予农民部分土地所有权的建议方案,以建立一种既适合社会保障发展趋势,又适合当前国情的、过渡性的能够使城乡社会保障有机衔接的"三层次"社会保障模式④。引导农民工树立合理的就业观念同样尤为重要。李萍强调要引导农民工理性择业,并在提升自身人力资本的同时,积极拓展社会资本⑤。郭振玺还着重指出,要继续加强农村劳动力转移示范县建设,继续加强农业输出地与输入地劳务对接,努力缓解"招工难"和"就业难"并存的突出问题,增加农民工在当地就业的机会,促进更多

---

① 纪志耿:《资源与亲情双重张力下农民工返乡创业的"四川模式"》,载《中国人口科学》2012年第11期。

② 马雪松:《从盲流到产业工人——农民工总量与和谐社会建设研究》,江西人民出版社2011年版。

③ 刘琦:《农民工平等就业权法律保护研究》,载《湖湘论坛》2007年第6期。

④ 唐巍:《我国土地所有权与经营方式的历史变迁及现实启示》,载《经济视角》2010年第1期。

⑤ 李萍:《社会资本对新生代农民工择业行为影响调研》,载《广东行政学院学报》2011年第2期。

的农民工稳定就业①。郝福庆认为,对于农民工"进城难"这一问题,可以采用"原籍吸附、就近消化、落户沉淀、稳定居住"的路径,使其总量平稳递减、流向合理有序、服务可及均等、社会融合通畅②。

（三）文献述评

上述研究综述,只是当前研究的一部分,挂一漏万。当前对中国农民工就业问题的研究是多方面、十分丰富的,由于视野有限和资料搜集方面的问题,还有很多研究成果值得我们去归纳吸取。仅从已经搜集到的资料来年,国内外的相关研究至少有以下重要内容:

1.就业问题一直是经济学家、社会学家关心的问题,也是经济学、社会学研究的重点之一。国内学者虽然起步比较晚（不能说改革开放之前没有研究）,但由于改革开放大量出现的就业实例,特别是农民工的就业情况,促使国内学者的研究迅速发展起来,不仅取得了丰硕的研究成果,而且也解决了许多现实中的问题。

2.国外的研究对我们的启示是:就业的需求和失业的存在都是必然的,由此产生的就业波动也是必然的。特别是当出现科技进步到节省人力和农村剩余劳动力进城大量地增加劳动力时,失业可能增加,就业波动更为明显。由于劳动力市场的人力配置并不是时时处于有效和平衡状态,就业波动会出现持久性的或暂时性的不同情况。因此,或运用政府的力量,或依靠市场的能力,对社会人力资源进行合理的配置,在社会就业的不断波动中不断地解决失业问题,不断地减少就业的波动。这其中有很多研究成果及其观点成为中国学者学习的经典和研究、解决中国国内就业问题的指导。但我们同时也看到,有些问题由于关注和研究对象及其时空特征的不同,并不能一概而论,不能生搬硬套。因为中国有中国的水土,中国的就业问题,特

---

① 郭振玺:《提问 2012——中国百姓关注的十大民生问题》,红旗出版社 2012 年版,第189—194 页。

② 郝福庆:《统筹解决我国流动人口问题的路径选择及对策建议》,载《人口研究》2013年第 1 期。

别是农民工就业问题,是中国的国情影响所致。

3.国内研究,一部分学者及时借用国外的理论成果,结合中国的实际进行分析研究,对国内就业问题的分析多有建树。更多的学者对中国的实际问题,特别是针对近三十年来农民工的就业问题进行大量的调查研究,寻找问题的中国原因,拿出解决中国问题的具体办法,并建立中国本土的就业理论。

首先,研究最多的是农民工就业的权益和机会平等问题,这是基本的问题,因为就业的权益和机会出现不平等,而且是由户籍制度导致的不平等,导致的各种歧视,首先是直接影响到农民工的就业,其次也影响到农民工在就业地的生活和精神状态,这又直接影响到农民对就业的选择,增大了就业的艰难。所以有关学者要求改革户籍制度、让农民工市民化的呼声越来越高。

其次,是关于农民工就业中的结构问题。其实出现结构性短缺的不仅在就业方面,也在招工方面,这是学者们近年来对国内,特别是沿海发达地区出现"两难"现状后开始的重点研究课题。用结构性来分析,很有道理,因为从表现和实质来讲,的确是结构上有问题。中国的就业制度走市场化的道路,同时政府又给予充分的关注和支持,无疑,这是很有中国特色的。但是,就业的结构往往与产业的结构和需求相适应,当产业的结构必须调整时,产业对劳动力的需求也会发生变化。而中国的产业结构在最近十多年中已经开始了紧张地调整,将来三五十年内的调整还将不断发生。看来,庞大的就业队伍的结构问题将不断发生,需要我们不断地关注和研究。

以"人口红利"和引用"刘易斯拐点"研究农民工就业市场的变化,研究劳动力市场的供求矛盾,是近年来的两个热点,有其实际意义和理论价值。但中国的劳动力市场似乎又不全然如此,所以有不少学者提出不同的看法。目前的研究主要聚集在劳动力需求仍然偏大的沿海发达地区,需求紧张;也聚集在劳动力供应仍然偏大的中部及西部部分省区,供给富余。不少学者采取的是参考国外理论,更重国内实际,结合二者进行研究,结论更接近实际,也更能说明问题。

学者们还认真地研究了中国的劳动力市场现状,认为中国的劳动力市场是分割的,因此造成就业的现状也是多地不同。这是中国的一个现实。其实不仅是劳动力分割,与此密切相关的许多产业政策、市场政策、社会保障政策及其实施等等也多是分割的,这也是当前就业制度性障碍的一部分,直接影响到农民工的就业。我们一方面允许农民工自由择业,一方面劳动力市场和各地与就业相关的政策又是不一样的,不同的政策使得农民工兄弟的自由就业磕磕碰碰。这种现状要改变,取向是政策要适应就业的实际,适应劳动力的自由流动和择业。

不少学者致力于农民工就业中的人力资本、技术能力作用的研究,这其中也还有农民工的文化水平、个人素质对就业影响的研究。这类研究的结果是学者们对现行的教育制度和培训方式提出了不同的见解,要求改革现有的教育制度,改变现有的、不能为农民工提高文化技术的教育,加大培训力度,以增加农民工在就业中所需要的人力资本和技术含量。但我们要看到,人力资本不是一天两月能造就的,人力资本中的基本要素与适应性要素的关系要处理好,在打造人力资本基本要素时期放松了必需的教育,到需要的时候发现短缺再临时抱佛脚式地培训,只能是事倍功半,效率低下。

讨论的问题远不止于上述若干,诸如就业权益保护、反对行政性歧视、处理好留守家庭、家庭迁徙与农民工就业的关系、发挥社会资本网络关系作用等等,也在讨论之列。

非常感谢学者们的研究成果,他们都为本书提供了极大的帮助。我们在各位学者获得巨人研究成果的基础上,也提出了我们所关注的农民工就业中的问题,即农民工就业波动的现状、原因及解决问题的办法的研究。

本书的研究内容,将在下面详细阐述。从学术研究的角度来看,我们认为当前有关农民工就业,特别是就业波动的问题还有很多,不仅有尚未解决的问题,而且还有随着情况不断变化,包括解决原有问题的政策与措施出台后的新问题,都需要我们进一步不断地调查研究。

三、本书研究的具体说明

（一）主要内容

随着经济体制转轨和社会转型,中国就业制度由计划就业向市场就业演进,农民工,特别是新生代农民工选择性就业机制的变化导致"招工难"、"民工荒"问题成为社会普遍关注的焦点。本书虽然主要归属于社会学一般范畴,但也兼属于包括流动人力资源管理、企业管理在内的管理学范畴,通过研究农民工就业波动的原因,旨在找到如何促进中国经济科学发展、社会健康进步的对策。

全国近年流动农民工已经达 2.63 亿(2012 年数据),江西省的农民工已经超过了 700 万人。由于江西与珠三角、长三角和闽南三角区相邻,有京九铁路、沪昆铁路穿行全境,农民工的人数虽然在全国排不上第一,但由于 80%以上是流向珠三角、长三角和闽南三角区和北京这些农民工务工比较集中的地区,具有十分典型的意义。因而,我们在探讨全国农民工的就业波动时,以解剖麻雀的形式,以江西为例,研究近年来农民工就业波动的问题并提出相应的对策。

本书主要研究以下内容:

1.农民工城市务工基本现状、就业特点和发展趋势研究。本书研究通过对外出务工农民工就业情况进行实地调研,对外出农民工数量、年龄结构、性别结构、务工时间、家庭结构、就业机会和收入水平等进行深入研究,分析农民工就业市场导向的运行机制,并对农民工就业波动作出基本判断。

2.农民工城市就业波动的影响因素和传导机理研究。根据课题组前期调研,农民工就业波动存在季节性、地区性和代际性特征,课题组初步认为,农民工的就业波动影响因素有三个层面。①宏观经济层面:如经济周期、产业结构变化、技术更新和进步、区域政策变化等因素;②社会公平层面:权益保障公平、劳动报酬公平、解决城市歧视中的社会公平因素;③个体类型化特征层面:如年龄特征、性别特征、学历特征、婚姻状况、职业技术、个人劳动报酬、外出务工成本、农民工家庭因素(如夫妻关系、留守儿童、留守老人)。

深入研究各因素对农民工就业波动的冲击路径和方式,研究各个冲击变量对农民工就业波动的影响幅度、传导过程和作用机理。

3.农民工城市就业波动影响因素的传递效应研究。本课题通过抽样调查数据,研究建立一个农民工就业波动影响因素传递效应的测度模型,以农民工稳定就业和离职倾向为二元离散变量,研究区域内经济周期、产业结构变化、技术更新和进步、福利保障需求、区域政策变化、企业环境、个人类型化特征等因素对农民工就业波动的冲击效应和结果,找出各个因素对农民工就业波动的影响幅度,并比较多种冲击信号对农民工就业波动的影响程度。

4.农民工“就业难”和“招工难”悖论的理论和现实解读研究。农民工就业波动既是形成企业“招工难”困境的直接原因,也是农民工“就业难”、权益保障难的结果。近年来,随着中西部经济发展,就业机会增多以及第二代农民工权利意识的苏醒,部分地区出现不同程度“招工难”、“民工荒”,基本权益曾经屡屡被用工者漠视的农民工,正学会用双脚表达自己的选择权。课题组初步认为,务工者对工资待遇、劳动环境和发展空间的职业选择需求和企业长期以来形成的对农民工非正规职业定位是“招工难”形成的重要成因。“用工荒”不仅折射农民工结构和需求发生了变化,而且也反映了新生代农民工的就业需求的新特征及其将进一步倒逼产业结构升级趋势。课题组深入细致地研究农民工失业与空职的并存现象,探索农民工就业与失业波动的矛盾和困境的基本成因。

5.影响农民工就业波动的就业质量因素的研究,一是职业流动,二是人力资本,三是农民工就业过程中具有重要作用的社会资本的研究。随着中国经济社会的发展,表现在农民工就业波动问题上不仅不是单一的问题,也不仅是历史的问题,复杂的、新的问题也随之而出,比如新生代农民工就业大范畴中的创业问题,农民工的职业流动、人力资本和社会资本成了本课题研究的重要内容,还有包括农民工生存发展、物质文化需求等各方面内涵的就业质量问题,我们也作了调查研究。

6.农民工就业波动如何朝着正方向发展的思路和对策研究。农民工就业波动中的问题不仅造成部分农民工自身生存困境,并且严重影响社会和谐与稳定,严重影响中国城乡一体化发展的推进进程。课题组前期调研发现已经有不少地方和企业成功解决了一些问题。因此,课题组将在深入研究农民工就业波动问题的产生和形成的内在机理基础上,借鉴基本成功经验,研究解决这一问题的普遍规律和对策,研究如何让农民工享有更多应得的权利和保障,共享经济社会改革发展成果。因此,研究有效地推动农民工就业波动朝着正向发展的经济管理、社会治理对策和建立长效机制成为课题组研究的重要内容。

(二)研究方法

1.典型调查法。本书进行了三次调研,第一次是 2012 年 1—2 月在江西的赣州市、宜春市和南昌市三个设区市进行的问卷调研。第二次是 2012 年 9—12 月在赣州市和宜春市地区进行的访谈性调查。这第一和第二次是本课题实施的主要调查,通过实地调查、深度访谈,收集各相关地区的第一手抽样调查数据,进行农民工就业波动影响因素和作用机理研究。第三次是 2013 年 10 月,在南昌市经济开发区内对农民工进行访谈性调查,为解决课题成果定稿中的一些新问题进行的个案研究。三次调研的主题都是农民进城务工就业的情况,但根据本书研究的实际,每一次又有不同的专题,这将在下文中分别作出说明。

2.系统分析法。本书采用社会系统复杂分析方法,通过宏观与微观的有效链接来分析农民工就业波动的发生机制,并采用问卷调查、个案深度访谈、案例研究和统计分析等定性与定量方法相结合,建立农民工就业波动影响因素传递效应的测度模型。

3.多学科交叉研究法。在系统科学指导下,结合社会政策学、农村社会学、城市社会学、人口经济学、管理学、经济学、统计学等相关理论,研究有效地缓解和治理农民工就业波动中的问题并提出决策建议。

（三）主要观点

1.农民工就业波动受到宏观因素和微观因素影响,经济周期、产业结构变化、技术更新和进步、区域政策变化、社会公平、个人类型化特征等因素都将对农民工就业波动产生或大或小、或周期性或短暂性、或局部性或全局性、或单纯性或复杂性的冲击效应。

2.企业"招工难"问题,既有劳动力市场结构性原因,又有社会保障制度覆盖缺失和企业保障员工合法权益不到位等原因;既有经济社会发展阶段性因素,又有劳动者个体特征因素。

3.有效推动农民工就业波动正向发展的近期举措与长效机制相结合,不仅可促进农民工的合法权益得到进一步的保障,支持产业结构调整和升级,而且可以完善社会保障政策法制体系和监督管理体系,提高政府和社会的治理水平,促进社会和谐,有助于经济社会协调发展。

第一章　农民工就业波动情况分析

从 20 世纪八九十年代波涛汹涌的"民工潮"演变为近五年席卷而来的"民工荒",是农民工就业波动的一种表现,折射出劳动力市场供求的巨大变化。

受农村富余劳动力外出务工人数不断增长和国际国内经济形势变化的影响,近五年是中国农民工就业波动比较特别的几年,就业总人数依然增长,出现了就业地域结构、行业结构和供求关系的调整,农民工就业依然困难,"招工难"又陪伴着"就业难"形成一种悖论现象。农民就业波动揭示出的问题已经不只是经济发展中的问题,也是社会治理的问题,是如何对待人的问题,是以人为本中人格尊严得不到尊重和就业成本越来越高的集聚性问题,是农村九年义务教育落实不够和必需的技术培训落实不够的重叠性问题,等等。

第一节　农民工就业波动的宏观表现

根据 2012 年全国农民工监测调查报告提供的数据①,2012 年我国农民工总量达到 26261 万人,比上年增加 983 万人,增长 3.9%。从农民工的输出地来看,中西部地区农民工人数增长快于东部地区。东部地区农民工

---

① 引自国家统计局 2013 年 5 月 27 日发布的《2012 年全国农民工监测调查报告》。

11191万人,占农民工总量的42.6%,比上年增加401万人,增幅为3.7%;中部地区农民工8256万人,占农民工总量的31.4%,比上年增加314万人,增幅为4.0%;西部地区农民工6814万人,占农民工总量的26.0%,比上年增加268万人,增幅为4.1%。从农民工流动的方向来看,东部地区农民工以就地就近转移为主,中、西部地区以外出为主。东部地区本地农民工占的比例较高,而中西部地区外出农民工的比例较高。

就业地区的农民工人数规模来看,2012年在东部地区务工的农民工绝对人数上比前一年有所增加,但是所占农民工总量的比重却略有下降;相反,在中西部务工的农民工绝对数量和占农民工总量的比重都比上年有所增加。具体看来,在长三角和珠三角地区务工的农民工总量增加,但占农民工总量的比重也有所下降。

从农民工流动的范围来看,跨省流动农民工所占比重继续下降。在省内流动的农民工8689万人,占总量的53.2%,比上年增加299万人,增幅达3.6%;跨省流动的农民工7647万人,占总量的46.8%,比上年增加174万人,增幅为2.3%,这一比重比前一年下降了0.3个百分点。具体分地区看,东部地区的农民工以在省内流动为主,而中西部地区农民工以省外流动居多。具体从就业的地点来看,在直辖市务工的占10%,在省会城市务工的占20.1%,在地级市务工的占34.9%,在县级市务工的占23.6%,在直辖市和省会城市务工的比重比上年下降0.7个百分点,在地级市务工的农民工比上年提高1个百分点。

从性别构成来看,男性农民工占66.4%,女性占33.6%;从年龄段构成来看,农民工群体依然是以青壮年为主,平均年龄为37.3岁,比2008年的调查数据平均年龄34岁,略有上升。从各年龄段构成来看,占比最大的是21—30岁,占总样本的31.9%;其次是41—50岁,占总样本的25.6%,居第三位的是31—40岁,占比为22.5%,接下来依次是50岁以上的农民工,占比为15.1%,最少的是16—20岁,仅占总样本的4.9%。与2008年的调查资料相比,40岁以下农民工所占比重有所下降,由2008年的70%下降到

2012 年的 59.3%。

2012 年,农民工从事制造业的比重最大,占 35.7%,其次是建筑业占 18.4%,服务业占 12.2%,批发零售业占 9.8%,交通运输仓储和邮政业占 6.6%,住宿餐饮业占 5.2%。

一、2008 年到 2012 年全国农民工就业波动情况

全国农民工的总量一直在增加,中国农村劳动力仍然处于富余的水平。2009 年比 2008 年增加 430 多万,2010 年又增 1240 多万,2011 年又增 1050 多万,2012 再增 983 万。由于我国农村劳动力仍处于富余状态,农民工数量在近 10 年左右将一直保持增长态势;但也要注意,由于国内外各种经济因素的影响,增长也会出现不同时间和不同空间总量的波动。

表 1-1　2008—2012 年全国农民工总量及其外出、本地农民工数量变化比较表

年份	农民工总量		外出农民工数量		本地农民工数量	
	人数（万人）	增减（%）	人数（万人）	增减（%）	人数（万人）	增减（%）
2008 年	22542		14041		8501	
2009 年	22978	1.9	14533	3.5	8445	−0.7
2010 年	24223	5.4	15335	5.4	8888	5.2
2011 年	25278	4.4	15863	3.4	9415	5.9
2012 年	26261	3.9	16336	3.0	9925	5.4

从表 1-1、图 1-1 中我们看到:

全国农民工的总量、外出农民工的数量和本地农民工的数量都有增加,不仅是同幅度增长,而且总量在 2009 年度国际金融危机最艰难的时段后增加比较快。但是,受国际金融危机影响,农民工就业在空间结构上还是出现横向波动变化。外出农民工的总量线比本地农民工的总量线显得平缓一些,说明本地农民工数量增长多于外出农民工。如果我们根据国家统计局的材料把 2003 年和 2006 年的数据引过来再作一个波动比较分析,可以看

（单位：万人）

2008—2012年农民工数量变化

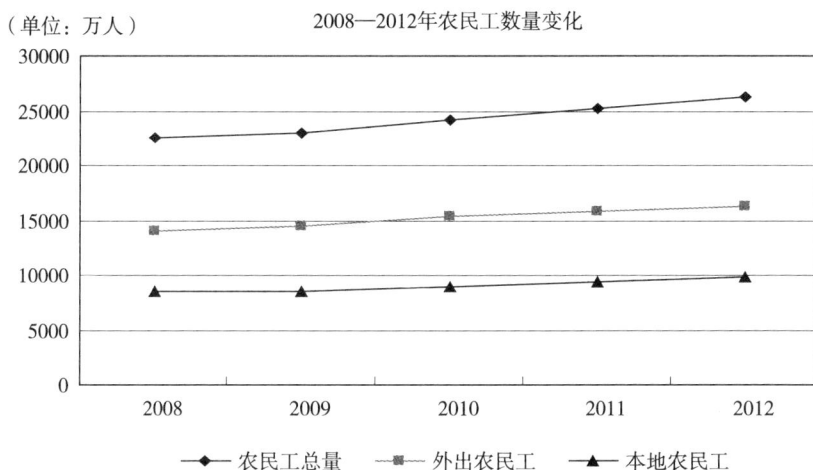

图1-1 2008—2012年全国农民工总量及其外出、本地农民工数量变化比较图

得更明确一些(见表1-2、图1-2)①。

表1-2 2003—2012年全国农民工就业区域数量变化表 单位:%

年份	东部地区	中部地区	西部地区
2003	69.9	14.9	15.2
2006	70.1	14.8	14.9
2008	71.0	13.2	15.4
2009	62.5	17.0	20.2
2010	43.2	31.5	25.3
2011	42.7	31.4	25.9
2012	64.7	17.9	17.1

———————————

① 本节图表的资料来源除特别注明外,主要来自:国家统计局农村司:《2009年农民工监测调查报告》(2010-03-19);人民网:《国家统计局发布农民工监测报告:跨省外出比重下降》(2010年3月23日);《2010年农民工监测报告》(载《2011中国发展报告》第99—105页);华商网:《国家统计局:中国农民工去年超2.5亿人》(2012年4月28日),《2012年全国农民工监测调查报告》(2013年5月27日,载《人民日报》2013年5月28日第9版)。

（单位：%）

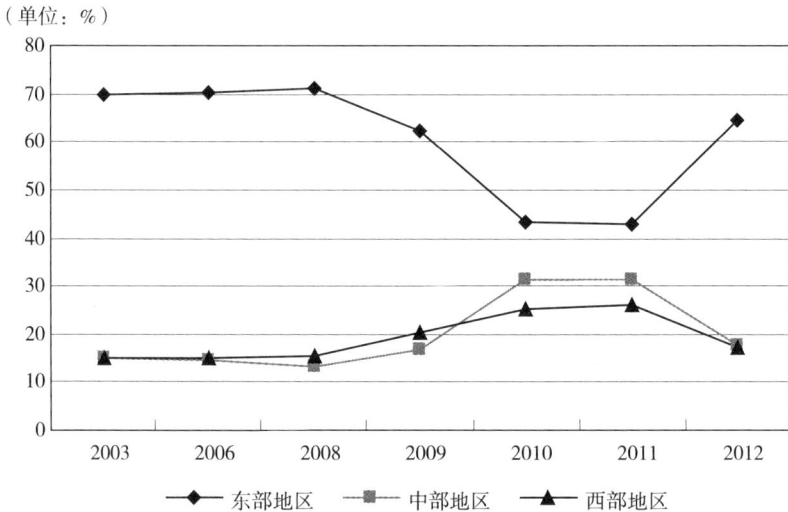

图1-2　2003—2012年全国农民工就业区域数量变化图

从图表可以清晰反映自2008年下半年开始沿海产业梯度逐渐向中西部地区转移引致出农民工就业向内陆转移的"双转移"特征。21世纪以来，中部崛起、西部大开发和振兴东北老工业基地等区域发展战略的制定和实施，促使了中西部地区在加快承接产业转移、企业落地过程中，增强劳动力转移培训和就业服务，让农民工实现跟着产业就近就地转移。企业转移落地、农民工转身就业成为中西部地区近年农民工就业的显著特征。进入2011年下半年后，随着国际金融危机后我国东部产业的复苏，大量的农民工又转向东部，横向波动特征更为明显。

二、以江西农民工的就业波动为例

江西是农民工输出的主要省份之一，江西在地理区位上比邻我国三大农民工输入地区：珠江三角洲、长江三角洲和闽东南三角区，以江西省农民工就业波动的情况作为省级案例进行分析是很有意义的。2007年底全省农村劳动力资源1653万人，在2008年前，政府鼓励并帮助农民工外出打工挣钱、学技术,成为全国主要的农民工输出省份之一,2008 年农民工达到 680 万,其中跨省农民工 558 万。2009 年全省农民工超过 700 万,达到 722 万,但是跨省务工者数量下跌到 536 万,而本地务工人数却增长了 52.3%。2011 年总量在 2010 年略有下滑的情况下开始出现回升,2012 年迈出一个大步,总量和本地农民工数量都有大的跃升。2008 年到 2012 年的纵向波动情况见表 1-3①。

表 1-3　江西省 2008—2012 年农民工总量及跨省、本地务工情况表

年份	农民工总量		跨省农民工情况		本地农民工情况	
	人数(万人)	增减(%)	人数(万人)	增减(%)	人数(万人)	增减(%)
2008	679.7	——	557.7	——	122.0	——
2009	722.7	6.3	536.9	-3.7	185.8	52.3
2010	718.3	-0.6	518.8	-3.4	199.5	7.4
2011	733.7	2.1	512.8	-1.2	220.9	10.7
2012	756.3	3.1	522.7	1.93	233.6	5.75

　　江西的波动线与全国总量波动线没有太大区别。为应对国际金融危机的影响,2008 年 11 月和 12 月,省政府出台多项举措,要求本省各类企业接收提前返乡的农民工。在 2009 年春节前后,通过面上宣传和基层做好具体工作,不仅留住了一批农民工在本地就业,也推进了农民工就地创业,所以 2009 年,农民工总量增加了,但出省的人数少了,本地务工的农民工增加了 52.3%。本地农民工的增量来源,一是农民工总量的增加,二是外出农民工中转留本地务工人数的增加。这种改变,在当时认为是临时性的权宜之计,不久,一种积极意义逐渐显现并使得波动的曲线成了一种趋势,那就是农民工特别是由外出务工转为留本地务工的农民工发现留在本地务工其实也有很多的好处,可以照顾到家庭,成本支出比外出低,受外地人的歧视也少多

---

　　① 本表数据由江西省人力资源和社会保障厅农民工服务指导处提供。

（单位：万人）

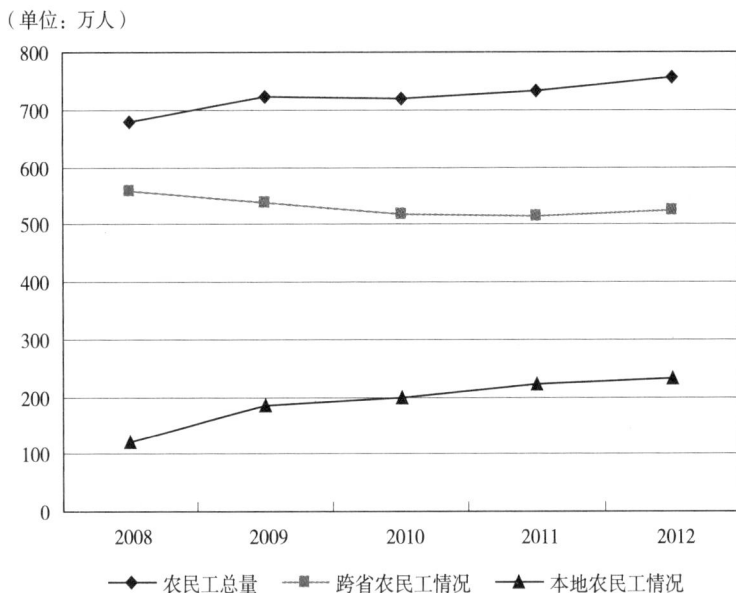

图1-3　江西省2008—2012年农民工总量及跨省、本地务工情况图

了,有利于自己的政府福利政策可以得到更好的落实,等等。2010年和2012年,随着江西本省经济发展对工人需求量的增加,农民工数量增加的总趋势没有变,本地农民工数量增加的趋势也没有变。从图1-3的曲线变化上也可以明显地看到这种趋势,总量线平缓上扬。跨省农民工数量线2008年下压,2009年后并未反弹,直到2011年;本地农民工数量线2008年上扬,2009年后并未下滑,直到2011年;2012年三项指标都上升,其中总量和本地农民工数量增量较大,说明本地的城镇化建设和工业化发展处于一个良好的发展态势。根据江西省人力资源和社会保障厅农民工服务指导处提供的最新初步统计数据,2013年的农民工总量、跨省量和本地量都出现较大增长,对应数据为:786.6万人,增幅4.0%;539.7万人,增幅3.3%;246.9万人,增幅5.7%。

三、新生代农民工的就业

新生代农民工是指 1980 年以后出生的农民工,年龄在 30 岁(如果按 2013 年计算,可放宽到 35 岁)以下,其中还可以分出 20 世纪 80 年代和 90 年代两个层次。目前,新生代农民工已经成为了农民工的主要部分,国家统计局 2011 年 3 月公布的调查结果表明:2009 年"(1)新生代农民工总人数为 8487 万,占全部外出农民工总数的 58.4%,已经成为外出农民工的主体。(2)与上一代农民工相比,新生代农民工文化素质整体较高;大多数人不再'亦工亦农',而是纯粹从事二、三产业;就业主要集中在制造业,工作勤奋,仍是吃苦耐劳的一代。(3)新生代农民工在融入城市的过程中,还存在诸多问题。部分新生代农民工有较大的工作压力,对收入的满意度较低,在'市民'和'农民'的身份认同中处于尴尬境地。近一半的新生代农民工有在城市定居的打算,但是收入太低和住房问题成为制约新生代农民工在城市定居最主要的困难和障碍"(年龄婚姻结构见表 1-4)。[1] 这就意味着,今后农民工的数量有增无减,在这一代新生代之后还会有新的新生代出现,同时新的问题也将不断出现。据媒体最近报道最新统计,2011 年外出新生代农民工占我国外出农民工的比重已经达到 66.9%,总人数已经超过 1 个亿[2]。

表 1-4　2009 年全国外出新生代农民工数量结构

新生代总人数	外出农民工的年龄			外出女性农民工的年龄			新生代婚姻	
	16—29 岁	30—39 岁	40 岁以上	16—20 岁	20—39 岁	40 岁以上	已婚	未婚
8487 万	58.40%	23.80%	17.80%	50%	25%	25%	30%	70%

表 1-4 在分析新生代农民工的数量结构时表明:外出务工的农民工年龄

---

① 国家统计局住户调查办公室:《新生代农民工的数量、结构和特点》。
② 潘华:《"二代农民工"频繁跳槽为哪般》,载《南风窗》2012 年第 5 期。

趋低,外出务工的女性农民工的年龄趋低,外出务工的新生代农民工中结婚的比例偏低。这"三低"在强化农民工这一社会阶层的持久发展的同时,也在加剧着"近一半的新生代农民工有在城市定居的打算,但是收入太低和住房问题成为制约新生代农民工在城市定居最主要的困难和障碍"的问题。

四、几个值得注意的数据

根据《人民日报》2013 年 5 月 28 日第 9 版《2012 年全国农民工监测调查报告》,有几个数据值得引起注意:

1.40 岁以下农民工在总量上所占比重逐年下降,由 2008 年的 70%下降到 2012 年的 59.3%,农民工平均年龄也由 34 岁上升到 37.3 岁。从表面上看,似乎与新生代农民工成为农民工主体有矛盾,其实是上一代农民工年龄增长所致,即中老年农民工的比重随着时间的推移也在增加。老年农民工的社会保障问题已经出现,新生代农民工绝大部分是外出务工。

2.目前,我国农民工受教育水平仍然以初中文化程度为主,没有参加过任何技能培训的农民工占多数。文盲占 1.5%,小学文化程度占 14.3%,初中文化程度占 60.5%,高中文化程度占 13.3%,中专及以上文化程度占 10.4%。外出农民工和年轻农民工中高中及以上文化程度分别占 26.5%和 36.4%,相对较高。

3.农民工从事的职业仍以制造业、建筑业和服务业为主,制造业的比重最大,占 35.7%。但从近几年调查数据看,农民工从事建筑业的比重在逐年递增,从 2008 年的 13.8%上升到 18.4%,这说明我国的城镇化建设发展较快。

4.被拖欠工资的情况继续改善但社保参保水平仍然较低。2012 年,农民工被雇主或单位拖欠工资的占 0.5%,比上年下降了 0.3 个百分点。建筑业农民工被拖欠工资的占 1.5%,比上年下降 0.4 个百分点。但是,农民工签订劳动合同状况改善却不明显,农民工与雇主或单位签订劳动合同的占 43.9%,与上年基本持平。农民工参加社会保险的水平有所提高,但总体仍然较低。雇主或单位为农民工缴纳"五险"即养老保险、工伤保险、医疗保险、失业保险和生育保险的比例分别为 14.3%、24%、16.9%、8.4% 和 6.1%,分别比上年提高 0.4、0.4、0.2、0.4 和 0.5 个百分点。其中近五年来,最为重要的工伤保险没有明显提高。

5.外出农民工收入水平有所提高,但增速回落;生活条件改善不大。2012 年末,外出农民工人均月收入水平为 2290 元,比上年提高 241 元,增长 11.8%,但增加额比上年同期减少 118 元,增幅回落 9.4 个百分点。农民工的生活情况,居住方面,外出农民工仍是以雇主或单位提供住宿为主。以受雇形式从业的农民工,在单位宿舍中居住的占 32.3%,在工地或工棚居住的占 10.4%,在生产经营场所居住的占 6.1%,与他人合租住房的占 19.7%,独立租赁住房的占 13.5%,有 13.8% 的外出农民工在乡镇以外从业但每天回家居住,仅有 0.6% 的外出农民工在务工地自购房。近几年,外出农民工居住情况呈现出与他人合租住房比重上升、独立租赁住房比重下降的趋势,另外,务工地自购房比重下降、乡外从业回家居住比重上升。另外,49.5% 的农民工由雇主或单位提供免费住宿;9.2% 的农民工雇主或单位不提供住宿,但有住房补贴;41.3% 的农民工雇主或单位不提供住宿也没有住房补贴。与上年相比,由雇主或单位提供免费住宿的比重下降了 0.4 个百分点;不提供住宿,但有住房补贴的比重提高了 0.4 个百分点。

五、问题的讨论

1.全国农民工的总量一直在增加,中国农村劳动力仍然处于富余的水平。

2.全国农民工的总量、外出农民工的数量和本地农民工的数量都有增加,不仅是同幅度增长,而且总量在 2009 年度国际金融危机最艰难的时段后增加比较快。因此,受国际经济艰难复苏和国内经济转型、政策支持的影响,农民工就业在空间结构上出现横向波动。

3.目前,新生代农民工已经成为了农民工的主要力量,外出务工的农民工年龄趋低,外出务工的女性农民工的年龄趋低,外出务工的新生代农民工中结婚的比例偏低。这"三低"在强化农民工这一社会阶层走向年轻化和新生代的同时,也在加剧着"近一半的新生代农民工有在城市定居的打算,但是收入太低和住房问题成为制约新生代农民工在城市定居最主要的困难和障碍"的问题。这必将引起就业波动的新特征。

4.几个应该引起注意的数据,揭示的不仅是某一种量的问题,更重要的是量变之中的质变问题,即农民工就业波动的内在原因。包括年龄比重问题、社会保障问题、文化程度问题、职业结构问题、收入安全问题、劳资关系问题、生活条件问题等。

第二节　外出农民工务工情况的问卷调查

一、调查说明

（一）调查目的

这是本书的第一次调查。通过在江西省的际迁移和省内迁移外出务工情况进行实地调研,对外出农民工数量、年龄结构、性别结构、务工时间、家庭结构、就业机会和收入水平等进行深入研究,获取个人类型化特征因素对农民工特别是新生代农民工就业波动影响机理的第一手资料,探究农民工就业波动的原因,分析农民工就业市场导向的运行机制,并对农民工就业波动做出基本判断。

（二）调查时间

调查时间为 2012 年 1 月 10 日—2 月 6 日,即我国传统的春节假期,也是进城务工的农民工集中返乡的时间。

（三）调查地点

江西省南昌、赣州、宜春等三个地级市的 30 多个县。

（四）调查方式

调查采用问卷的形式,江西教育学院 2010 级的大学生志愿者担任调查员,由调查员在自己居住的村子随机进行入户式一对一的问卷填答,并在填答完毕后当场回收问卷。

(五)调查对象

调查对象均选取江西籍家在农村的外出进城务工人员,他们打工的目的地主要是广东、福建、浙江和江西。户籍为农业户口的外出农民工占外出农民工比例的81.9%,户籍原为农业户口后迁改为非农业户口的外出农民工占外出农民工比例的16.1%,户籍这一栏填写选择了"其他"的外出农民工占外出农民工比例的1.6%。

此次调查的对象是户籍在农村的外出进城务工者,但在调查中发现,外出的农民工中已有部分农民工即调查中的部分农民工获得了城镇户口,或者正在办理的过程中,这一数据正好说明了农民工逐步融入城市的动态过程,也是农村人口城市化过程的必然会有的现象。因此在本研究中依然把这些原来是农业户口,但后来获得或正在获得非农户口的外出进城务工人员作为调查对象。所谓"其他"的外出农民工,是指由于"违反计划生育政策"等原因还没有取得户籍资格的农民工。

(六)调查内容

调查问卷由四部分组成。第一部分的内容是关于个人和家庭基本情况的,由18个问题构成,问题涉及性别、年龄、婚姻状况、受教育程度、户籍类型、职业类型、工作单位类型、外出务工年限等个人情况和家庭成员构成以及基本状况等两个方面;第二部分的内容是关于就业和培训的基本情况,由27个问题构成,问题涉及就业的渠道、参加培训的情况、换工作的次数和原因、创业意向等四个方面;第三部分的内容是关于社会交往情况,由14个问题构成,问题主要涉及对工作的满意度、与同事和上司相处的融洽程度、在城市工作的感受等三个方面;第四部分内容是关于个人工作收入和支出情况,由16个问题构成,问题涉及工作收入、工作时间、业余生活安排、日常开支等四个方面。

二、调查及分析

发放调查问卷 1200 份，回收 1005 份，有效回收率 83.8%。从调查的 1005 位农民工来看，未婚占 32.4%，初婚占 61.9%，其他婚姻状况占 5.6%，文化程度以初中为主，占 36.8%，小学及以下占 8.8%，高中职高中专占 31.5%，大专及以上占 23%。

（一）有关离职的基本情况

1.选择现有工作原因和离职意向

从农民工选择现在职业的原因来看，占前三位的是，对工作技能要求不高，容易胜任占比 18.5%，小孩读书上学占 16.8%，当地生活环境好占 14.0%，这说明农民工一方面追求职业技能并不高的岗位，存在职业短视行为，另一方面这部分群体中仍然有相当一部分人追求职业机会晋升和发展，占 13.5%（见表 1-5）。在调查的外出农民工中，在未来一年内有明确的离职的意向，占比高达 42.8%，有 54.2% 农民工表示未来一年之内没有离职意向。

表 1-5　选择现有工作原因

选择现有工作原因	百分比
工资高、福利好	11.6%
有机会晋升和发展	13.5%
工作技能要求不高,容易胜任	18.5%
当地生活环境好	14.0%
小孩读书上学	16.8%
解决了夫妻分居问题	12.9%
照顾老人	12.7%
合计	100.0%

2.离职原因

促成农民工职业流动排在第一位的原因是找到更好的工作岗位,占

25.9%的农民工选择了这一选项,其次是单位工资收入比较低,这一组占了23.3%,其他各组的占比都在13%以下。当然,更好的工作岗位与工资收入比较高在内涵上有相通之处(见表1-6)。

表1-6　职业流动原因

职业流动原因	百分比
单位工资收入比较低	23.3%
经过技能培训提升后换职位	12.8%
找到更好的工作岗位	25.9%
自己创业当老板	11.8%
夫妻分居的原因	3.4%
小孩读书上学的原因	7.6%
照顾家中老人	7.5%
单位没有参与"五险一金"	4.9%
现在单位不适应	2.3%
回乡种田	0.5%
合计	100.0%

为了便于分析,将问卷中职业流动的十个具体原因归纳为三大类:第一类收入及待遇原因(含单位收入比较低、找到更好的工作岗位两个具体原因),占比为49.2%;第二类家庭原因(含夫妻分居、小孩读书和照顾老人三个具体的原因),占比为18.5%;第三类个人发展和规划的原因(含经过技能培训提升后换工作、自己创业当老板和单位没有参与"五险一金"三个具体的原因),占比为29.5%;第四类不适应及其他(含回乡种田和现在单位不适应两个具体原因),占比为2.8%。

3.离职的次数

在问卷设计的选项中,第一次就业设定流动次数为1,第二次换动工作设定流动次数为2,后面的分组以此类推。从统计数据来看,农民工职业流动比较频繁,其中换动两次工作这一组的人数最多,占到了总样本的

35.7%。其他依次为流动一次占比 20.9%，流动次数为 3 的占比 28.3%，流动次数为 4 的占比 7.8%，流动次数为 5 的占比 4.6%，流动次数在 6 次及以上的占比 2.6%。

4. 对离职行为的认识

就农民工对于离职问题的认识，本研究从技能提升的角度进行调查，对于是否是由于技能提高而离职的调查，有 43.3% 的外出农民工选择了不清楚，有 7.1% 的外出农民工选择了根本不同意，只有 3.6% 的外出农民工选择了非常同意。可见，从技能提升角度来看，农民工换动工作带有很大的盲目性。

5. 户籍对就业的影响

改革开放以来，阻碍城乡劳动力要素流动的户籍制度开始松动，对劳动力流动的限制作用不断减少，但是时至今日，户籍制度对农民工就业和企业对工人的定向选择仍然具有相当影响，导致就业中的身份歧视、区域歧视。调研显示，44.8% 的农民工认为户籍对就业仍然存在影响，认为不存在影响的有 32.7%，不清楚的有 15.4%。因此，仍有必要进一步取消各地嵌套在户籍之上的各种限制劳动力合理流动的政策规定，消除就业歧视，促进劳动力在城乡之间、地区之间有序流动。

(二) 问卷调研的分析

基于以上调研结果，可以作如下分析：

首先，外出农民工基本状态的变化。

一是外出农民工中未婚群体比例有所上升，占 32.4%。未婚人群占比的增加，增加了外出农民工务工的不稳定性因素，使农民工外出务工的流动性增强。

二是外出农民工受教育程度普遍提高，但仍主要集中在初中、高中两个阶段。接受初中和高中教育的占比达到 68.3%。接受大专以上教育的外出农民工比例有所上升，小学以下文化程度有所下降，但仍然有 8.8%。农民工受教育程度正在提高，意味着人力资本存量正在提升，这是外出农民工就业波动的关键因素,也是不断提高农民工就业质量的前提。但我们在调查中发现,所谓的初中和高中,多有名不符实的情况,初中文化并不一定是初中毕业,高中文化也不一定读完高中,即使是毕业生,也没有达到毕业的水平,这个问题应该引起注意,我们也会在后面的对策研究中作进一步的阐述。

其次,外出农民工就业波动的情况。

一是外出农民工离职倾向较高,有离职倾向的达到 42.8%,说明外出农民工对目前的工作或本次就业不满或缺乏信心,对工作单位没有归属感。

二是外出农民工对离职的认识不清楚,相当一部分农民工对于自己离职的内在原因不清楚,说明外出农民工离职带有很大的盲目性。

三是外出农民工就业选择频繁,对目前工作的不满和没有信心以及离职的盲目性必然带来频繁的流动。过于频繁的变动职业不利于在某一领域或行业积累经验和提高技能,这是农民工就业质量低下的一个直接原因。

四是外出农民工离职原因呈多样性的趋势。离职原因中排在前三项的依次为低工资、更好的工作岗位、小孩读书,离职原因中前三项分别属于个人发展、收入福利、家庭等不同的原因。由于个人发展方面的原因而离职的比例为 25.9%,由于收入福利方面的原因而离职的比例占 23.3%,由于家庭方面的原因而离职的比例占 18.5%。可见,虽然外出农民工在选择职业的时候考虑的最主要因素还是收入福利,但是也开始兼顾个人发展和家庭等方面的原因。说明,外出农民工在选择职业的时候已经从单纯的考虑经济利益向综合考虑个人发展空间以及照顾家庭转变。

第三节　农民工就业波动的微观案例

本课题组的调研除了问卷调查外,还连续进行了深入的调查和案例访谈,江西赣州、宜春和南昌三个设区市都是农民工比较多的市,其中许多本地农民工都有外出到广东、福建、浙江等地务工的经历;也有从外省来江西务工的农民工。现选择 2012 年和 2013 年两次深入三个城市进行访谈性调查的若干个案例整理如下,主要经历及相关的内容以受采访者原话引用的方式表现。

一、2012 年在赣州市调查的案例

案例 1:江女士,赣州南康人,22 岁,未婚。中专文化,学的是办公自动化,家有父母,还有一个弟弟。在当地一家有自主品牌生产服装的企业,工作是办公室文员。

月收入 3000 元左右,包餐。"2009 年中专毕业,就在南康找了一份工作,也是因为家人要我留在老家。我其实自己是很想出去闯闯的,因为同学都到外省去了,不过他们基本上这几年也陆续回了南康。现在我还是有一点点想法,想去外省看看。""第一份工作做了一年,一个月 1200 元左右。过完年,老板打电话来叫我上班,我就说想再看看有没有其他的工作。因为觉得老板不重视我,没有体现我的个人价值。辞掉老板的时候还没有找到下一份工作,我只是有点担心找不到合适的工作,但是绝不担心找不到工作。两份工作都是我叔叔介绍的,因为叔叔也是做服装的,所以和做服装的比较熟,就介绍我来了。吸引我在现在这个公司工作的原因是老板人非常好,同事也比较好相处。公司的待遇也算是比较好的。公司在我们当地有些知名度。而且关键是工作得到了老板的认同,有成就感。公司也有些培训的机会。我现在还没有男朋友,我希望找一个南康人,因为我结婚后希望留在南康。"

案例 2:肖先生,赣州龙南人,37 岁,初中文化,已婚,有两个孩子,老大是女儿,12 岁,小的是儿子,6 岁。在当地一家以生产出口毛绒玩具为主的港资企业做车缝工,老婆也在同一家企业做事。

一个月工资 2000 元左右,有社保。"我第一次出去打工是在九三九四年左右,和老乡一起去的,当时去了广东的番禺。大概做了两三年吧,后来觉得工资太低了,就辞工了。辞工以后我就回家了,在家里做一下子,又出

去做一下子。反正来来去去好多次了。出去打工都是去番禺，或者附近的地方，一直到2006年才回来。因为老婆生孩子，我回来照顾家里。""回来以后也就是在家里做事，2008年到了这个公司，一直做到现在。""这里做事离家近，周围的环境比较熟悉。""对这份工作没什么不满意的，我们就是想多赚点钱，这里的工资不算高，也不算低，我希望工资能更高一些，另外自己再学点手艺。""目前还没有辞职或是换工作的想法，我们有小孩的人，要养家，不敢乱换工作。""成家以前经常换工作，由于比较年轻，做决定的时候很随意，做得不高兴了，或者烦了，或者嫌钱少了就辞工。有时候，辞工了一下子找不到事做，在家待着也不会觉得不好意思。现在如果在家不做事，面子上过不去，会觉得不好意思。我们现在要养家，不敢乱辞工，除非是找到了工资更高的事做。"

案例3：赖女士，赣州龙南人，35岁，小学文化，是当地一家以生产出口玩具为主的港资企业的保洁员。已婚，一个女儿，12岁，一个儿子，7岁，都在县城读小学，丈夫在当地工业园区的另一家公司打工。

"我第一次出去打工是在1995年，和老乡一起去的，因为有老乡去过那边，觉得好找工作，有个老乡家里人也放心。我在家最小，家里没指望我赚钱，我出去就是觉得年轻人要出去闯一闯。我第一次打工是在广东增城，在流水线上做事。大概做了一年多吧。就是觉得做得烦了，就辞工了。""辞工以后又在增城找了几份工作，每次都是做了一年左右，就是过完年就换工作。年后找工作也不难，都可以找得到，反正就是在流水线上做事，很简单的，哪家公司都差不多。至于具体做了多少家厂记不到了，每次都是一年左右。辞工的原因不是因为觉得做烦了，就是别的公司工资更高些。就是这些原因。""我1999年回家，别人介绍了对象，就结婚。结婚以后就在家带小孩。我2006年才出来打工。""我2006年也是在龙南的另一家公司打工。2011年辞工，就来了现在的公司。就是为了解决小孩读书。""一个月1600元左右吧，包餐。其他的就没什么了。公司会给我们买社保，像我们这样做保洁的也会买。这里就是工作环境要好一些。我们主要是想到小孩。""目前没有换工作的打算,就这样做吧,除非是以后小孩大了,我们经济条件好些了,就不用出来打工了。或者是有工资更高的地方,就会想到辞工,找更高点工资的工作。"

案例4:郭女士,赣州南康人,41岁,初中文化,现在当地一家有自主品牌的生产服装的企业任仓管工作。已婚,前夫病逝,留有两个儿子,一个19岁,一个11岁。现丈夫有两个儿子,一个23岁,一个24岁,一个女儿,19岁。丈夫在当地家具厂工作。

"第一次是跟着哥哥去了顺德的陈村。也是在车位上做,当时算是很高的工资了,一个月有500—600元。做了一年左右,听一起做事的人说东莞有更好的工作,就去了东莞。做了一段时间,也就不到一年吧,回家过年了。年后又回了陈村。一直从1990年做到1992年,1992年我就回家结婚了。结婚以后就在家带小孩,一直到1998年又回陈村做事了。这一次是在一家做婚纱的厂里,也是做车位。大概做了两年,2000年左右因为婚纱厂的生意不是很好,没多少钱,所以就辞工了。经老乡介绍进了附近的鞋厂,就来鞋厂做了。鞋厂工资也不高,但是不用加班,每周双休。做了一年多,就辞工回家生孩子了。到了2002年又到陈村的一家婚纱店做,这家店,规定太严了,迟到一分钟都不能进厂门,我们很不习惯。在这家店一直做到2004年。2004年家里有事(丈夫去世),就辞工回来了。""2005年处理完家里的事,我又去陈村了。开始还是找那家婚纱店,但是他们不要我做了。因为我在婚纱店是做门市,他们说对我的工作和为人还是很信任的,但是觉得我没有老公,不太吉利,不适合在婚纱的门市店里做事。我也理解他们。我就找了一家寿衣店,也是在陈村。这里工资高,也清闲,不用加班,一个月2000元左右。做到2007年,人家介绍了同村的人,就是我现在的老公,我就回来结婚了,一直在家带孩子。2009年,孩子大了些,我就来这儿做事了,一直做到现在。""我2009年刚来的时候是做车位,也就是车缝。2010年在门市部门做,也就是在公司的店面上。2011年调到这个部门的。一个月3000元左右吧,包餐。也会给我们买社保。""这里工作比较宽松,时间上可以自己调节。家里有事,只要跟老板请假,老板一般都会同意。老板是本地人,说起话来比较方便。而且我们本地人的节日都放假,比如7月半、立夏什么的。同事也比较好相处,都是老乡嘛。公司也会给我们买社保,以后有保障。""(工作)没什么不满意的。(辞职的想法)目前没有,除非是以后年纪大了,做不动了。"

案例5:廖女士,赣州龙南人,24岁,中专学历,在当地一家以生产出口玩具为主的港资企业从事人力资源工作。已婚未育,家有父母、妹妹(读书),丈夫在当地做生意。

"我一毕业就回龙南工作了,那是在2006年9月,是在龙南的另一个工业园区,做了四年左右,2011年我辞职了。2012年一过春节,看见了勤业公司的招工广告,我就过来应聘了,整个应聘过程还比较顺利,我就在这边工作一直到现在了。""以前那家公司规模很小,大概只有四五十人左右,觉得老板不重视我们,我们的价值得不到体现。而且没什么个人发展空间。其实薪水收入差不多。""(目前所在公司)工作环境比较好,公司规模大,有很好的发展空间。公司的配套设施也比较齐全,同事之间相处比较融洽。我比较看重工作的氛围,哪怕工资低一些,只要做得开心就可以了。工作的时候心情很重要。还有就是现在的工作接触的人比较多,有广泛的人际交往,能学到很多知识。""一个月1800—2000元左右吧,包餐。公司的福利待遇还是不错的,给我们买保险,因为我自己就是负责公司保险这一块的,所以觉得购买保险很重要,也是我们员工很重要的福利和保障。""(目前公司)没什么不满意的,觉得挺好。""外面不一定比家乡更好。而且我已经成家了,他也在龙南做事。所以我应该不会考虑离开家乡了。""我现在正在读财务方面的自考大专,虽然我的专业不是财会,工作也不是这方面的。但是我觉得了解一些财务知识是很必要的。""压力肯定有了。一方面是学历比较低,另一方面是觉得自己还有很多地方不懂,要学的知识很多。我读自考,并不完全是为了拿一个文凭,确实觉得自己可以从中学到很多知识。""目前还没有(辞职或换工作的打算)。"

案例6:黄女士,赣州龙南人,25岁,中专学历,在当地一家以生产出口玩具为主的港资企业从事人力资源工作,未婚,家有父母,弟弟今年23岁。爸爸为个体户,妈妈打零工。

"我还没毕业的时候,利用实习的时间,经熟人介绍,到龙南的一家幼儿园工作,做了半年,觉得不喜欢这份工作,就辞职了。现在想起来,选择第一份工作的时候不够慎重,基本没有考虑,只是因为熟人提供了一个机会就去了。后来又是一个哥哥的朋友介绍我在县里的就业局工作,工作环境不错,是在就业局的服务大厅里。我待了五年,觉得工作没有什么挑战性,也没有发展的机会。我想趁年轻多换换工作环境。去年就来这儿应聘了,一直做到现在。""公司规模大,比较正规,而且在我们龙南有一定的知名度,大家都知道这是一家大企业。觉得还挺自豪的。公司也会有一些培训,内部的和外部的都有。我对这份工作还是比较有兴趣的,我现在发现感兴趣是我选择工作时,考虑最多的因素。如果不感兴趣,哪怕工资再高,心情也不会好了。""一个月1800—1900元左右吧。公司的福利待遇还是不错的,给我们买保险。""(目前公司)没什么不满意的,觉得挺好。""如果有机会还是想出去闯一闯,总觉得这辈子要出去看看,所以,有机会,我还是会去沿海找工作,看看外面的世界。目前没有辞职的打算。"

案例7:钟先生,赣州龙南人,39岁,初中文化,现在当地一家以生产出口毛绒玩具为主的港资企业电子部工作。已婚,两个儿子,大的13岁,小的才1岁。老婆在家里带孩子。

"我第一次出去打工是在1992年,和老乡一起去的,当时去了汕头,因为有老乡去过那边,具体工作是操作机器。大概做了一年多吧,后来觉得工资太低了,就辞工了。辞工以后我就回家了,一直在家做事。2004年经熟人介绍去了全南做事,那时候工资还挺高的,有1500多元一个月。到2008年我又辞工了,就是和主管相处不好。后来我又去深圳做事了,一直到2010年才回来。回来就在目前的公司。""其实不是一直做,我中间还辞工了。主要是身体不好,做不了,就只好辞工了。我的腰不好,不能久坐。辞工了一段时间,稍微好些了就来上班了,就是今年的 6 月份。我们家里有两个孩子,老婆又没事做,只能靠我打工赚钱。像我们以前做工,比较随意。年轻嘛,想辞工就辞工。现在不一样了,成家了,负担很重,更多的是考虑工作的稳定,收入的稳定。主要是习惯了在这边做事,所以,我腰好些了就回这里来了,也没想过去其他地方做。因为孩子小,这里做事离家近。""一个月 2000 元左右吧。其他的社保也都会帮我们买。""没什么不满意的。我们就是想多赚点钱,毕竟家里有老婆孩子要养,不像以前。""在这也习惯了。不敢乱辞工,除非是找到了收入更高的工作,不像年轻的时候,辞工很冲动,即使没有找到工作,一不高兴就会辞工。现在就是要稳定下来。要养家。"

案例 8:钟女士,赣州龙南人,42 岁,高中文化,现在当地一家以生产出口玩具为主的港资企业行政部工作。已婚,一个男孩,读高中。丈夫在当地的公路局下属单位工作。"高中毕业以后就去了,我十八九岁的时候。当时是去了深圳。我们村里有人在那边打工,过年回来就说那边有工作,我们一些人就跟着去了。我们到了深圳就在一家做鞋子的厂找到了工作,当时是在流水线上,蛮辛苦的。大概做了三四年吧。后来就回来结婚了。过年回来家里人介绍的,结婚了就辞职了。回家带小孩,现在小孩大了,我就再出来找工作了。""婚后找的第一份工作就在现在这家企业,在这里工作了4、5 年。这家公司规模大,人多,比较正规,像社保啊这些都会帮我们买。离家也比较近,我们不就是要照顾家,照顾小孩嘛。其实在哪打工都一样,这里就是工作环境好一些了,还有就是同事相处比较好,因为都是老乡,大家差不多,有什么事一说都会理解。不像以前在深圳打工,很多事不那么容易说清楚。""一个月 2000 元左右吧,包餐。其他的就没什么了。公司会给我们买社保,这个还挺好的。和线上(生产流水线)的人比要好一些。也不用经常加班,可以照顾到家里。可能是因为我学历比他们要高一些,学习收发传真这类工作要快一些。""没什么不满意的,反正打工嘛,在哪都一样。我们打工的人不就是希望工资高一些,赚得更多些。还有一个,就是食堂的伙食太差了，不过哪的食堂都一样。没什么不满，就是希望多赚点钱，照顾好家里。""目前没有（辞工的打算），就这样做吧，除非是以后年纪大了，做不动了。"

案例9：廖女士，赣州龙南人，44岁，初中文化，现在当地一家以生产出口玩具为主的港资企业任保洁员。已婚，两个孩子，一个高二，一个六年级，婆婆长年卧病在床。丈夫从事货运个体工作。

"以前去过广东，但为了照顾小孩，又返回了龙南（开发区）。2003年是一个纺织厂，大概1000块。那个厂子后来停工了。2007年从电视广告上看到这里招工，我就来到了这里。""我一开始是在注塑车间做事。在注塑车间干了大约四年多一点儿，当保洁不用加班，家里如果有事，请假也比较方便。""现在月收入1500元左右，除了必要的日常开支以外，其他的主要用于老人看病和小孩读书。公司交了'四险'。对现在工作比较满意，等小孩成家立业后，我就不做了，回家带孙子。""最大的困难就是，老人看病和小孩读书都很花钱，家里经济很紧张，真希望能有办法渡过难关。"

案例10：徐女士，赣州龙南人，43岁，小学文化，现在当地一家以生产出口玩具为主的港资企业任保洁员。已婚，两个儿子，大儿子高中毕业，小儿子在广东学徒。丈夫在本公司任仓管。

"小孩毕业后，我才出来打工。2008年到现在的公司，到现在已三年半了。""一开始，我在生产线做了两年；后来当保洁员，也快两年了。生产线上经常要加班，做保洁员不用加班。现在一个月1500元，比生产线上少两三百块。""公司交了'四险'，签了劳动合同，每两三个月有消防等方面的培训。""这个厂子的工资算是比较高的，想回家的话，请假也比较方便。总的来说很满意的。等把欠的债还清后就不干了。那个时候，我在家抱孙子，让年轻人出去打工。"

案例11：邱先生，赣州龙南人，31岁，初中文化，现在当地一家生产和销售各种玩具和小家用电器的港资企业车缝部工作。已婚，小孩上一年级。妻子在附近工厂打工。

"我以前在家务农。半年前,我看到厂门口的招工牌,就过来了。现在月工资2100元左右,有时要加班。""公司会安排消防等方面的培训,很有实用性。""比较满意目前状况,但对厂里的伙食方面有点意见。每餐一元,便宜是便宜,但菜的质量方面不行。""先干几年再说吧,等有了钱,想回到家中搞果蔬种植。龙南县城的人越来越多,他们对果蔬的需求会越来越大。我有一些这方面的技术,想开创自己的一份事业。"

案例12:钟先生,赣州龙南人,39岁,初中文化,现在当地一家生产和销售各种玩具和小家用电器的港资企业电子部任搬运工。已婚,有小孩,妻子在本县乡下打工。

"以前去过广东打工,从事电焊工作。孩子还小,回来主要是为了照顾他。2010年经熟人介绍进了这个厂。现在是电子部的搬运工。""目前的月工资2000元左右。现在没有经济压力,等孩子长大了,那时候压力可能会更大些。""公司有集体宿舍和食堂,挺方便的。平时有一些相关培训,效果还可以。""目前工作比较单纯,没体会到什么困难。先在这个厂子干几年再说。等有了钱以后,想开一个不锈钢制作方面的小店。"

案例13:舒女士,赣州南康人,45岁,初中文化,现在当地生产地方名优食品的民营企业担任仓库配货工作。已婚,儿子读高二。

"以前也是在这个工业区(南康东山工业区)打工,去年熟人介绍到的这个公司。现在仓库配货。仓库配货上行政班,时间上更自由灵活,下班后方便照顾儿子。""现在一个月2000元左右。现在打工主要是为了孩子,等高中毕业,读完大学,还需花一大笔钱。""平时厂里有组织相关培训,对我们仓库配货员来讲,主要是消防方面的培训。""公司帮很多人交了保险,但住房公积金好像没有。但没有听说过有工会。""(对目前公司)比较满意。儿子还在县城念高中,我要继续做下去。""(将来)都四五十岁的人了,没想那么远。"

二、2012年在宜春市调查的案例

案例1:黄先生,宜春高安人,24岁,未婚,大专毕业,学的是船舶工程,现在当地一家糖业公司从事销售工作。家里有父母,还有一个姐姐,25岁,已经出嫁了,他们都在高安。

"我是大专毕业。在厂里是负责销售的。我主要负责周边地区的销售。外省的销售人员是比较有经验的,年龄稍大一些的人。我还需要锻炼。""我学的是船舶工程,和这份工作没有一点关系。我是在北京读的书,就是因为学的专业太冷门了,所以不好找工作。""一个月2200元左右吧。我们的工资是和业绩挂钩的,但是至少有2000元,如果业绩做得好,就有几百块钱的奖金。我家就在附近,挺方便的。""我2010年大专毕业,就来这个厂了,一直工作到现在。""主要是离家近,老板人也不错。觉得在外面闯荡不容易。而且我家有个80多岁的奶奶,我不想离开她,年纪大了,怕万一有什么事,回家都来不及。""同学和老乡基本出去打工了。但是现在和他们联系中,发现他们都觉得闯得很辛苦,觉得自己当初留下的决定是对的。""目前没有离职的打算,如果有一天辞职的话,肯定是我想自己创业了。""目前工作没有什么想法,就是想多锻炼自己。觉得苦、难或者说不满意的是,毕竟我们是小地方,收入偏低,平台不够大。"

案例2:况女士,宜春上高人,26岁,中专文化,未婚,家里有父母,还有一个弟弟。在一家有自主品牌的生产运动服装用品的企业从事劳动人事管理工作。

"一个月1400元左右吧,包餐。我2009年中专毕业,学校介绍我们去了一家深圳的电子厂。做了三个月,也就是实习期满了,就辞职了。辞职的原因主要是要上夜班,我不习惯。辞职以后,我就回来了。在上高的一家广告公司,做了两个月又辞职了。这次主要是觉得工资太低了。我不担心找不到工作。后来在上高的中国移动,找了工作,做了一年又辞职了,原因是我想自己开店。开了一家服装店,做了八个月,生意不好,就把店面转了。2012年初,一过完年,就来这里上班了。""工作中就是觉得有点压力,想多学点东西,以前有想法要提高学历,现在渐渐地没有了,就是想多点经验,多学点东西,将来自己开店。"

案例3：刘女士，宜春高安人，39岁，初中文化水平，已婚，儿子14岁，丈夫在同一家企业做搬运工。

"2002年在广东汕头的一家鞋厂打工，那年（2006年）我儿子八岁，到了入学年龄，我回来主要是为了方便他上学。""（我老公）看到厂里招人，就把我叫了过来。""我每月2000元左右，早上8点上班，中午12点吃饭后，休息两个小时，晚上8点下班。""公司会组织食品卫生知识培训和计量过秤方面的培训，有时会举行消防方面的培训，公司的福利挺好的，夏天有降温凉茶，逢年过节或家有红白喜事，公司都会送红包意思一下。""我在农村老家交了养老保险和医疗保险，公司里替我们交了工伤险，住房公积金好像没有。""对目前的工作比较满意，这里挺好的，暂时还没有去别处的打算。"

案例4：万先生，宜春上高人，23岁，初中学历，未婚，家有父母，姐姐已出嫁。在一家有自主品牌的生产运动服装用品的企业从事针车工。

"一个月1500—2100元左右吧。我们是计件工资的，有时候加班的多就多给一些。现在订单不是很多，最多一天加一个小时的班。公司包餐，也提供住宿，但是我不在这里住，还是住在自己家好，反正公司有班车每天接送，挺方便的。""我2006年初中毕业，跟着亲戚去了福建的一家服装厂，做了一年多就辞职了，主要是做得厌烦了，每天都是那个事，很厌倦了。""辞职以后，我就跟着朋友去了温州的一家制鞋厂，做了一年多又辞职了。""我想家，觉得在外面很孤单。2012年初就来这儿了。""还比较满意，和以前的工作比较起来，现在的工作时间更短，工作环境也好一些，而且在家朋友亲戚多，不会觉得寂寞。""目前没有辞职的想法。如果以后结婚了，还是想带着老婆一起再出去闯闯。两个人闯应该比一个人闯要好些，至少不会那么寂寞。""现在没有什么想法，就是想多赚点钱，当然也不想太辛苦，现在这样就挺好的。"

案例5：龙女士，宜春上高人，28岁，大专学历，已婚，小孩2岁。在当地一家鞋业公司从事人力资源部文员工作。

"我2006年在广东打了3年工，2009年回家结婚，生小孩后在家乡当了1年多幼儿园老师,顺便带自己的孩子,同时赚点奶粉钱。""2011年,经过熟人介绍,我应聘了这里的人力资源部经理助理岗位。""我们上午8点上班,下午5点下班,还能从幼儿园捎上小孩一起回家,很方便。每周六加班一小时,工资另算。""月薪1500元左右。像我们文职人员,按行政级别和工作年限来测算,平时请假的话,会适当扣一点。""上下班都有厂车接送,中午有工作餐。其中工作餐分为员工餐、干部餐和经干餐,我属于员工餐。""公司很早就建立了工会,平时有些活动,但参与的人不是很多;另外,工会逢年过节会走访一些困难职工。""我交了'五险',但没有住房公积金。""刚来的时候有入厂培训,时间为一个星期到一个月不等;每个季度还有消防知识等安全培训。""对目前工作比较满意,(对未来)暂时还没想那么多,先把小孩带大后再说吧。"

案例6:罗先生,宜春上高人,39岁,初中文化,已婚离异,家有老母亲。现在当地一家鞋业公司线外车间工作。

"2006年11月17日,去县劳务市场报名,试用后就留了下来。""裕盛公司有几十辆通往各乡镇的班车,交通很方便。我每周回一次家,其他时间住在厂里。""公司有好几栋宿舍楼,我们大概是6—8人一间房子(有阳台),每层有洗衣服和洗澡的地方。""我以前在家乡种田,顺便帮别人理了几年发。""现在每个月工资1300元左右,成型车间的工资要高一些,可以达到1500,不过跟我老家的陶瓷厂相比,还是偏低了一点,但那是力气活,我的脚有残疾,赚不了那份钱。""端午节发了一个粽子,中秋节发了两个月饼,过生日时会发一个杯子。""遇到困难或者发生纠纷时,有时会找工会,有时会找行政部门领导。""2008年12月交了社会保险,发生工伤时公司会掏钱,但是没有住房公积金。""对目前的工作不是很满意,工资太低了,过一段时间想去别的地方。""等手上的钱够了,想回到老家的镇上开一个理发店。我骑摩托车去过那个镇,留意了几个比较合适的店面,还看了旁边其他理发店的生意情况。"

三、2013 年在南昌市调查的案例

案例 1：李女士，湖北人，38 岁，中专文化，已婚，有一个 15 岁的儿子。与丈夫同在南昌市经济开发区内一家生产手机配件的日资企业工作，这家企业目前有员工 400 人左右。李女士是公司一线组长。

"我家是湖北的，读中专的时候认识我老公，他是本地人。儿子 15 岁，在我们身边读书。""我读了中专，我在这里就是组长，就是不需要直接从事生产，只要负责登记他们的工作，发放物料，监督之类的。在这里做了两年多。""工资一个月 2500 元左右吧。包中餐，有厂车接送。""我在 1993 年中专毕业分在湖北的一家棉纺织厂，7 年以后国有企业改革，我们买断了工龄，我就出去打工了。""2000 年，我去了东莞，在一家电子厂，做了三四年，后来孩子大了，我觉得还是要回家管管他，不能完全丢给老人带，就辞职回家了。""先是在一家机电厂做，做了五六年，觉得那个工作不正规，没有休息时间，也不买社保，2010 年就来东光了。""我刚来的时候也是一线的普工，做了两三个月就提拔为组长。""我们这里不太看重学历什么的，（提拔我的原因）我想主要是我做事认真吧，做事认真是最重要的。""不用上晚班，也给买社保，比较正规。我现在最看重的就是正规，买社保。""（所以对目前的工作）没什么不满意的。目前也没有辞职或是换工作的想法。（如果以后辞职）那可能就是做得不开心，心情不好才会换工作。"

案例 2：任女士，南昌人，43 岁，小学文化，已婚，一儿一女。在南昌经济开发区的一家生产手机配件的日资企业工作，这家企业目前有员工 400 人左右。任女士是公司一线员工。

"我就是这附近的村民，今年 43 岁，已经结婚。儿子 23 岁，大学毕业了在外面工作，女儿 15 岁，在我们身边读书。""我只读了小学，我的工作是在这里就是一线的普工，做了两年。工资一个月 2400 元左右吧，包中餐，有厂车接送。""我在 2002 年之前一直在南昌钢厂菜场卖菜，卖了 8 年。2002 年就去北京了，我和老公一起开了个塑钢窗的小店。开了一年多，因为要回家管小孩读书，就回家照顾孩子了。回来以后就在家附近做事。先去超市做了四个月,觉得工资太低了。又自己开了个小餐馆,开了一年半左右,老公觉得我太辛苦,就不让我开下去了。后来2006年,我去了一家药店,做了两年多,也是觉得工资太低。2008年去了一家生产灯泡的企业,听我姑子说这个工作对身体有害,做了两年就没做了。到了2010年,我觉得女儿大了些,我又和老公一起去北京开店,可是这次开了半年就关了,正好附近有家酒店新开张,我就去应聘去了客房部,做了10个月,老公回南昌,我也就跟着回来了。先是在家附近的酒店做,也是做客房,做了10个月,因为我的腰不好,收拾床铺很吃力,就辞职了。听村里的人说这家公司不错,就自己跑来问,然后就留下来了,一直做到现在。""在这里工作得很开心,环境比较好,也不是很累。没什么不满意的。""(如果以后辞职)有可能是自己身体不好,不能再做了,也有可能是儿子结婚生了孩子,我就要回家带孩子了。"

案例3:陈先生,南昌人,24岁,初中文化,未婚。在一家生产电感线圈的日资企业工作,该公司成立于2010年,年产值达6000万元人民币,目前员工有200余人,总部设在香港。陈先生是普通工人。

"我是2012年7月,看到厂外路边的招工牌,自己找过来的。来这个厂之前,2008年至2012年,我在浙江温州做眼镜。""我哥哥如今还在温州的眼镜店打工,我妈在那边帮他带小孩。我爸就在那附近的添加剂厂打工。""我离开温州后,还在南昌高新区的一家公司干过几个月时间,那个厂生产(空调)压缩机,我做电焊工序,车间温度高,很脏、很累。这里就明显不同了,上班有空调,干净卫生。刚到这个厂上班时,参加过一些相关的培训,比如说,环境体系论证方面的培训,以及具体工序的操作技巧培训。培训时间不长。上班时,每道工序都有'指导片'。""上个月的工资是2200多元。我才到几个月时间,对厂里的福利情况不是很了解。买了医疗保险和社保。""这里的环境蛮好,干净卫生。上班时间也比较自由,每天上8小时,可以自己选择加班或者不加班。家里其他人都出去打工了,我一个人留在南昌,没啥事;再说,加班另算工资,所以我经常会选择加班一两个小时。""最近没有打算辞职或到别处去干的想法,这个厂蛮好的,我想接着做下去。"

案例 4：梁女士，湖南张家界人，47 岁，小学文化，已婚，丈夫也同在一家公司务工，有一儿一女。梁女士所在的公司是南昌经济开发区内一家以回收和加工废旧钢铁为主要业务的企业，成立于 2009 年，目前员工有 100 余人。

"我是通过老乡介绍来这打工的，我们厂里有 20 多个老乡。（说明：公司负责人在介绍厂情时曾经说过，由于回收废旧钢材既脏又累，南昌本地人不愿意干这活，厂里有一些来自云南和湖南等省的农民工，年龄大多在 35 至 50 岁之间。）我老公也在这个厂子做事，我们是一起过来的。""以前在家种田。现在小孩长大了，我就出来打工了。有两个小孩，一男一女，老大是个女孩，在北京读书；老二是个仔，在长沙念高中。小孩都在读书，家里的经济挺紧张，一年下来，他俩要花费四五万。打工，很重要的为了孩子读书。""我和老公的工资加起来，一年大概总共有六七万吧。""每个月向厂里交 180 元伙食费和 20 元水电费。我们很少出去有其他方面的消费。""上班还好，每周工作六天，每天八个小时，有的时候需要加班。这个厂子比较偏远，出去不大方便。""这里有篮球场、乒乓球室和桌球室，都是免费开放，但我不会打球，很少去。""厂里买了工伤保险。其他的保险还没有。""我对这份工作比较满意，厂里要我干，我就继续干下去。"

案例 5：杨女士，贵州遵义人，22 岁，大学文化，未婚。杨女士所在的公司是南昌经济开发区内的一家台资上市企业，主要从事镁铝合金等轻金属射出成型，是世界第三大轻金属代工大厂，目前有上海和南昌两大生产基地，其中的南昌分公司成立于 2010 年 3 月。

"家里有两个妹妹，一个在北京读大学，一个在念高中；我父母在种地之余，偶尔出去打工，以贴补家用。""我在南昌理工学院读数控机床专业，毕业时从网上看到这个厂的招工信息。当时有三四个人一起招进来，但不到半年，另外几人就走了，目前只留下我一个人。有的到沿海去了，寻找更多的发展机会；有的想念自己的家乡，回贵州去了。这些年搞西部大开发，贵州的工厂比以前多了许多，去那边找工作也还行。""我是去年 12 月份来的,快一年了。刚到这个厂的时候,培训了三个月,主要是设备调试、机台检测、数控编程等技术方面的培训,也有安全(如消防)等方面的培训。""对于刚来的职工,人力资源部会制订系统的培训计划。""刚来的时候,每个月工资才2000元,现在有3000多元。逢年过节会发点东西;听别的员工说,有年终奖,但我到这个公司未满一年,对具体奖金情况不是很了解。""这个厂的员工,'五险一金'都有。""吃和住,中餐时,自己交4元,厂里补贴4元;住宿方面,两人一间,配套的生活设施还可以。""这里的工作和我在大学时学的知识,正好专业对口,整体来说干得还是比较开心。如果要提意见的话,倒有一条,这里的伙食种类太少了,每天中午就那几个菜,要增加几个花样品种。"

案例6:周女士,江西修水县人,43岁,小学文化,已婚。周女士所在的公司是南昌经济开发区内的一家生产电感线圈的日资企业,成立于2010年,年产值达6000万元人民币,目前员工有200余人,总部设在香港。周女士是电检车间工人。老公也出来打工,在附近一个纸箱厂当门卫。

"我是2011年6月通过熟人介绍来到这个厂的,我家附近有人在这个厂子里打工。我2009年在一个塑料厂做过事,送货、验货、打包,一个月只休息三天,很累。上班的地方灰尘大,很脏。一直想换个环境,两年前来到了现在这个电子厂上班。""刚来的时候,有师傅教我怎么操作。另外,每半年有一次消防方面的安全培训。""每个月的工资,刚来的时候1800元一个月,现在已经涨到2200元左右。""福利方面,会结合平时表现和考勤情况发年终奖,请假较多的,会适当扣一点。我去年的年终奖是800块。端午节发了粽子和蛋,中秋节发了月饼。""厂里有时会组织员工参与一些活动。""我在这个厂已经买了社保、工伤险和医疗保险。""这里的环境挺好的,干净卫生,我喜欢。最近没有打算辞职或到别处去干的想法,这个厂蛮好的,我想接着做下去。""我希望这个厂越办越好,希望我们的工资越来越高。"

案例7:邹先生,湖北宜昌人,57岁,无学历,有两个女儿和一个儿子。邹先生所在的公司是南昌经济开发区内一家以回收和加工废旧钢铁为主要业务的企业,成立于 2009 年,目前员工有 100 余人。邹先生是剪机车间工人。

"我是通过劳务市场来这里的。来南昌之前,在煤矿干过,后来感觉太危险,就没干了。去年,家里的田被国家建高铁时征收了,我又开始出来打工。来这个厂之前,就在南昌,江西农大那边,干过几个月。""我有两个女儿和一个儿子,他们都出去打工了,留下三个小孩由我老婆照看。去年,老家盖了房子,手头还欠下三万多块钱债。""目前每个月工资 3000 块左右。""刚到这个厂的时候,接受的培训主要是安全方面的,比如说进入车间一定要戴安全帽,我以前在煤矿干过,比较熟悉这些安全知识。技能方面,以前我在老家做过收破烂的小本生意,懂得一些这方面的技能。""剪机操作起来是有些危险。上次有一个工人因为操作不当,手受伤了。后来,厂里规定,车间的剪机禁止使用自动挡,只能用人工手动挡。最近没有听说出过什么事。""买了工伤保险,遇上小伤,比如擦破点皮什么的,就自己出钱买点药算了;如果伤得厉害,那还是要找厂里。其他保险没有。这么大岁数,算了吧,就不买保险了。""厂里的人对我们都蛮好的,厂里要我干,我就继续干下去。"

案例 8:闵先生,南昌人,31 岁,初中文化,未婚,公司一线操机员。闵先生所在的公司是南昌市经济开发区内一家台资企业,目前有员工 4000 人左右。

"我在这里的工作是操机员,在这里做了一年多。一个月的工资 3000—4000 元左右吧。包中餐,公司会给我们买保险,但我选择不买。""我在 1998 年第一次出去打工。是去了福建的泉州,当时有个亲戚在那边,就去了。那是一家纸箱厂,我是做普工。做了一年,到过年的时候回来,就再没去泉州了。因为我父亲去世很早,家里上面是四个姐姐,就我一个男孩,所以妈妈不想我离开家,让我回来。其实,我只是回家过了年,又出去了,这次去了福建的石狮。我以前在泉州打工,社会关系都在那边,也认识了一些朋友,所以就去了。""也是做了一年,回来过完年就没去了,那一年我找了女朋友。年后女朋友去了温州,因为她是做服装的,我也就跟着去了温州。一年以后,回家过年,我和女朋友分手了。年后去了上海,因为我有亲戚在那里。在上海是做快递,做了一年,一年以后就自己创业,小的快递公司,挂靠在大公司。可能是自己没有坚持下去,也就是做了一年,就回家了。这次回来后,在一家医疗器械厂做,做了 3 年,觉得厌倦了,就离职了。又去了另一家医疗器械公司,做了 2 年,也是觉得厌倦,没什么发展前途。2010 年,我去了我们这里最大的一家公司,做了一年多,后来因为生产了一批次品,公司让我选择是自动离职还是记大过,我是一个爱面子的人,就选择了离职。2012 年 7 月就来华孚了。""这份工作就不是那么辛苦,可以自由选择是否加班,不用被强迫加班。""目前还没有辞职或是换工作的想法。如果要换工作,会比较慎重考虑,有可能就是有更高薪酬的工作,或者可以做工程师,独当一面,或者做管理层。我现在年纪也有这么大了,不会像年轻的时候那样轻易换工作了。"

案例 9:郭女士,湖南张家界人,43 岁,小学文化,已婚,有两个儿子,公司一线员工,主要工作是把回收来的废旧钢铁轧平以便后期的打包出运。郭女士所在的公司是南昌经济开发区内一家经营再生资源的当地企业,成立于 1998 年,目前有员工 200 人左右。

"我是湖南张家界人,今年 43 岁,已经结婚。有个 11 岁的儿子,跟在我们身边读书,还有一个儿子,21 岁了,在浙江打工。我的工作是和老公一起在一台机子上轧平旧钢材。""我们两个人一个月的工资大概 7000 元左右吧,包中餐。""我是 2004 年第一次外出打工,就在这家公司了。这里收入高,工作得很开心,领导对我们也很关心。我对这份工作没什么不满意的。目前也没有辞职或是换工作的想法。"

案例 10:王女士,湖南张家界人,42 岁,小学文化,已婚,有一儿一女,公司一线员工,主要工作是把回收来的废旧钢铁轧平以便后期的打包出运。王女士所在的公司是南昌经济开发区内一家经营再生资源的当地企业,成立于 1998 年,目前有员工 200 人左右。

"我是湖南张家界人,今年42岁,已经结婚。老家有婆婆带着一个14岁的儿子,还有一个女儿,23岁了,在浙江打工。""我现在的工作是和老公一起在一台机子上轧平旧钢材。两个人一个月的工资大概8000元左右吧,包中餐。""我1993年第一个孩子两岁左右的时候,就去广东打工了,那个时候是和我哥哥一起去的,是在一家电子厂的流水线上,那时候年轻,可以做这些好一点的工作。做两三年,就去浙江了,因为那边的工资更高。在浙江做了大概两年,做得不太开心,我就去了一家广州的玩具厂,这次是因为那边工资更高,而且,我觉得心情可能会好一些。""我2001年回家生第二个孩子了,2003年又去浙江打工,做了几年就经熟人介绍到这来了。我觉得外面的招聘广告都是狗皮膏药,骗人的,还是熟人介绍放心一点。现在这份工作很开心,大家都好,领导对我们也很关心。我没有什么不满意。"

案例11:谭女士,南昌人,22岁,初中文化,未婚,家有父母和一个姐姐。姐姐已婚。谭女士目前没有工作。

"其实我初中并没有毕业,还剩下一个学期的时候就去打工了。我记得是放寒假,过年的时候姐姐和同村的人从广东打工回来,听他们说外面的世界好像很精彩的样子,觉得读书好没意思,就和家里说不想读书了,想跟着姐姐年后一起去广东打工。""我跟着姐姐和姐夫去了珠海,和姐姐在一家湖南人开的餐馆做事,姐夫在一家电子厂做。我们在餐馆当服务员,工作不是很累,但是钱比较少。我做了两年。也是过年的时候,姐夫介绍姐姐年后去了他的电子厂做,我又不想去电子厂,也不想一个人回餐馆做服务员,正好有老乡在南昌开了美容院,经人介绍我就跟着老乡来南昌学做美容了。"

"在美容院跟着做了两年多,也想过自己出来开个店,因为资金不足,还有一个主要的原因是没有合适开店的地方,这个想法就一直没有实现。去年年底家里给我介绍了一个对象,见过几次面。过午回家后,接触了下,觉得还不错,双方父母也都同意了,我们已经订了婚,准备过段时间就结婚。"

"我男朋友在南昌经济开发区的一家厂打工,我想反正也快结婚了,就辞了美容院的工作,想在经开区找一份事做,这样两个人近一些,以后生活会更方便。我对工作没有太多的要求,不要太累,工作环境好一些,工资多少不是很在意。最重要的是工作不能对身体有害,因为考虑到结婚以后要生孩子,肯定不能对孩子有影响。"

案例12:杨女士,南昌人,43岁,初中学历,已婚,家有丈夫,一儿一女,儿女均在外地打工。于2013年春节前辞去了某企业包装工的工作,春节后在农民工专场招聘会上寻找合适的工作。(我们遇见她时,她正在向一家鞋厂的招聘人员咨询有关工作的收入待遇问题。由于该企业在员工工作满一年之后才为其办理保险,并且不会补交前一年的保险,杨女士对这一点不是很满意。她和招聘人员交流完之后,接受了我们的访谈。)

"我今年43岁了,不像年轻人那么随意,在找工作的时候更多的是考虑以后的养老问题,所以我当然会更关注公司为我们缴纳养老保险的事。我第一次外出做工是在1990年左右吧,那时候刚20出头,结婚后就跟着老公一起出去的。像我们女的没有什么文化,哪里敢乱出去,跟着老公就放心一些。""我们去了广东的顺德,那时候工资还很高,一个月有七八百块钱。我是在一家鞋厂做工,老公也在同一家厂。做了一年我就辞工了,因为回家生孩子了。孩子不到一岁,就又回顺德做工了。因为那时候打工的工资还是很高的,所以想早点出去做事。这次是另外一家鞋厂。工作和工资都差不多。这次做了两年,又回家生孩子了。这次把孩子带到两岁左右,我才回顺德打工,还是回了原来那家鞋厂。"

"我一直都在顺德做事,中间好像换了两三家厂,有做鞋的,也有做衣服的。到了2000年,我就回来了,主要是因为小孩读书,爷爷奶奶管不了。开家长会都听不懂。我主要是照顾家里,有时候就在附近打打临工。养家主要靠老公在广东打工。现在小孩子都大了,2010年左右他们都出去打工了,我就又出来做事了。现在就在家附近找事做,因为公公婆婆年纪都比较大了,身体也不太好,家里还是要有人照顾。"

"我过年前把原来的工辞了。因为觉得那份工作比较辛苦,我们现在不能和年轻的时候一样。还是想找个轻松一点的工作。家里没有那么大的压力了,小孩都大了,也自己打工赚钱了。我做工可以多一点钱,家里更宽松一些,没有太大的压力。所以只要工作还轻松,有养老保险,工资少点也没关系的。"

四、本节案例归纳分析

上述 31 个案例,是在赣州、宜春和南昌三地调研中的随机采访的对象,作为一般情况的分析,不作概率计算,数据以调查时为准:

男性 10 人,女性 21 人。

已在工作的 29 人,正在寻找工作的 2 人。

属于第一代农民工的(35 岁及以上)19 人,第二代农民工有 12 人。

最大年纪为 57 岁,最小年龄为 22 岁。

已婚 21 人(其中再婚 1 人),未婚 10 人。

未婚中最大的为 31 岁。

正在工作的 29 人中,普通工人 18 人,从事管理 4 人,办公室文员 2 人,仓库管理、配货 2 人,销售员 1 人,组长 1 人,技术工人 1 人。

夫妻同在一家企业工作的有 4 人。

月工资 3000—4000 元的 8 人,2000—2900 元的 13 人,1300—1900 元的 8 人,大多数都由企业免费包中餐,有的企业还为单身职工免费提供住宿。

大多数企业为职工购买了工伤保险,有的还有医保,有的有养老保险或失业保险,有 3 人已买"4 险"或"5 险",1 人有住房公积金。

有 7 人未换动过工作,其中 5 位中年人,2 位青年人;在一家企业干得最长的是 9 年,夫妻二人都在同一家企业。换动工作最多的是在 10 年间换动工作 9 次(包括自己开小店的次数),第 2 位是在 14 年间换动工作 9 次。其余的都有 2 次、4 次、5 次的换动,间隔的时间一年两年三年不等。

愿意留在目前的企业务工的原因有这么几种：

一是有 11 人认为离家近可以照顾老人、小孩。

二是有 7 人认为老板(领导)好，关心职工。

三是有 5 人认为工资收入比较满意(或有多种保险、或有年终奖金、或包吃甚至包住)。

四是有 5 人认为企业工作环境好(少污染、少噪音、不强迫加班等)，如果环境好，工资多少无所谓。

五是或专业对口，或感兴趣，或想学习一技之长、积蓄一些本钱将来好自己创业等。

六是权且先干着，如果有工资更高的再选择。

第四节　本章小结

将上述案例材料与前面各节分析结合起来思考，我们可归纳当前引起农民工外出就业或本地务工各种波动的主要原因：

一是上一代农民工是为了基本的生存外出到有就业生存机会的地区打工，他们不计自己付出的成本，有的不断挑选企业，也是为了获得好一点的报酬，包括社保、奖金。而上一代农民工 20 多岁出去，40 多岁甚至 50 多岁回来，普遍是为了照顾家庭，为了小孩读书，也为了自己已经难以支撑的身体。

二是到了现在，当日常生活用品的价格和外出成本价格上涨速度快于工资提高速度时，当意识到子女受良好教育和健康成长更为重要时，上一代和新生代农民工不仅都希望工资能高一些，也开始计算自己付出的成本，为此，有的回到离家比较近的企业。现在在家乡务工的工资虽然比外出低一些，但低不了多少，可以接受，而且，家就在身边，方便，可以节省很多成本。再者周围环境也比较熟悉，好办事。

三是农民工开始把维护自己的权益与对企业的要求结合起来，企业效益比较好,福利待遇还可以,老板比较关心职工,好说话等,已经成为农民工选择企业的主要条件。当然,企业也因为经济转型的大趋势,对招聘农民工也有更高的要求。

四是上一代农民工当年走出去的原因之一和今天新生代农民工相同的愿望一致的是很想出去看看世界,长长见识,使自己能跟上正在发展的形势,或是寻找更好的就业,或是获得创一番事业的机会。

五是新生代农民工对企业的选择更重要的是能实现自己个人价值,老板能看重自己,工作与自己的兴趣相同,企业的发展有空间,工资高低并不是主要问题,年轻人想要多做点事,多经历一些事,多获取一些经验,多学一些知识。有的还想自己创业开店。

归结起来,农民工就业意识已经从单纯的谋求经济利益向个人权益、尊严、兴趣、事业、价值方向发展。这是当今中国农民工就业出现波动的价值追求和内在动力。

第二章 "招工难"、"就业难"与农民工就业波动的分析

近年来,由于受到国际金融危机、欧债危机以及能源和原材料价格波动、人民币汇率上浮的影响,企业用工发生变化,无论是经济较发达的沿海地区,还是经济欠发达的内陆地区,都不同程度地遇到了"招工难"问题,企业存在劳动力短缺导致开工不足,甚至出现大规模用工短缺。而农民工群体也因为上述各种原因,加上为了自己比较满意的收入和待遇不断地"用脚投票",一方面采取频繁离职使劳动力市场出现以"招工难"为特征的"民工荒",同时也使自己陷入到"就业难"的境地。近五年来同时出现的"招工难"和"就业难"的双重矛盾,充分凸显劳动力市场上的结构性错配和失衡。"两难"问题是农民工就业波动的主要因素。

第一节 "两难"中的农民工离职倾向对就业波动的影响

"民工荒"源自农民工离职行为,而离职行为产生于离职倾向,本节通过调查数据,从企业用工环境角度对此进行分析。通过本部分内容研究发现,农民工离职存在"参保率——流动性"陷阱,签订劳动合同有助于降低离职倾向,结构化满意度、职业健康愿景和职业发展愿景对农民工离职倾向有显著影响。为减少"流工",促进"留工",提出必须着力破解"参保率——

流动性"陷阱,依法签订劳动合同,建立工龄——工资增长挂钩机制,建立具有代表性和公信力的工会组织,改善农民工职业健康环境,依据职位族制定农民工职业生涯规划,拓展职业发展层级空间。

一、表现为招工难的"民工荒"

尽管农民工总量仍在增加,2012 年全国农民工总量达到 26261 万人,比上年增加 983 万人,但近年来表现为招工难的"民工荒"持续向东、中、西部地区扩散。中国人力资源市场信息监测中心 2012 年第四季度在东、中、西部 103 个城市的劳动力市场供求信息,通过公共就业服务机构招聘各类人员约 508.9 万人,进入市场的求职者约 473.4 万人。

从形式上来看,"民工荒"由传统的"节前后缺"向"平时性缺"演变;"东移"的同时又不断"中进"和"西移","民工荒"的广度和深度在不断加大。从内容上来看,"民工荒"表现为"技工荒"和"普工荒":劳动力市场上一方面存在模具工、车工、数控机床等较高级技工短缺,招工难度加大;另一方面也存在普通工人和青年农民工的供给短缺,也是难以招到工人。从某种意义上来说,这意味着农民工在历史舞台上完成了由轻到重的角色转换,用工企业,特别是急于用工的企业因此陷入尴尬的局面。

从经济发展角度分析,这是新一轮经济增长对劳动力市场需求的反映,归因在于内陆地区承接产业转移、产业结构调整和经济快速崛起,使得内陆的"后发优势"逐渐追赶和拉平东南沿海的"先发优势",地区之间产生劳动力资源的竞争,形成地区间劳动力和产业"双转移"格局,过去农民工的"单向输出"已转变为"多向流动",区域经济和产业发展与劳动力供求结构之间出现新的不匹配。

从社会公平角度来看,"民工荒"是长期以来依靠廉价劳动力的低成本扩张模式不可持续的必然后果,也是资方长期不良用工导致的是必然结局。一些企业用工短视化严重,忽视员工忠诚度的培养,员工的工资低、福利待遇差,生活、工作环境恶劣,加之新生代农民工更加关注工作环境、发展空间、权利保障等因素,对薪酬待遇不高和劳动者权益保护不到位的企业普遍抵触。从最初的"民工潮"到如今的"民工荒",基本权益曾经屡屡被用工者漠视的农民工,正学会"用脚投票"的方式反映他们某种失望和不满。

从宏观层面来看,经济发展带来的劳动力需求变化、农民工的就业代际差异和企业整体用工环境是造成"民工荒"的主要原因。从微观层面来看,农民工个体职业流动和离职行为往往受到收入因素、文化因素和家庭因素及个体特征等诸多因素的复杂综合影响,这其中既有输入地的因素,又有输出地的因素;既有人力资本的能力因素,又有社会资本的网络因素;既有企业用工环境因素,又有个体家庭因素,诸方因素交织起来形成了农民工离职流动的合力。农民工就业波动曲线呈现出的横向特征与用工企业玩起了"躲猫猫"。

二、农民工离职倾向的模型分析

Mobley 在 March-Simon 模型、Price 模型和 Mobley 中介链模型的基础上,结合构造出一个较为复杂和全面的雇员离职过程模型———扩展的Mobley 中介链模型(Mobley,1979)[①],这一模型较为适合分析雇员流动的组织因素。该模型认为,雇员打算辞职继而从组织中真正流出,主要取决于四个因素:(1)工作满意与否;(2)对在组织内部改变工作角色及收益的预期;(3)对在组织外部改变工作角色及收益的预期;(4)非工作价值观及偶然因素。雇员在工作以外的对自身角色的定位,以及一些不可测的偶然因素,也可成为企业雇员离开企业的原因。本项目结合中国农民工的用工环境、对工作预期的实际状况,借鉴 Mobley 的离职决策模型,尽可能地捕捉影响农民工离职中的企业组织环境的复杂因素。根据访谈调研,较好的社会保险福利,有助于降低农民工的流动意愿,并且农民工会理性地预期比较在本企

---

① Mobley,W. H., Griffet R. W., Hand, H. H. & Meglino, B. M. "Review and Conceptual Analysis of the Employee Turnover Progress", *Psychological Bulletin*, 1979, 86: p.517.

业和外部企业的发展、是否有比外界更大的空间以及职业健康是否更加有保障,如果实现内部流动或晋升的机会比较大,满意程度较高,那么他就不会从原企业流失。并且新生代农民工的工作价值观更注重于自我发展,为了发挥自己的专长和潜力,更加倾向于"实现自我价值和人生目标",希望得到社会的认可。因此,对大多数新生代农民工来说,一旦工作中得不到成就感,就会降低满意度水平,产生离职倾向并且会选择离职,而且一个或几个农民工"跳槽"后,依托社会资本网络形成的"链式"外出务工方式将催生员工流动的"连带效应"和"羊群效应",引发企业"用工荒"。综上所述,我们将企业用工环境、现有工作预期和满意度感受作为衡量农民工工作态度的重要变量,并考察这些因素对农民工职业流动倾向的影响、农民工离职倾向和行为的组织影响因素(见图2-1)。

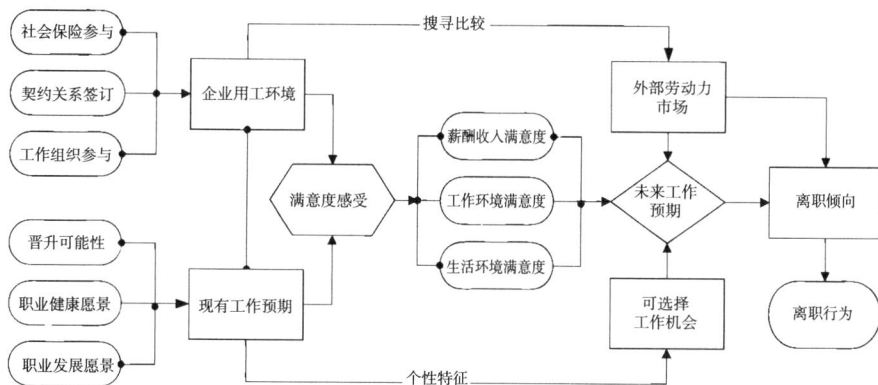

图2-1 基于扩展的 Mobley 中介链的农民工离职倾向影响因素模型

(一)研究假设的提出

依据以上理论分析框架,假定农民工在劳动力市场具备搜寻到相关职业岗位、薪酬待遇和福利保险信息,工作搜寻成本较低且信息充分。本书利用调研数据首先对社会性别、年龄等人口特征变量,结合企业用工环境变量、现有工作预期变量以及薪酬收入、工作环境、生活环境等结构化满意度变量对农民工离职倾向影响因素进行全面检验,分析这些变量对农民工离

职倾向的影响程度和机理,并对这三类影响因素提出以下假设:

1.企业用工环境影响农民工离职倾向假设

企业为员工缴纳社会保险、契约关系确定和参加工会组织,更容易给农民工带来保障和安全感,离职倾向可能会降低,反之,用工企业存在工资待遇不高、用工环境不优、对员工保障不够等问题,员工忠诚度下降,离职倾向可能会提升。因此,企业用工环境中参加社会保险、工会组织和签订劳动合同都可能影响农民工离职倾向,本书提出假设1:企业用工环境对于农民工离职倾向有显著影响。

2.职业愿景影响农民工离职倾向假设

本书将职业愿景分为职业健康愿景和职业发展愿景,不少农民工从事的接触有毒有害物质的工作,对健康有较大影响,因而职业对健康的影响可能会导致离职。另外,美国心理学家弗朗斯提出职业高原(career plateau)概念,认为在职业生涯发展中的某一个阶段,个体所能获得的进一步晋升机会的可能性非常小,职业晋升可能性越大,离职倾向越小;反之亦然。农民工职业发展的职业高原和晋升可能性大小,与离职倾向密切相关,所以职业健康愿景和职业发展愿景均可能影响农民工离职倾向。因此,本书提出假设2:职业健康愿景和职业发展愿景对于农民工离职倾向有显著影响。

3.结构化满意度影响农民工离职倾向假设

Mobley等学者认为离职倾向是指在一特定组织工作一段时间后,工作不满意、产生离职念头,蓄意要离开组织,寻找到其他工作可能性的表现。降低离职率,核心在于提高农民工满意度。本书在对30多位农民工访谈调查的基础上,吸收已有满意度研究成果,建立包括薪酬收入满意度、工作环境满意度和生活环境满意度三个结构化维度,并认为这可能影响农民工离职倾向。因此,本书提出假设3:结构化满意度对于农民工离职倾向有显著影响。

(二)研究数据和变量设定

1.研究数据

要说明的是这里使用"农民工就业波动分析及对策课题组"2012年

1—2月第一次调查的数据,调查地点是江西省的赣州、宜春、南昌三市,但调查对象曾经打工地域涉及江西、广东和福建以及浙江等农民工流入和流出集中地区,发放调查问卷1200份,回收1005份,有效回收率83.8%。调研充分运用第一手资料,结合问卷调查法、典型个案访谈法、座谈等多种调研方法,力求使所得的资料相互补充,相得益彰,从而保证所得结论的科学性和有效性。调查问卷分为农民工的个人和家庭基本情况、就业和培训情况、社会交往情况、工作及收入和支出情况等方面,采取随机方式和无记名形式进行,为研究提供了较为翔实的第一手资料。

2.变量设定

根据前述分析,变量设定如下:

因变量:y为农民工一至两年内的离职行为倾向(1代表具有离职倾向,0代表不具有离职倾向);

自变量:x_1:性别;虚拟变量赋值。x_2:年龄;定距变量。x_3:年龄的平方;定距变量。x_4:工作环境满意度,李克特5点式量表(1非常不满意;2不满意;3一般;4满意;5非常满意),定距变量。x_5:生活环境满意度,李克特5点式量表(1非常不满意;2不满意;3一般;4满意;5非常满意),定距变量。x_6:薪酬收入满意度李克特5点式量表(1非常不满意;2不满意;3一般;4满意;5非常满意),定距变量。x_7:社会保险参与;虚拟变量赋值。x_8:签订劳动合同;虚拟变量赋值。x_9:参加工会组织;虚拟变量赋值。x_{10}:职业对健康远景;虚拟变量赋值。x_{11}:职业对发展远景,李克特5点式量表(1很有可能;2比较有可能;3说不准;4不太可能;5没有可能),定距变量。

(三)模型建立与分析

根据前述研究的主要问题,令农民工离职意向的因变量集合 Tn = {未来一至两年具有离职倾向和打算;没有离职倾向和打算},设定模型中的解释变量为性别变量、年龄变量、结构化满意度、用工环境因素和职业愿景。被解释变量为农民工离职倾向意愿,这是二值品质型变量,残差不再满足多元线性回归 E(ε) = 0 且 Var(ε) = σ^2 的经典假设条件,残差项不再服从正态分布,因此采取 Logistic 回归进行建模分析。Logistic 回归方程参数求解采用极大似然估计法,是在总体分布密度函数和样本信息的基础上,求解模型中未知参数估计值的方法。事件发生的条件概率 $P(y_i = 1/x_i)$ 与 x_i 之间的非线性关系通常是单调函数,即随着 x_i 的增加或减少,$P(y_i = 1/x_i)$ 单调增加或减少。Logistic 回归基本方程:

$$\text{Logit} P = \ln\left(\frac{P}{1-P}\right) = \beta_0 + \beta_1 x_1 + \beta_2 x_2 + \cdots + \beta_i x_i$$

模型中回归系数的含义:当其他解释变量保持不变时,解释变量 x_i 每增加一个单位,将引起 Logit P 增加或减少 β_i 个单位。模型中回归系数的含义:当其他解释变量保持不变时,解释变量 x_i 每增加一个单位,将引起 Logit P 增加或减少 β_i 个单位。回归系数的显著性检验采用的检验统计量是 Wald 检验统计量。

根据前述变量定义,采用 Logistic 回归模型对以上变量进行建模研究得到,运用 SPSS20.0 软件,得到如下结果,见表 2-1。模型一显示,以没有离职倾向为参照,性别对离职倾向影响并不显著。在农民工离职行为选择方面,根据模型参数方程,性别变量的 Wald 观测值对应概率 p 值大于显著性水平 0.05,因此,女性与男性相比,在离职倾向方面并没有显著差异。在模型中,农民工年龄特征变量系数的显著性水平都小于 0.05,通过显著性检验。随着农民工的年龄增大,离职倾向增大,农民工的年龄增大一岁,离职倾向概率增大 1.15 倍;但年龄平方变量的作用表明,年龄的增大带来离职倾向并不是无限增大,年龄增大到一定程度,离职倾向反而下降。

表 2-1　Logistic 回归模型和系数

变量	模型一		模型二		模型三		模型四	
	B	Exp(B)	B	Exp(B)	B	Exp(B)	B	Exp(B)
常量	−1.100	0.333	1.100	3.005	1.629	5.097	0.910	2.485
性别	−0.064	0.938	−0.026	0.974	−0.066	0.936	−0.022	0.978

续表

变量	模型一		模型二		模型三		模型四	
	B	Exp(B)	B	Exp(B)	B	Exp(B)	B	Exp(B)
年龄	0.140*	1.150	0.140	1.151	0.124	1.132	0.103	1.109
年龄的平方	−0.003*	0.997	−0.003**	0.997	−0.003**	0.997	−0.003*	0.997
薪酬收入满意度			−0.233*	0.792	−0.233*	0.792	−0.178	0.837
工作环境满意度			−0.259*	0.772	−0.213*	0.808	−0.175	0.839
生活环境满意度			−0.231*	0.794	−0.221*	0.802	−0.180	0.835
参加社会保险					−0.400*	0.670	−0.373*	0.688
签订劳动合同					−0.411*	0.663	−0.399*	0.671
参加工会组织					0.144	1.154	0.028	1.028
职业对健康远景							0.369*	1.446
职业对发展远景							0.254**	1.289
−2 Log-likelihood	1233.400		1181.145		1158.983		1139.381	

注1:性别以女性为参照;参加养老保险以未参加养老保险参照;签订劳动合同以未签订劳动合同为参照;参加工会组织以未参加工会组织为参照;职业对健康远景以没有影响为参照。注2:"＊＊＊"=p<0.001;"＊＊"=p<0.01;"＊"=p<0.05。

模型二显示,加入结构化满意度变量后,薪酬收入满意度、工作环境满意度和生活环境满意度变量系数的显著性水平都小于0.05,通过显著性检验。根据模型,随着薪酬收入满意度的提高,离职倾向概率减少0.792倍;随着工作环境满意度的提高,离职倾向概率减少0.772倍;随着生活环境满意度的提高,离职倾向概率减少0.794倍;员工的实际离职行为产生于离职倾向,而离职倾向与员工满意度密切相关。结构化满意度反映农民工工作内嵌入与工作外嵌入程度,嵌入程度高,离职倾向低。因此,结构化满意度和离职倾向之间存在负相关的关系,提高结构化满意度对降低员工离职倾向有重要的意义。假设3"结构化满意度对于农民工离职倾向有显著影响"得到验证。

模型三显示,加入用工环境变量后,参加社会保险和签订劳动合同变量系数的显著性水平都小于0.05,通过显著性检验。根据模型,参加社会保险导致农民工离职倾向概率减少0.670倍;签订劳动合同导致农民工离职倾向概率减少0.663倍。而参加工会组织对农民工离职倾向的影响不显著,可能的解释,农民工主要就业的私营企业工会组织发挥的作用十分有限。大多数私营企业、民营企业没有与农民工签订劳动合同,并且农民工参加社会保险的参保覆盖率至今没有显著改变。因此,一方面,农民工的流动是因为企业对参加社会保险的漠视;另一方面,高职业流动性又进一步弱化企业参保积极性,所以存在"低参保率——高流动性"的循环陷阱,使得农民工缺乏基本保障和安全感,假设1"企业用工环境对于农民工离职倾向有显著影响"基本得到验证。

模型四显示,加入职业发展愿景变量后,职业对健康远景和职业对发展远景变量系数的显著性水平都小于0.05,通过显著性检验。根据模型,职业对健康影响导致农民工离职倾向概率增加1.446倍;职业对发展远景越不理想,导致农民工离职倾向概率增加1.289倍。处于职业高原期的农民工,职业生涯发展上存在"停滞期"和"瓶颈期",晋升和提薪愿望难以实现,往往寄希望于跳槽方式,通过企业环境的变化来解决这一问题。假设2"职业健康愿景和职业发展愿景对于农民工离职倾向有显著影响"得到验证。

综合模型一、二、三和四进行分析,薪酬收入满意度、工作环境满意度和生活环境满意度变量反映的是企业为农民工提供的薪资环境、工作环境和生活设施,实际上涉及企业为农民工提供的物质"硬"环境,而参加社会保险和签订劳动合同和工会组织,实际上是企业为农民工提供的公平"软"环境。虽然模型中部分变量由于新增变量后显著性有所下降,导致这一现象的原因可能是由于新增变量的加入,前后变量之间存在相关导致的。按照逐步删除法的建模规则,以上研究变量的显著性可以成立。当前反映比较突出的"民工荒"现象,是群体性农民工离职行为形成的合力,而农民工的实际离职行为产生于离职倾向,因此,从根本上来说,企业的用工环境差和农民工结构化满意度偏低是形成当前"民工荒"现象主要因素。

三、问题的讨论

在中国社会主义市场经济条件下,农民工离职流动不仅受到区域经济发展、产业结构调整以及个体微观层面的影响,而且受到企业用工环境因素的显著影响。当前农民工流失快、流失率高的"留工难"问题日益凸显,给企业和产业的负面冲击远大于原材料价格上涨等因素,直接影响到人才稳定性、人力资源成本和企业生产能力。但是,从更长远的角度来看,任何一个企业要发展都是离不开物质资本和人力资本的有效结合,"留工难"问题的出现有利于改变劳方与资方的谈判博弈,并成为改变劳资关系的最好契机。根据模型分析,得出以下结论:

1.农民工特征是流动性强,社会保险参保率一直处于较低水平,而企业的低参保率反过来会加剧离职倾向,会增强农民工的流动性,存在"参保率——流动性"陷阱。签订劳动合同有助于降低农民工流动性,工会的积极作用应进一步强化。

2.结构化满意度与农民工离职倾向负相关,薪酬收入、工作环境满意度和生活满意度从某种程度反映农民工工作内嵌入与工作外嵌入程度,偏低的结构化满意度会导致农民工职业流动性增大。

3.职业健康愿景和职业发展愿景对于农民工离职倾向有显著影响,职业发展愿景与离职倾向密切相关,农民工存在职业高原瓶颈,所以应有效改善农民工的职业健康和环境管理体系,并拓展其职业发展层级空间。

第二节 "两难"中的企业用工对
农民工就业波动的影响

我国农民工就业波动中的就业流动性过高的问题,从企业用工过程来看,一是提供的收入待遇偏低;二是企业缺乏凝聚力。

一、农民工就业流动性问题

就业流动是劳动者在不同职业间的变动,是人力资源在不同区域、不同产业间流动、配置的结果,是社会流动的主要形式之一。就业流动性对经济增长、生产率提升乃至就业增加等都有着积极的影响。但是,当就业流动性超出一定的水平时,则会带来诸多负面的影响。对于农民工个体而言,就业流动性过高,不利于其提高工作收入、积累和拓展社会资本,不利于其提高个体对职业和城市的适应性,从而不能很好地实现工作上、生活上、心理上的城镇化。对于企业而言,员工的流动性过高,不利于企业的正常生产运作,增加企业在招聘、培训等人力资源方面的成本。对于整个区域经济而言,劳动力的就业流动性过高,也将对整个区域的经济发展带来不利的影响。

当前,我国农民工就业存在最主要的问题是流动性大,就业质量不高。而这两者又是相互作用的,就业质量不高,带来高流动性,同时,高流动性,导致低就业质量。这使得农民工就业进入一个非良性的循环之中。就提高农民工的就业质量和就业稳定性而言,政府的政策和企业的用工制度方面有哪些可以进一步改进? 农民工自身可以从哪些方面进行提升? 本节通过实地调研的第一手资料,拟从企业用工的角度研究农民工就业的稳定性及其特点,以期从政府、企业和农民工自身方面提出增强农民工就业稳定性、提高其就业质量的建议和措施。

我们在 2012 年 9 月至 12 月的第三次调查期间,对江西赣州和宜春两个设区市的 5 个工业园区、40 余家企业进行了深入的调查和采访。发放并回收了 534 份针对农民工个体的有效问卷。宜春、赣州两个设区市农民工比较多,再者这两个市有较多的外出农民工从打工地的广东、福建、浙江等地区返乡务工,在用工方面具有典型性,能反映出一般中西部地区企业的用工特点。此外,调研的 40 余家企业,涉及一产、二产和三产,其规模、类型也有多样性,既有承接东部沿海地区产业转移的企业,也有本地人自己创业开办的乡镇企业;既有近万人的大型企业,也有不足百人的小型企业。调查样本的数量、多样性和代表性都比较理想。本书利用调研的第一手资料,主要对企业用工的内外部环境、企业用工的稳定性状况及其原因等三个方面进行了分析。

二、企业用工的环境和政策

(一)宏观经济环境及政策

从全球的经济环境来看,受全面爆发于 2011 年的欧债危机的影响,全球经济不景气。经济危机的到来,对我国大多数规模小、效率低的企业来说,冲击主要体现在销售量的减少和成本的上升。企业进行裁员、降薪,以节省开支。其中,制造业的影响最为明显。很多企业订单量大幅度下降,出现了开工不足,或者关闭生产线的情况。企业被迫裁员或者是减少员工工作时间。这是 2010 年以后,企业用工规模缩小的直接原因。

从我国经济环境来看,2008 年底为应对国际金融危机,我国政府采取了一系列积极应对的政策,这一政策在拉动关联行业和产业,促进内需以及保护和新增就业岗位方面起到了较为显著的效果。这是企业扩产、大量招工的直接原因。2009 年以后,中部地区吸纳从沿海返乡的农民工,进入县级工业园区,园区企业非常集中,而且同一工业园区的企业生产技术比较接近,员工辞工后不需要培训很容易在园区找到新的工作。这是 2009 年以后员工高流动性一个很重要的原因。

更重要的是我国目前虽然经济对外依存度在不断增大,但仍然有很大的内需量,而且这种内需量还在不断地增长,内在的经济发展空间巨大;国际经济下行对我国产生的压力也是呈时间波动型的,有的可以通过内需的发展来进行调整补充,有的则是暂时性的、动态变化的。因此从宏观经济层面看,农民工就业受此影响,就业的流动性会因此不断增大。

(二)产业结构调整

产业结构调整的过程是产业递进的演进、升级过程。一般来说产业升级会逐步实现从劳动密集型产业升级到资本和技术密集型产业,从传统制造业升级到以高端混合型服务业为主的产业。根据传统西方经济学理论,产业升级使劳动力在不同产业所得到的收益率不同,这会导致劳动力大规模地从初级产品生产部门向中高级产品生产部门转移,有的向三产服务部门转移。

企业用工结构的转变是产业升级的一个重要内容,且两者之间存在着较强的相关性。一方面,产业升级使企业用工结构性减少,随着新产品和新工艺投资的增加以及新市场的开辟,一些老的行业会遭淘汰,相应的就业机会也会减少。因此,产业升级会引起的企业用工需求减少。从2008年初出现"民工荒"现象开始,不少企业意识到劳动力短缺将成为常态,因此,积极致力于技术改造、产业升级,以技术替代人力。这是企业用工规模缩小的内在原因。另一方面,产业升级对企业用工也会产生结构性增加效应,从长远看有利于整个社会吸纳就业。因为产业升级使生产效率大幅提高,企业生产成本及产品价格明显下降,产业规模扩大,企业会吸收更多劳动力。同时,一个产业的发展必将带动其他相关产业的发展。因此,产业升级必将催生新兴产业的增加,从而提供更多的就业机会。在这种就业量的增减中,由于我国的经济仍然处于发展上升阶段,产业的发展及其带动性仍然处于主导地位,虽然在产业升级过程中会有因技术的进步而导致就业量的减少,但产业规模的增大及其带动作用增强,就业总量仍然在不断上升。这其中会导致流动量不断地增大。

三、企业稳定用工的措施和现状

（一）企业稳定用工的措施

从总体上看,企业用工的待遇是在逐年提高。企业向农民工提供的福利待遇的方式也发生了转变,从以物质奖励为主到物质奖励和人文关怀相结合。

从工资水平来看,由于出现"招工难"的现象,为了能招工、留工,自2008年以来企业就不断提高工资水平,且提高的幅度在逐年加大。以宜春某大型制鞋企业为例,一线普工的月收入平均2200元左右。这比2008年的1500元左右的工资水平增加了五成。

从公司提供的福利待遇来看,已经从过去单纯的发放工资、奖金和年节的福利以及为全体员工办理工伤险、生育险、失业险和医疗险等方面,扩展到了包括员工家属在内的更大的范围,福利的形式也更多的体现了人文关怀。调研企业会发放包括生日祝福、月终加餐、年终加餐等多种形式的福利。而一些具备实力的大型企业都会提供设施完备的套房作为员工宿舍,还有夫妻房以及带小孩居住的套间房,公司只象征性地收几十元钱的租金。

除此之外,企业对员工的福利还扩展到了员工家属。以赣州龙南开发区的某玩具制造企业为例,该企业与所在开发区的幼儿园、小学、中学签订了有关协议,在企业工作的员工子女可以就近入学,且免交借读费,享受当地学生同等待遇。赣州市某农业企业还制定了员工子女高考入学的奖励措施,按照录取院校的不同,给予300—800元不等的红包,作为员工子女入学的奖励。员工家里如有红白喜事,企业也会送上一份礼表达心意。为了鼓励在职员工介绍新员工入职,很多企业采取了奖励的措施,比如每介绍一名新员工入职,老员工可以获得100—300元不等的奖励。

企业在用工待遇上的变化,最直接的原因是2008年以后出现的"民工荒",导致企业"招工难",企业为了招工、留工,频频出台各项提高用工待遇的措施。另一个原因是,由于现在的农民工接受的教育更高,他们中的很多人都是跟着自己的父辈在城市长大,因此观念上也有了较大的改变。他们更注重自身的健康、对孩子的责任以及家人团聚的天伦之乐。

（二）企业用工稳定性的现状

虽然企业为了稳定农民工采取了不少措施，但是从调研统计数据来看，农民工的流动过于频繁，甚至已经影响了企业正常的生产运作。从表2-2的统计数据可以看出，近六成的农民工在近五年内换动工作的次数在3次以上，近九成的农民工近五年内换动工作的次数在2次以上。

表2-2　近五年农民工换动工作的次数统计

换动工作的次数	人数	百分比	累积百分比
6次及以上	12	2.25%	2.25%
5次	51	9.55%	11.8%
4次	60	11.24%	23.04%
3次	187	35.02%	58.06%
2次	156	29.21%	87.27%
1次	68	12.73%	100%
合计	534	100%	100%

从农民工换动工作的原因来看，企业提供的个人发展机会、福利待遇对企业农民工的离职率有较大影响。课题组将农民工离职的原因分为三大类，并统计了各类原因占农民工离职的比例，见表2-3。

从调研的534份问卷的数据统计来看，农民工离职原因排名居于第一位的是个人发展方面的原因，占比为43.26%，其次才是单位收入待遇方面的原因。可见农民工对于个人未来发展的重视程度已经超过了当前短期的收入待遇。

表2-3　农民工换动工作的原因统计

离职原因	人数	百分比
个人发展	231	43.26%

续表

离职原因	人数	百分比
单位收入待遇	194	36.33%
家庭原因	109	20.41%
合计	534	100%

除了员工流动性过高之外,企业还普遍存在着招聘人数和离职人数双高的情况。有些企业的人力资源部门甚至专门设置了机构,配备了专人负责招聘工作。但是在高招聘人数中,试工成功率却不高,一般最后入职的人数只占到招聘人数的一半,有时甚至低于一半。入职率不高的原因有两方面:一是员工在试工期间不适应这个工作或者不适应企业文化,自动离职;二是员工的技能达不到要求,试用后企业不予录用。因此不少企业存在有大量试工,但又找不到合适的员工的现象。尤其是技术性较强的工种,这一现象更为突出。

从企业所处的行业来看,农业企业员工就业比较稳定,流失率很低;制造业企业员工就业不稳定,流失率较高,员工流失现象多发生在用工前三个月,主要是不能接受约束,或工作条件很差,很多员工是因为身体确实不能适应工作而辞工,也有是因为不适应企业的文化;服务业企业员工流失率也很高,大多数是因为自身身体或家庭方面的原因。

从时间上来看,2009 年以后员工流动更为频繁,员工务工存在很大的随意性,一方面是因为现在的农民工还不是成熟的产业工人,对于工作的责任感和自我约束能力较差,另一个更为直接的原因是 2009 年以后我国不少地区各级工业园区企业非常集中,而且同一工业园区的企业生产技术比较接近,员工辞工后不需要培训很容易在园区找到新的工作。

企业员工的流动性还存在一个类似逆向选择的现象,即企业留不住高素质、高学历、有技能的员工。赣州某大型制鞋厂的高管就表示,现在企业面临的问题不是没有员工,而是想要留下的员工留不住,在企业里稳定就业的多半是年龄偏大、没有工作激情、缺少创造力的员工。

四、企业用工案例分析

（一）企业用工波动及变化的案例

从 2008 年到 2012 年，企业用工结构主要有以下几个方面的显著变化。一是员工学历有显著提高，小学及以下学历的农民工占比明显减少，初中及以上学历的农民工的比例均有不同程度的提高；二是来自本省的农民工的数量大大增加，有的企业 2012 年来自本省农民工的数量是 2008 年的两倍还要多。课题组选取了在 S 县具有代表性的 PK 企业作为案例，分析企业用工结构的变化情况。表 2-4 是江西省 S 县 PK 企业 2008 年至 2012 年用工结构变化的情况。

表 2-4　江西省 S 县 PK 企业 2008—2012 年用工结构

年份	学历						来源		
	小学	初中	中专	高中	大专	本科	本地	省内	省外
2008	3.13%	67.51%	14.38%	14.14%	0.77%	0.08%	65.47%	27.99%	6.54%
2009	0.68%	65.66%	21.91%	10.45%	1.21%	0.09%	65.13%	26.76%	8.11%
2010	0.63%	49.51%	30.97%	17.51%	1.25%	0.13%	52.38%	40.14%	7.48%
2011	0.86%	50.35%	27.27%	20.31%	1.05%	0.16%	49.80%	42.35%	7.85%
2012	0.85%	70.40%	14.02%	13.17%	1.34%	0.22%	33.35%	58.87%	5.04%

用工结构的变化主要有以下几方面的原因。一是国家教育行政部门近 20 年来一再推行农村九年义务教育，使得农村的孩子大多接受九年义务教育，农民工文化程度有了较大提高，提升了农村劳动力人力资本。二是中西部一些地区为了吸纳从沿海返乡的农民工，在 2009 年大规模建设县级工业园，并提供很多优惠政策，农民工在本省打工收入与沿海打工收入的差距不过每月 200—300 元。农民工在选择务工地点的时候也会考虑往返的路费、生活成本以及对家庭的照顾等，在综合考虑各方面因素的情况下，一部分农

民工认为在家乡附近务工更合算。农民工对务工地点的理性选择,是本省农民工在用工比例中占比大幅度提高的最直接原因。总体看来,农民工的流动较为频繁。

(二)企业稳定员工就业的案例

我们在江西赣州和宜春两个设区市进行了深入的调研和访谈,先后调研了20余家企业,从中分别选取了农业企业和制造业企业两个在稳定员工方面比较有代表性的企业,就其较为有效的措施等方面进行分析。

1.宜春市某农业企业

该公司位于宜春市下属的高安市,系江西省首批农业产业化省级龙头企业,现有员工160余人,其中农民工占60%;女职工以30—45岁为主,男职工大多40—50岁;农民工的学历以初中为主。一线的生产工人则主要通过熟人介绍的方式。公司的农民工主要来自周边的乡镇(含郊区的失地农民),少部分技术类农村户籍的务工人员来自外省。技术类和中层以上管理人员普遍买了社保;但一线的农民工因为在农村老家有养老保险和医疗保险,公司愿意给他们掏70%,农民还是不想购买。一线农民工的工资为2000元左右,技术性较强的农民工(比如电工),可以达到每月3700元。不仅如此,农民工在本公司的工龄每增加一年,其月工资可增加100元(比如去年比前年月薪增加100元,今年又比去年增加100元)。公司对农民工的福利主要有:逢年过节时,每人每节发220元左右的东西(比如食用油、牛奶等比较实用的生活消费品),如果员工家中有红白喜事或生病住院,公司会送上红包进行祝贺或者慰问。在高安市工业区内,本公司的工资算比较高的;工作环境干净整洁,且因机械化操作,劳动强度很小。很多农民工来自公司附近的乡镇,下班后方便照顾家中老人和小孩。在员工培训方面,对于新来的农民工,会进行短期的入职培训;平时则主要是食品卫生和安全知识方面的培训。但是,由于农民工文化素质一般偏低,很难接受公司新的理念和规定;组织纪律力比较差、执行力和团队协作力比较差,比较容易计较个人得失。虽然有一些针对性的培训和座谈会,但效果不明显。

公司由于工作环境好、劳动强度低、工资待遇高等原因,建厂以来员工流失很少,因为上岗前要经过培训,如果员工换动工作,即使是换到同一行业的其他企业,也因技术不同要重新培训。公司自 2001 年入驻高安市以来,很多农民工在本公司务工 5 年以上,有的达到八九年,个别元老级更是达到 10 年以上。农民工在公司上班,比附近其他厂的农民工更有优越感,除非家里或个人的确有万不得已的事情,农民工近年来一般极少主动离职。目前公司在用人方面没有很大的困难,只是近年来农民工用工成本不断攀升,公司利润空间相对减小。在市场订单相对减少的时候,公司会采用轮流上班的方式,给暂不上班的农民工发放生活补贴,待生产线运转正常后,则恢复全额发放工资。

2.赣州市某大型制造业企业

该公司是赣州市目前最大的外资企业,共有员工 10000 余人(含各县乡分厂),员工中以女性为主,年龄大多在 35 岁以下,大部分一线农民工的文化程度为初中及初中以下水平,管理层农民工的文化水平略微高些。对一线生产员工主要通过乡村宣传、周边设点等方式招工。公司员工 90%来自省内(其中章贡区占 30%,有些是失地农民),30%是属于以工带工的方式,公司创建了自身的职业技校,定期向公司输送一部分新员工。另有一部分员工是通过熟人介绍来到公司打工的。除此之外,公司还会视订单情况招收短期(比如三个月)临时工。一线员工月收入平均 2200 元左右。公司与开发区职工的小孩(幼儿、小学、中学阶段)可以就近入学,可免交借读费,跟当地学生享受同等待遇。除此之外,还有生日祝福,每月加餐,年终礼品等。公司向员工提供套间住宿(4—6 人一个套间);夫妻双方都在本公司上班的,公司向其提供 10 平方米左右的夫妻房(公司约有 400 多对夫妻职工);带小孩居住的员工,公司以低于市场的价格向其提供出租房(租金每月 100 元)。公司为全体员工办理工伤险、生育险、失业险和医疗险。新员工有 7 天的职前培训,以了解公司的规章制度和企业文化;每个季度有技能和管理方面的培训。公司存在 5%—8%的员工流失。其中管理层员工流失较少,一线的操作工流动性较大。每月入职和离职人数相当,公司设有专门的招聘部门。员工离职主要是因为工作时间长,员工的薪酬待遇低了一些。有的员工如果适应不了本公司的企业文化,一般会在三个月之内离职;还有相当一部分是因为家里确实需要照顾而选择离职。企业吸引员工留下的原因主要是公司吃住方便,小孩就近入学和接送比较方便,公司规模大和在周边地区有一定的影响力。企业在农民工管理方面也存在一些困难,存在员工的年龄偏大、文化水平偏低、接受能力较差、缺乏激情的问题。所以要创建自主品牌,增强公司的后发优势,吸引更多的外来员工;加强员工的职业规划和职业发展,尽量留住好的员工;进一步完善企业文化,以文化用人、育人、留人。

从案例反映的情况来看,对技术没有什么要求的企业的员工流动性比技术性要求较高的企业的员工流动性要大,企业吸引员工留下就业的最主要的因素是较好的收入待遇,照顾家庭以及子女入学等。员工辞工的原因也是因为收入过低和工作太枯燥。企业的招工途径也有了很大的变化,从最开始的以工带工,到定期举办招聘会,发展到现在一些大型的企业自己开办职业技校,这些都为企业用工提供了很好的保障。企业认为对于农民工的管理存在的问题主要是员工受教育程度较低,接受能力较差,同时文化素质较差,工作中组织纪律性不强,没有集体观念;再者,还存在着对企业的制度观念淡薄,入职和离职都有较大的随意性,对于自己的发展缺乏长远的规划。

五、问题的讨论

(一)企业自身用工不稳定的原因

1.偏低的利润空间、较差的生产环境和生产不稳定

课题组调研的大多数企业都是制造企业,虽然规模大小有所不同,但是都是处于产业链的最底端,利润空间很小,企业农民工的工资水平偏低,劳动强度也较大,就业稳定性差。相比之下,一些有自主品牌的企业,利润明

显较高,农民工收入也相应较高,就业稳定性比较好。如赣州南康经开区的某有自主品牌的服装企业,该企业农民工的月收入比同地区、同行业的其他企业高出 600—800 元,在该企业就业的农民工都比较稳定。此外,很多企业存在周期性的缺工,究其原因就是因为在某个季节天气很不好,生产线上劳动环境很艰苦,加上不少员工确实因为身体受不了,不得不在这段时间辞工。同样的工种,在沿海发达地区由于采用了先进的生产线,工作环境得到很大的改善,就不会出现这种季节性的辞工。

外向型企业都是以生产出口产品为主,产品的生产和销售与世界经济走向密切相关,当国际经济不景气时,首先受到冲击的就是这些企业。因此,它们的生产规模要根据经济情况随时做出调整。这一类企业,环境适应能力较差,企业生产运作模式缺乏弹性,大多数企业都是随时根据生产情况调整企业用工人数,造成农民工就业不稳定。

2.落后的人力资源管理理念

企业的人力资源管理理念相对落后,缺乏系统的人力资源规划。企业招工、用工、培训等环节没有长远、系统的规划,尤其是招工,基本属于临时抱佛脚的类型。

从招工来看,企业招工途径比较单一,仍主要依靠两个途径,一是依托政府等有关机构组织的专场招聘会,二是在企业门口或者人流量集中的路口设点招聘。除此之外,一些规模不大的企业也会采用以工带工的方式。从企业实际情况来看,通过其他途径入职的农民工流动性要大大高于通过专场招聘会入职的农民工。

从企业对农民工的培训来看,仅仅限于入职的一般培训和安全知识宣讲。一方面,农民工从事的都是简单的劳动,对于培训的要求不高;另一方面,即使有些工种需要进行培训,企业也不愿承担这部分的培训费用。尤其是一些集中在工业园区的企业,由于生产技术比较接近,农民工的技能培训是属于一般性的培训,根据贝克尔的人力资本理论,企业不会支付员工完全的一般性培训的成本,只会支付部分的专业培训成本,企业会支付更高的工资给接受过专业培训的员工,以减少由于他们的流动带来的损失①。因此,企业陷入一个员工高流动率——低培训的恶性循环。

3.企业文化建设的缺失和不足

在调研企业当中,一些规模较小的企业基本上没有建设企业文化的意识。虽然有些企业也致力于建设企业文化,但是这些企业文化基本上都是写在墙上,印在企业的宣传册上。我们访谈的企业员工,基本上对本企业倡导的企业文化一无所知。即使有少部分知道自己企业正在建设企业文化,他们也都认为企业文化和自己没有关系,企业进行企业文化的宣讲,或者是举办各种文体活动,是浪费时间,还不如放假休息或者多发点奖金。例如,高安某大型纺织厂的人事主管表示举办一些文体活动,不但一线员工参加的积极性很差,还会因为影响生产而得不到有些部门的支持。一方面是企业文化建设的缺失和不足;另一方面,是农民工对于企业文化建设的不理解、不认同、不支持。这使企业文化建设举步维艰,更谈不上通过企业文化提高企业的凝聚力了。

(二)相对于企业要求的农民工自身的原因

1.受教育程度不高,能力较弱,集中在次级劳动力市场就业

农民工受教育程度不高,接受能力和学习能力较差,因此就业能力较弱。农民工就业绝大多数都集中在非正规部门,从事的多为劳动强度大、环境艰苦的工作,即,大多数农民工集中在次级劳动力市场就业。农民工就业中出现的高流动实质上是他们应对二元劳动力市场造成就业歧视的主动表现。根据二元制劳动力分割理论,处于次级劳动力市场的求职者实现职业地位上升的主要渠道是依靠变换工作,而不像处于首要劳动力市场的求职者是靠在某一领域工作经验和年限的积累来实现职业地位的上升。另一方面,农民工通过就业流动,可以打破不同的企业、地区之间的劳动力市场供

① 一般性培训是指对于所有的企业(当然也包括提供培训的企业)有着相同作用,能使所有企业边际产出同等程度提高的培训。完全的专业培训是指对受训人所在的企业以外的企业的生产率没有任何影响的培训。

求关系,以实现其合理的工资诉求。这些都是农民工就业呈高流动性的主要原因。因此,农民工选择高流动就业是他们在经过一定的理性思考后做出的实现自身价值最大化的选择,不能说没有盲目性,但并非完全盲目的或毫无目的性的。

2.职业意识不强,缺乏责任感,盲目寻求自我发展

农民工由于受到各种因素的制约,虽然已经是工人的身份,但是还不能称之为成熟的产业工人,他们只是实现了劳动从农村向城市、从农业向工业的转移,在心理上并没有实现完全的转变。特别是很多在县级工业园企业工作的农民工,由于离家近,同时要照顾家庭,农忙时还要兼顾家里的农活儿,他们并没随着进入企业而转变成了产业工人,相当部分农民工是半工半农,甚至有些人以农村的活儿为主,只是在农闲时外出务工,将在工厂的务工作为副业。所以有些企业出现了在农忙时期部分员工辞工回家务农的现象。在对农民工的访谈中了解到,大多数农民工对于自己未来的工作是非常模糊的,抱着一种走一步算一步的想法。对于工作最大的希望是能多赚一点钱。农民工就业时只看重短期的经济收入,对于自身的职业发展没有长远的规划。因此才会出现只要工业园区内有企业稍稍调高工资,就有不少农民工辞掉现在的工作去应聘的现象。我们在访谈中也发现有不少接受了高中以上教育的"80后"农民工有一定的职业规划意识,在选择工作时更多考虑的是长远的发展空间,而不是短期的工资收入。但是,这部分"80后"的农民工对于职业发展的仍然不是很清楚的,很多时候只是凭自己的兴趣或者一些偶发的事件来做决定。再者,这部分新生代农民工虽然有一定的规划职业生涯的意识,但是这种诉求得不到满足。结合前面对企业方面的分析,不难看出企业对于农民工在人力资源方面的培训与农民工自身的诉求是不匹配的。尤其是新生代农民工大多数没有家庭负担,不像父辈有经济压力,有些甚至还从家里拿零花钱。因此,他们既缺少养家的责任感,也缺少作为一名员工对企业应承担的责任感。不少新生代农民工接受了高中以上的教育,在精神层面有了自己的追求,目前企业为他们提供的条

件只是满足了生存,没有提供更多的发展机会。因此造成了部分受过良好教育的、有抱负的青年农民工由于缺乏正确的引导,对自己的定位出现了偏差,而在就业时理想和现实之间出现的巨大落差,使得他们无所适从,陷入迷茫,最终在就业时,盲目追求自我发展,导致频繁换动工作,陷入就业"水平化流动"的陷阱。

第三节 企业"招工难"和农民工"就业难"的悖论

按照 2010 年诺贝尔经济学奖得主戴蒙德等人的劳动力市场搜寻匹配理论,求职者个体在一定时期内得到工作机会的概率与劳动者的个人特征、地区劳动力需求状况和工作搜寻途径等因素密切相关[①]。个人特征包括性别、工作经验、教育程度、健康状况等人力资本状况;地区劳动力需求状况包括地区经济增长速度、产业结构以及失业率等;工作搜寻途径包括政府、劳动力市场、亲戚朋友等社会网络途径。失业者进行搜寻要花费成本,但同时能够获得预期搜寻收益,搜寻中止的条件是劳动力需求者支付的工资水平高于劳动力的保留工资,否则,搜寻将要持续下去。显然,农民工在劳动力市场上就业和企业招工行为的搜寻匹配选择机制出现严重偏差:双方在搜寻过程、搜寻时间和搜寻成本方面存在搜寻摩擦,劳动力市场上同时存在失业和空缺职位的市场非出清状态。国内现有文献往往关注农民工人口流动机理以及发达地区劳动力密集型企业人员流动的原因和途径[②],对企业"招工难"和农民工"就业难"又仅仅停留于现象的阐述,缺乏从劳动力市场内

---

① Diamond, P. A. " Aggregate Demand Management in Search Equilibrium", *Journal of Political Economy* 1982,90:881-894. Diamond,P.A." A Model of Price Adjustment", *Journal of Economic Theory*,1971,3:156-168.

② 吴兴陆,亓名杰,冯宪:《中国农民工流动机理的理论探索出处》,载《中国人口科学》2003 年第 6 期。周大鸣,姬广绪:《回流的主位视角:企业农民工流动研究》,载《广西民族大学学报(哲学社会科学版)》2010 年第 3 期。黄祖辉,戴琴琴:《发达地区农村外来农民工流动意愿和动因调查——以浙北两村外来农民工为例》,载《甘肃社会科学》2011 年第 5 期。

在机理深入剖析"招工难"和"就业难"并存的原因。这里,我们试从劳动力市场搜寻匹配角度分析农民工劳动力供给与需求的错配现象,以求探讨农民工就业波动更多的内在原因。

一、劳动力市场供求下企业"招工难"和农民工"就业难"特点

农民工"就业难"包含两层意思:其一是找不到工作即无业可就;其二是不能持续、稳定就业,或者说就业质量很低。从经济视角来看,中国经济发展方式的转变对就业提出了挑战,产业结构优化升级给传统产业的退出将带来直接的"阵痛",淘汰退出的企业带来的岗位流失,这些行业从业人员面临再就业、生计和生活保障问题,而新兴替代产业处于培育阶段,区域就业吸纳能力十分有限,表现出对就业增长的迟滞效应。从社会视角来看,农民工为城市奉献自己的青春和汗水,但是城市却拒绝承担更多责任,户口、照顾家庭、孩子教育和福利保障问题的解决远远没有到位,这是农民工就业呈现高流动性、高脆弱性的根本原因。用工荒不仅折射农民工劳动力供给结构发生了变化,而且新一代农民工的就业需求、择业特征将进一步倒逼产业结构升级。

从劳动力市场供给方来看,农民工"就业难"主要表现为"失业中年化"和"不稳定性就业"特点。

"失业中年化"特点。现实中青年农民工在劳动力市场上就业并不是难事,但是中年以上的老一代农民工"就业难"问题越来越明显。老一代农民工普遍存在年龄高、学历低、素质低、技能低的"一高三低"特征,无论再就业还是自主创业都面临较大困难,成为劳动力市场上典型的"就业难"群体。年龄压缩了老一代农民工可选择的就业空间,拉长了搜寻时间,就业竞争激烈程度增加,产生压低工资收入水平和失业率上升的双重后果。

"不稳定性就业"特点。就业质量低下在农民工中是一个普遍性的问题,很多农民工无法找到自己满意的工作,即使找到了一份工作,能长期坚持上班的人也不多。相比较老一代农民工,新生代农民工具有受教育程度

高、职业期望高、物质享受要求高和工作耐受能力较低的"三高一低"特征，这一群体在行业选择上并不简单满足于枯燥、单调的生产线工作。而在工作搜寻时，新生代农民工就业的高期望导致对薪酬待遇、发展空间的高期望，使其局限于稳定、高收益就业岗位狭窄的劳动力市场，追求稳定的收入、寻找发展空间和机会的职业定位，频繁跳槽的不在少数，形成职业拥挤效应，降低就业质量。

从劳动力市场需求方来看，企业"招工难"具有区域性、行业性、季节性等特点，突出表现为很多企业难以招到熟练工和技术工。

区域性特点。企业用工短缺现象主要集中在东部沿海地区，人力资源和社会保障部的一项调查发现，缺工突出的地区是珠三角和闽东南。广东全省缺工中有超过60%在广州、深圳、东莞三市，福建全省缺工中仅泉州市就占53%。农民工一般35岁以后，就不再愿意离乡打工，这是导致东部地区劳动力供应减少的重要原因。

行业性特点。缺工行业主要集中在低附加值的劳动密集型制造业、传统制造业、居民生活、餐饮企业和商业服务业、建筑业的中小企业，其他"脏、累、苦、险"行业的企业更是长期存在"招工难"问题。这些企业招工人数远大于求职人数，在中国经济水平不断提高和产业结构深度调整的背景下，这些行业需要对原有的经营观念、生产方式和管理模式进行调整。

季节性特点。临时性、季节性用工企业存在短时性的特点，工作不稳定，岗位缺乏基本的竞争力，并且工资不足以吸引农民工，保障机制不健全，难以吸引到求职者。显然，用人单位职业岗位和农民工就业选择之间对接机制出现了偏差，农民工就业质量低下。农民工劳动力供给与企业用工需求变化见图2-2。

二、劳动力搜寻匹配视角下"招工难"和"就业难"悖论的解读

劳动力搜寻匹配理论强调，现实市场与完全竞争市场之间存在很大的差异，由于存在搜寻摩擦，同样的商品可能以不同的价格进行交易，一价定

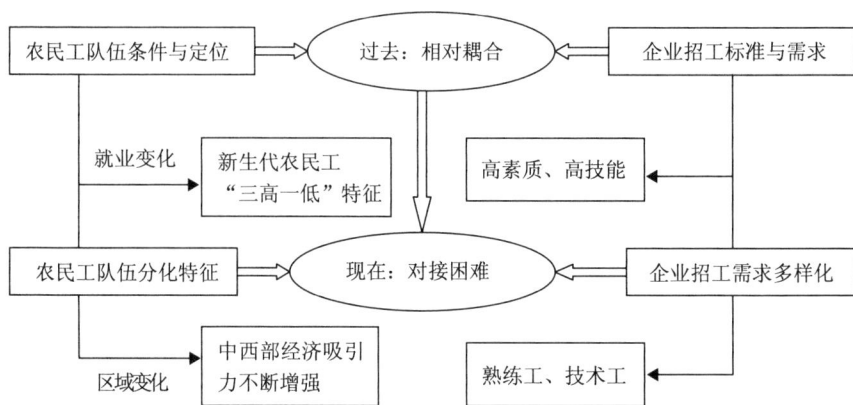

图 2-2　农民工与企业用工需求对接变化趋势对比

律不能成立,因而存在所谓的价格差异。岗位空缺和失业并存主要是因为没有建立空岗和剩余劳动力之间有效的匹配机制,匹配缺乏效率。仅存在搜寻摩擦并不足以产生价格差异,但是,哪怕是微小的搜寻摩擦,也会导致均衡价格与完全竞争市场价格的巨大差异,劳动力市场均衡条件发生改变。

搜寻是延长失业时间的重要因素,高期望和"保留工资"水平助长了搜寻行为,更延长了失业时间。究竟是什么原因导致出现大面积的农民工就业困难和企业"民工荒"问题?本书认为,高期望下的职业搜寻行为、议价工资含金量不高、雇主逐利行为、二元城乡分割导致的"流而不迁"和劳动力市场搜寻匹配中介传导机制不健全以及匹配效率低下是导致这一问题的重要原因。

(一)新生代农民工就业的高期望与二元劳动力市场制约

劳动力搜寻均衡的核心在于把交易看成是一个匹配的过程,实质是工资水平最大化期望与实际工资效用之间的均衡。中国经济社会的转型和市场化的运行机制使得城市社会形成了一个包括首属劳动力市场和次属劳动力市场的二元劳动力市场。城市首属劳动力市场收入高、工作稳定、工作条件好、培训机会多、具有良好的晋升机制;而次属劳动力市场则与之相反,其收入低、工作不稳定、就业环境恶劣、培训机会少、缺乏晋升机制。在户籍制度和人力资本的双重约束下,进城农民工只能在次属劳动力市场寻找那些工作稳定性差、收入低、劳动强度大、福利待遇低的边缘性职业和岗位,难以进入城市正规就业渠道之内①。而这与新生代农民工"三高一低"的就业特点和就业期望不符,新生代农民工在就业认知、就业能力、就业选择、社会认同等方面与老一代农民工均有显著不同。因此,这种劳动力市场的职业定位不符合新生代农民工的就业期望,企业一旦对其有不公平待遇时,动辄选择辞职,导致流动频率高,就业整体质量低下。

(二)议价工资含金量不高,社会保障严重不足

成功的匹配需要工人和厂商通过讨价还价来决定工资,戴蒙德、莫滕森和皮萨里季斯的模型(DMP)认为工资议价和匹配函数是职业搜寻过程的两个关键因素。外出农民工月均收入尽管持续增长,但往往包括8小时外的加班工资,考虑到进城居住生活成本和通货膨胀率,实际上含金量并不高。随着国家对"三农"问题高度重视,出台一系列惠农政策,有效增加了农民收入,这无形中提高了农民工的"保留工资"水平。现实中企业支付的"议价工资"低于农民工的"保留工资"水平,不符合农民工就业期望,是形成企业"招工难"的主要原因。目前,农民工在劳动力市场中仍然属于典型弱势群体,长期以来对农民工工资极力压低的路径依赖和制度惯性,"议价工资"低于"保留工资"水平以及企业提供的社会福利保障不足,均不符合农民工就业期望和特点,导致企业"招工难"。

尽管社会保险法规定农民工参加社会保险方面与城镇人员就业一视同仁,但仍有企业采取瞒报的办法不缴纳社会保险,或者采取重"工伤医疗"轻"养老失业"的办法,损害农民工合法权益。并且受企业参保意识淡漠、农民工非正规就业特点和灵活就业导致的管理成本等因素制约以及现实中

---

① 周小刚、陈东有:《中国人口城市化的理论阐释与政策选择:农民工市民化》,载《江西社会科学》2009年第12期。

劳动合同缺乏带来劳动关系认定难题,导致部分企业在招工时,缺乏对员工养老、医疗保险、失业保险等社会保障,对求职者缺乏吸引力。近年随着中西部经济发展,东部和中、西部地区的收入差距日益缩小,就业机会增多,第二代农民工权利意识苏醒,工资和社会保障基本权益曾经屡屡被漠视的农民工,正学会用双脚表达自己的选择权。

据国家人力资源和社会保障部的统计,到 2011 年 6 月底,全国参加城镇企业职工基本养老保险的农民工 3553 万人,约占外出农民工(2010 年底 15335 万)的 23.2%;参加城镇职工基本医疗保险的农民工 4006 万人,占外出农民工的 26.1%;参加工伤保险的农民工 6555 万人,占外出农民工的 42.7%;参加失业保险的农民工 2164.8 万人,占外出农民工的 14.1%[①]。

(三)农民工人力资本依然相对低下,职业搜寻能力不足

劳动力市场搜寻是人力资本和物质资本匹配过程,人力资本是劳动力搜寻匹配岗位时的基本条件。人力资本是通过花费一定资源而投资于人自身的,最终体现为凝结于人自身的一定技能、体能、知识和认识水平的总和,农民工人力资本表现为教育、培训、健康投资和劳动力迁移流动等形式而凝结的资本量。从整体来看,许多农民工在自己的九年义务教育、高中教育阶段没有完成应有的教育,或者是教育质量较低,使自身素质欠缺,文化程度低、技能水平低,再学习、再培训的基础不强、能力不高,这是其就业的严重制约因素。许多外出农民工没有参加过任何技能培训,但因为有较好的文化基础,凭借"一技之长"的技能农民工较"纯体力"农民工的确有优势。如在建筑行业,开吊车的农民工月收入为搬运工的 3 倍还多。很多农民工的受教育程度较低,能够进入的大多是工作时间长、危险系数高、劳动强度大、技术要求低、就业门槛低、工作环境差、人员容量大的劳动密集型产业。年龄大的农民工,对于"技术"的认知程度与新生代农民工接近,但学习欲望

---

① 人力资源和社会保险部社会保险事业管理中心课题组:《农民工社会保障专题研究报告》,国务院农民工办课题组:《中国农民工发展研究》,中国劳动社会保障出版社 2013 年版,第 118、119 页。

低,"没文化、脑子慢、懒得学"是他们自己常说的理由。高劳动生产率的青年农民工尚可在城市生活,低劳动生产率的中年农民工则因收入减少、收不抵支而被迫回乡。农民工人力资本整体相对低下,职业搜寻能力不足,形成农民工就业难和就业不稳定、就业质量低下。

（四）企业过度逐利行为和忽视员工发展权利

搜寻匹配理论认为,厂商在维持空缺职位与雇用工人填补空缺职位之间进行选择,维持空缺职位的效用取决于维持空缺职位的直接成本以及空缺职位被填补后增加的价值;雇用工人填补空缺职位的效用取决于工人创造的利润以及职位被毁灭造成的预期损失。在完全竞争的产品市场和劳动力市场中,虽然长期来看资本可以替代劳动,但短期内企业无法改变资本存量,能够改变的生产要素只有劳动。因此,企业在缺工的条件下,只能通过现有职工劳动时间的调整来实现与资本等生产要素的匹配,加班作为满足企业劳动力需求的常态化途径,但往往会陷入"劳动时间陷阱",新生代农民工"三高一低"就业特征的变化,反过来会进一步加剧"招工难"问题。

从劳动力匹配角度来看,企业非正规职业定位、忽视权益保障和过度逐利行为是"招工难"形成的重要成因。对于大多数农民工来说,加班成为生活的一种常态,有的企业工作环境恶劣,劳动保护条件差,过于考虑企业的经济利益,忽视员工的饮食水平、生活质量、健康和生命安全。工业园区内在公共文化产品、设施和场所的前期规划严重缺失,园区缺少属于自己的那一份文化属性和文化标签,不少企业除了提供劳动场所外,甚至没有为职工提供简单的业余文化生活设施。单调枯燥的流水线生活、常态化的加班又不符合新生代农民工的职业特点和生活追求,反过来进一步加剧"招工难"问题。因此,"招工难"状况随着农民工维权意识的不断觉醒以及对职业和生活的美好追求而持续放大,工资的高低、住宿状况、企业文化氛围和福利待遇的好坏,往往成为农民工流动的"风向标"。

（五）劳动力市场搜寻匹配中介传导机制不健全和不完善

在工作搜寻的过程中要发生信息搜集成本并可能导致成交耽搁和就业

率下降。农民工和企业雇主的信息是不对称的,农民工不仅要搜寻企业雇主的需求信息,也要将个人信息通过各种渠道传递给雇主,搜寻方式的选择也是影响农民工就业的一个重要因素。农民工在劳动力市场求职就业渠道和机制很不完善,中介组织不规范、信用差、信息缺乏和服务针对性不够是主要制约因素。信息渠道不通畅,劳动力市场机制不健全,农民工往往依托传统血缘亲戚关系、地缘乡土关系,通过熟人之间介绍实现就业。这种信息不对称导致一方面很多岗位"虚席以待",另一方面很多劳动者"求职无门"。其次,农民工就业指导和培训不到位,使劳动者求职能力和职业技能难以提升,不能适应市场需求变化。

此外,由于户籍、社保等方面的政策壁垒还没完全打破,导致就业机会不平等,各种不合理的"土政策"、潜在的就业歧视、城市高昂的生活成本等,抬高了就业门槛,增加了搜寻摩擦成本,限制了劳动者在城乡之间、地区之间流动,造成部分农民工劳动者难以就业。

第四节　本章小结

综上所述,经济和社会转型使得部分企业"招工难"与农民工"就业难"同时并存:一方面部分企业找不到合适的员工;另一方面,不少农民工求职者找不到合适的工作,"招工难"与"就业难"问题更深的根源在于农民工就业代际特征变化、议价工资含金量低、缺乏社会保障、人力资本低下和流而不迁的"半城市化"问题。

解决失业问题的核心在于解决职位空缺与失业并存现象,综合治理"招工难"和"就业难"问题的关键在于减少搜寻摩擦的影响。对处于转型时期的中国而言,一方面必须解除诸如户籍等限制劳动力进入市场的障碍,合理调整产业结构,促进劳动力资源的合理流动。另一方面,要重点提高农民工企业的劳动报酬和福利待遇,有效改善农民工在城市里的养老、保险等各种社会保障以及农民工子女的教育问题,真正关心农民工权益。必须增大对就业培训与劳动力市场需求对接力度,完善就业和劳动保障制度体系,真心把农民工留在城市里,而不是使他们变为"候鸟",在不停迁徙中浪费劳动力。这些方面的措施,我们将在后面作专题阐述。

第三章 农民工就业质量的测算及其与就业波动的关系分析

农民工就业问题的内涵主要是就业质量,包含了扩大就业、提高劳动者收入以及实现平等就业等一系列问题。所以农民工就业问题,不仅是就业数量问题,更是就业质量问题。农民工的就业质量是就业波动表象下一个实质性的问题,是决定就业波动的重要因素,而影响就业质量的因素又是多方面的。当前农民工就业质量的问题显得尤为严峻,因此迫切需要对就业质量的基本状况以及影响就业质量的因素展开深入的探讨,以探究就业波动的深层原因。

第一节 农民工就业质量测算指标的构建

学界普遍认为,农民工就业质量偏低的现象非常严重,这对于经济社会发展和农民工自身会带来诸多不利影响。从现实看,农民工的就业质量直接影响着其生存境遇和对主流社会的心理认同,进而影响到社会的和谐;从长远看,更关系到"三农"问题的解决以及中国城市化的质量和经济社会的发展。因此迫切需要对其就业质量的基本状况展开深入的探讨。而建立一套相对客观、全面的农民工就业质量测算指标是对农民工就业质量进行评价和比较研究的基础。根据本书的研究,我们认为有必要构建一个"农民工就业质量测算指标",有利于客观、全面评价农民工的就业质量现状并以就业质量为维度,对农民工就业群体进行划分,从而为更有效地提升农民工未来的就业质量提供依据。对于农民工就业质量测算的研究有利于较为全面、客观地评价当前农民工就业质量的现状,并根据就业质量对农民工群体进行细分,进而可从先赋人力资本、后天习得人力资本、社会资本、个人努力程度及心理资本等多方面深入研究影响农民工就业质量的因素,从而为切实有效提高农民工就业质量提供客观、科学的依据。

一、构建农民工就业质量测算指标

就业质量是一个比较新的概念,国内对就业质量的研究起步于 20 世纪 90 年代末期,进入 21 世纪后才开始慢慢多起来。就业质量可以分为宏观和微观两个维度。宏观的就业质量是指一个地区的就业质量水平,是指劳动力的供求状态、劳动力市场的运行状态、公共服务保障体系等;微观的就业质量则表现为职业社会地位、工资水平、社会保障、个人发展空间等几个方面。

（一）就业质量的内涵

虽然不同的学者对就业质量内涵界定的维度有所差异,但都认同就业质量是一个多维度、综合性的概念。如刘素华指出就业质量是一个综合范畴,反映了劳动者在就业过程中,与生产资料相结合获得报酬的优劣程度[1];王华艳认为劳动质量的内涵,是劳动薪酬收入、就业机会的平等性、岗位工作的稳定性和可选择性、工作场所的安全性和劳动风险的保障性以及劳动关系的和谐性等方面的综合概念[2];米子川认为工作质量是一个多维、相对概念,反映了劳动者、就业岗位以及工作中的个人满足程度。近年来也有学者针对农民工这一特殊群体,界定了就业质量的概念[3]。谢勇认为农

---

[1]　刘素华:《建立我国就业质量量化评价体系的步骤与方法》,载《人口与经济》2005 年第 6 期。

[2]　王华艳:《论提高劳动就业质量的经济社会功能及发展对策》,青岛大学,2008。

[3]　米子川:《国民就业质量评价的国际比较》,载《中国国情国力》2012 年第 2 期。

民工的就业质量是一个多维度的概念,包括工资水平、就业稳定性、劳动权益等方面[1]。姚永告认为青年农民工的就业质量是一个层次性、复合性和动态性的概念,这一概念以职业稳定性为基础,以职业收入水平为核心,涵盖职业声望、工作环境、职业发展机会和主观满意度与幸福感等诸多方面[2]。

学者们对于就业质量内涵的界定主要涉及就业者就业机会的可获得性、平等性,就业岗位的稳定性、安全性,就业者的工作效率、工资福利、权益保障,就业者与岗位的匹配程度、劳动关系的和谐程度以及就业者的满意度的方面。基于以上文献的分析,本节将农民工就业质量界定为:农村剩余劳动力在向城市转移过程中,从事非农就业时工作质量、劳动权益保障、工作稳定性、职业发展空间、主观满意度等五个方面的综合概念。

(二)已有的就业质量评价

大部分学者都是采用调查数据,结合一些宏观经济统计数据,或者指数,对就业质量进行综合评价。刘素华在设计就业质量评价指标体系、就业质量评价标准、制定就业质量评分表的基础上,利用相关调研数据对就业质量进行测量和评价[3];彭国胜在研究青年农民工的就业质量时采用职业声望和收入水平这两个维度来衡量就业质量[4],并通过抽样调查,采用SPSS12.0统计软件包进行数据处理,建立多元线形回归模型和逻辑回归模型进行分析。谢勇使用计量软件 Stata10.0,通过相关的计量检验,得出评价农民工就业质量的三个维度分别是劳动合同的签订、工资收入、就业稳

① 谢勇:《基于就业主体视角的农民工就业质量的影响因素研究——以南京市为例》,载《财贸研究》2009 年第 5 期。

② 姚永告:《青年农民工就业质量问题研究》,湖南师范大学,2009 年。

③ 刘素华:《建立我国就业质量量化评价体系的步骤与方法》,载《人口与经济》2005 年第 6 期。

④ 彭国胜:《青年农民工就业质量及影响因素研究——基于湖南省长沙市的实证调查》,载《青年探索》2008 年第 2 期。

定性①。

从已有的就业质量评价的研究来看,既有很好的成果,也还有进一步建构的必要。

第一,现有的就业质量评价指标大多数是针对一般就业人群,需要针对性。

第二,为数不多的针对农民工就业质量评价的研究需要形成系统,评价指标的选择应科学、全面,应探索性地集中更多学者的智慧构建一套相对客观、完整的就业质量测算指标。

二、农民工就业质量测算指标的确定

（一）农民工就业质量测算指标选取的理论来源

农民工就业质量是一个多层次、多维度的概念。因此,农民工就业质量测算指标的制定也具有多样性的理论来源,这其中就包括一般就业理论、劳动力转移就业理论、职业搜寻和发展理论以及就业满意度理论。一般就业理论中涉及农民工工作的工资收入等问题;劳动力转移就业理论中涉及关于农村剩余劳动力向城市转移、从事非农就业的特点。其中包含就业的稳定性问题、农民工就业的行业问题（如农民工就业多数集中在劳动强度大、劳动时间长、劳动条件艰苦等行业）、农民工就业的权益保障问题;职业搜寻和发展理论涉及了农民工工作的职业发展空间问题;就业满意度理论涉及了农民工就业中对就业各个方面的满意程度问题。

（二）农民工就业质量测算指标的选取

对农民工就业质量进行客观、科学的测量是研究农民工就业质量的基本前提,而制定各级测算指标是测量农民工就业质量工作中最复杂、最困难

---

① 谢勇:《基于就业主体视角的农民工就业质量的影响因素研究——以南京市为例》,载《财贸研究》2009 年第 5 期。

的一项。为了确保指标的科学性、规范性和客观性,在制定时,除了遵循科学性、系统性、可操作性等原则之外,还应结合农民工这个特殊的群体及其特殊的群体特征。具体说来,有以下两个方面:

第一个方面,反映农民工就业质量的特点。在我国经济发展及其转型时期,长期存在着劳动力市场分割的现象,包括劳动力市场分为主要劳动力市场和次要劳动力市场。主要劳动力市场的特点是收入高、工作稳定、工作条件好、培训机会多、具有良好的晋升机制;而次要劳动力市场的特点则与之相反,收入低、工作不稳定、工作条件差、培训机会少、缺乏晋升机制①。因此两者就业质量评价指标的选取以及权重赋值应有所不同。而农村剩余劳动力从农村向城市转移的过程中,在非农产业就业的农民工绝大多数集中在次要劳动力市场。因此,表现出来的农民工就业质量问题与一般就业的就业质量问题相比,有其特殊性。内容既要包括工作福利待遇、劳资关系、稳定性等客观维度的指标,又要包含劳动者的职业发展和满意度等主观维度的方面。

第二个方面,指标设置的简易化和人性化。由于调研的对象为农民工,而这一群体文化程度普遍不高,理解能力和表达能力也相对较弱,因此设置的指标必须简单易懂,便于回答。考虑到有些调研是在工业园区进行,即利用农民工工作时间进行调研,被调研的农民工可能不愿意花太多时间在回答问卷上而耽误了工作生产。因此,制定的农民工就业质量评价指标体系应该尽可能简单、易懂,结构不能太复杂。同时,应考虑到被调研农民工的切身感受,尽量体现人性化。另外,在设置指标时,也要尽量保护被调研农民工的隐私,最大限度地体现对他们的尊重。只有这样,调研对象才有可能

---

① 20世纪60年代末70年代初,Lester C.Thurow,P.B.Doeringer,M.J.Piore等人在原有的理论基础上提出了二元劳动力市场分割理论。该理论认为,劳动力市场存在主要劳动力市场与次要劳动力市场的分割;在主要劳动力市场中,劳动者收入高,工作稳定,工作条件好,培训机会多,有良好的晋升机制;而次级劳动力市场则与之相反,劳动者收入低,工作不稳定,工作条件差,培训机会少,缺乏晋升机制。

认真地对待调研,客观地填答各项内容,从而可以较为全面地掌握反映其就业质量真实情况的相关数据。

基于以上论述,本书确定农民工就业质量指数测算的一级指标5个,含工作质量、劳动权益保障、工作稳定性、职业发展与就业前景、就业满意度;二级指标12个。

工作质量这项一级指标反映了农民工工作的货币报酬、非货币报酬和劳动时间,是测算就业质量的核心指标。工作质量包含了两项二级指标,即:月收入和每月工作天数。月收入是指每月工作的现金收入,包括基本工资、加班费、各种补贴和奖金。考虑到农民工工作时间较长,基本都要加班,因此以每月的工作天数作为其劳动强度的衡量指标。

劳动权益保障这项一级指标反映了农民工和用工单位劳动关系的正规程度,是测算就业质量的基础指标。劳动权益包含了三项二级指标,即:劳动合同、缴纳保险、工会组织。劳动合同是指农民工是否与用工单位签订了正式的劳动合同;缴纳保险是指用工单位是否为农民工缴纳了基本的保险;工会组织是指用人单位是否成立了正式的工会组织,以及农民工是否参加了工会组织。

工作稳定性这项一级指标反映了农民工工作持续时间以及换动工作的频率等有关工作稳定性的情况,是测算就业质量的重要指标。工作稳定性包含了两项二级指标,即:目前这份工作持续的时间和换动工作的频率;换动工作的频率是指最近五年内工作变化的次数。

职业发展与就业前景这项一级指标反映了农民工对未来职业发展的预测,是测算就业质量的基本指标。职业发展与就业前景包含了两项二级指标,即:目前从事的工作加薪或升职机会和对未来就业的看法;加薪或升职的机会是指农民工对自己未来加薪或升职可能性的预测。

就业满意度这项一级指标反映了农民工对于工作收入、工作条件和工作环境等综合因素的满意度,是测算就业质量的关键指标。就业满意度包括三项二级指标,即:对收入的满意度、对工作条件的满意度、对人际关系的满意度。对收入的满意度是指农民工对自己收入的主观感受;对工作条件的满意度是指农民工对工作条件的主观感受;对人际关系的满意度是指农民工对工作中人际关系的主观感受。

(三)农民工就业质量测算指标权重的赋值

第一步,选取采用德尔菲法①对 12 名有关专家进行问卷调查,问卷采用 1~9 标度标准(见表 3-1)。经过两轮的问卷发放和中位数、众数和算术平均数计算,专家的意见趋于一致,得出统计分析结果。

表 3-1 重要性程度标度 a_{ij} 取值表

标度 a_{ij}	代表含义
1	i 因素与 j 因素同样重要
3	i 因素与 j 因素比略重要
5	i 因素与 j 因素比较重要
7	i 因素与 j 因素比非常重要
9	i 因素与 j 因素比绝对重要
2,4,6,8	为以上两两判断之间的中间状态对应的标度值
倒数	若 j 因素与 i 因素比较,$a_{ji} = 1/a_{ij}$

第二步,按照层次分析法的原理,运用 YAAHP 软件,构建层次结构模型,根据专家意见建立判断矩阵,判断矩阵的一致性比例为 0.0179,通过一致性检验。

评价矩阵一:评价矩阵二:评价矩阵三:

---

① 德尔菲法是一种专家预测法,是凭借专家的知识和经验,对研究对象进行综合分析研究,寻求其特性和发展规律,并进行预测的一种方法。在预测过程中,专家之间不得互相讨论,只与调查组织人员发生关系,通过多轮次调查专家对问卷所提问题的看法,经过反复征询、归纳、修改,最后汇总成专家基本一致的看法。

$$\begin{cases} X & A & B & C & D & E \\ A & & 1 & 6 & 4 & 1 \\ B & & & 6 & 5 & 2 \\ C & & & & 1 & 1/5 \\ D & & & & & 1/6 \\ E & & & & & \end{cases} \quad \begin{cases} A & A_1 & A_2 \\ A_1 & & 7 \\ A_2 & & \end{cases} \quad \begin{cases} B & B_1 & B_2 & B_3 \\ B_1 & & 1 & 9 \\ B_2 & & & 8 \\ B_3 & & & \end{cases}$$

评价矩阵四： 评价矩阵五： 评价矩阵六：

$$\begin{cases} C & C_1 & C_2 \\ C_1 & & 4 \\ C_2 & & \end{cases} \quad \begin{cases} D & D_1 & D_2 \\ D_1 & & 7 \\ D_2 & & \end{cases} \quad \begin{cases} E & E_1 & E_2 & E_3 \\ E_1 & & 6 & 7 \\ E_2 & & & 2 \\ E_3 & & & \end{cases}$$

计算结果显示各指标权重如下（见表3-2）：

$W_a = 0.2855$　$W_{a1} = 0.8750$　$W_{a2} = 0.1250$

$W_b = 0.3430$　$W_{b1} = 0.4814$　$W_{b2} = 0.4629$　$W_{b3} = 0.0556$

$W_c = 0.0535$　$W_{c1} = 0.8000$　$W_{c2} = 0.2000$

$W_d = 0.0580$　$W_{d1} = 0.8750$　$W_{d2} = 0.1250$

$W_e = 0.2599$　$W_{e1} = 0.7582$　$W_{e2} = 0.1512$　$W_{e3} = 0.0905$

表3-2 农民工就业质量测算指标的权重

一级指标		二级指标	
指标名称	指标权重	指标名称	指标权重
A 工作质量	0.2855	A1 每月总收入	0.2498
		A2 每月工作天数	0.0357
B 劳动权益保障	0.3430	B1 缴纳保险	0.1651
		B2 劳动合同	0.1588
		B3 工会组织	0.0191
C 工作稳定性	0.0535	C1 工作年限	0.0428
		C2 离职意向	0.0107

一级指标		二级指标	
D 职业发展与就业前景	0.0580	D1 加薪或升职的可能性	0.0508
		D2 未来就业的前景	0.0073
E 就业的满意度	0.2599	E1 对收入的满意度	0.1971
		E2 对工作条件的满意度	0.0393
		E3 对人际关系满意度	0.0235

三、农民工就业质量测算指标的运用实例

（一）数据来源

课题组于 2012 年 9 月至 12 月期间,在江西赣州和宜春两个设区市的 5 个工业园区、40 余家企业进行了深入的调研和采访,发放问卷 610 份,回收有效问卷 534 份。问卷主要内容包括农民工基本情况、就业质量和职业流动等三大部分。

（二）数据处理

第一步,对 534 个样本的每月收入、签订就业合同、购买保险、参加工会组织、工作年限、离职意向、收入满意度、工作条件满意度、人际关系满意度、升职加薪的可能性和未来就业前景预测等 11 个正向指标数据采用级差变换,进行标准化处理,以消除量纲（见公式一）。对每月工作天数这一逆向指标进行正向化和标准化处理（见公式二）。变换后的数据有统一的量纲,其最大值为 100,最小值为 0,所有数据在 0~100 之间变动。

公式（一）：$I_{ij} = 100 \times \dfrac{X_{ij} - \min(X_j)}{\max(X_j) - \min(X_j)}$

公式（二）：$I_{ij} = 100 \times \dfrac{\max(X_j) - X_{ij}}{\max(X_j) - \min(X_j)}$

I_{ij}：第 i 个样本第 j 个指标标准化结果

X_{ij}：第 i 个样本第 j 个指标的数据

$\min(X_j)$：第 j 个指标的所有样本最小值

$\max(X_j)$:第 j 个指标的所有样本最大值

第二步,利用标准化后的数据,根据所得的权重,计算就业质量指数。

$Y_1 = 0.2498I_{11} + 0.0357I_{12} + 0.1651I_{13} + 0.1588I_{14} + 0.0191I_{15} + 0.0428I_{16} + 0.0107I_{17} + 0.0508 I_{18} + 0.0073I_{19} + 0.1971I_{110} + 0.0393I_{111} + 0.0235I_{112}$

$Y_2 = 0.2498I_{21} + 0.0357I_{22} + 0.1651I_{23} + 0.1588I_{24} + 0.0191I_{25} + 0.0428I_{26} + 0.0107I_{27} + 0.0508 I_{28} + 0.0073 I_{29} + 0.1971I_{210} + 0.0393I_{211} + 0.0235I_{212}$

……

$Y_i = 0.2498I_{i1} + 0.0357I_{i2} + 0.1651I_{i3} + 0.1588I_{i4} + 0.0191I_{i5} + 0.0428I_{i6} + 0.0107I_{i7} + 0.0508I_{i8} + 0.0073I_{i9} + 0.1971I_{i10} + 0.0393I_{i11} + 0.0235I_{i12}$

(三)数据分析

运用 SPSS 软件对将所得的就业质量指数进行分析。以性别作为类别变量,比较不同性别农民工的就业质量指数的均值。其中 1 代表男性,2 代表女性。计算结果显示,男性农民工的就业质量指数的均值为 38.5018,高出女性农民工就业质量指数的均值 34.8544。男性农民工就业质量的极大值和极小值均高于女性农民工。可以判断男性农民工的就业质量总体上高于女性农民工。

四、问题的讨论

本节从微观的视角,构建了客观和主观两个维度在内的农民工就业质量测算指标,含工作质量、劳动权益保障、工作稳定性、职业发展与就业前景、就业满意度等 5 项一级指标,下设 12 项二级指标。采用德尔菲法和层次分析法对各项指标进行权重赋值。并对江西地区的 534 份调查问卷的数据进行运算,计算出每个农民工的就业质量指数。对其就性别和换动工作的次数不同进行就业质量指数的均值比较,得出男性的就业质量指数的均值高于女性及随着换动工作次数的变化,就业质量指数呈倒"U"形变化的结论。

从数据分析的结果来看,本课题所建立的农民工就业质量测算指标对农民工就业质量的评价结果与大多数学者的研究结论是相符的。如李军峰利用调查数据,从收入、职业发展、就业稳定性等多个维度对我国男女职工的就业质量作了定量比较,得出了女性职工的就业质量低于男性的结论[1];再如符平、唐有才的研究显示农民工的职业流动次数和他们的社会流动呈现出倒"U"形的曲线关系[2]。具体说来就是指他们在前几次更换工作的时候,是朝着更好的工作地点和更好的工种流动的,而到了第三、第四次流动之后,在就业地点和职业类型方面则呈现出向下或逆向流动的趋势。由此可见,本书所建立的农民工就业质量测算指标能较客观真实地反映农民工的就业状况,对于衡量农民工就业质量具有一定的参考价值。

第二节　农民工职业流动对就业质量的影响

在前面的叙述中,我们分别讨论了农民工就业最突出的问题就是高流动性和低就业质量;在实际调查中我们还发现这两者之间会形成一个恶性循环:高流动性导致低就业质量,低就业质量又引发高流动性,研究农民工职业流动的现状及其对就业质量的影响,可以了解农民工频繁职业流动背后深层次的影响因素,也可以进一步分析职业流动如何影响农民工的就业质量。本节从这两个方面入手,进行深入细致的分析,以期能在帮助农民工实现稳定就业、优质就业方面提出一些有益的建议,从而提高农民工就业质量,推动经济发展,维护社会稳定。本节利用来自江西地区的534份调查问卷的统计资料,分析影响农民工稳定就业的因素,包括月收入、就业满意度、总务工年限及在目前单位的工作年限。通过德尔菲法和层次分析法,测算了534份样本的农民工就业质量指数,并从职业流动的不同方面比较了就

---

① 李军峰:《就业质量的性别比较分析》,载《市场与人口分析》2003年第6期。
② 符平、唐有才:《倒"U"型轨迹与新生代农民工的社会流动——新生代农民工的流动史研究》,载《浙江社会科学》2009年第12期。

业质量指数。

一、农民工职业流动与就业质量的现状

（一）关于农民工职业流动

职业流动是社会流动的主要形式之一,学术界的主流研究认为职业流动是劳动者在不同职业间的变动,是放弃又获得劳动角色的过程,是人力资源在不同区域、不同产业间流动、配置的结果,是劳动力流动和社会地位获得的重要表现形式。城市农民工的职业流动可分为初次职业流动和再次职业流动。初次职业流动又分为两种情况:一种是从农业向非农业的流动,另一种是在非农业劳动领域内发生的流动。根据前文综合一些学者的研究和我们自己的探讨,对于农民工职业流动所得出的结论较为一致,认为农民工职业流动呈现以下几个方面的特点:第一,农民工职业流动的规模庞大,但稳定性差;第二,农民工的职业流动,以水平流动为主,绝大多数不会带来职业地位的上升或下降,也没有有效地形成人力资本和社会资本的积累;第三,职业流动越来越频繁,且有上升的趋势;第四,职业流动的范围仍然以体力劳动为主。

（二）农民工就业质量的现状

农民工月收入与城镇居民的收入相比明显偏低。如果算上城镇居民享受的医疗、住房、子女教育等方面的福利,农民工的收入远远低于城镇职工的收入。在农民工的工作当中,加班工作占了相当的比例,农民工平均每天工作时间也近 11 个小时,有些甚至达到了 12 个小时。大多数农民工集中于次要劳动力市场就业,所从事的职业大多数技术含量和经济效益都很低的工作,这也使得农民工职业发展空间受限。农民工工资收入偏低,实质问题是同工不同酬,甚至有不少用工单位拖欠、克扣农民工工资。这也是农民工基本的劳动权益得不到保障。农民工权益保障的另一个重要的表现形式是农民工与用工单位劳动合同的签订情况。大部分用工单位没有和农民工签订劳动合同,即使签订了合同也没有按照合同条款严格执行,比如不少用工单位利用试用期侵犯农民工的合法权益。此外,还有用人单位对于农民工的职业安全和卫生权益等方面没有依法提供必要的保障,对于农民工的职业病等方面没有配备必要的安全保护措施,没有发放必要的劳动防护用品,对于从事特殊作业和高危作业的农民工没有进行专门的培训。从社会保障状况来看,农民工的参保率低,养老保障呈严重的缺失状态,农民工缺少劳动者应有的福利,比如在住房补贴、在职培训或进修、子女的教育等方面的福利缺失。农民工从事的行业主要集中在次要劳动力市场,因此,农民工所从事的职业大多数技术含量和经济效益都很低。农民工的职业培训不到位。国家制定实施的《2003—2010年全国农民工培训规划》提到农民工的培训资金由政府、用人单位和农民工共同负担,但是在现实中,农民工的职业培训主要还是由政府支付,而且用人单位和农民工的积极性并不是很高,效果也不是很好。

(三)农民工职业流动与就业质量的关系

职业流动对于农民工的就业质量有双重的影响。从积极的方面来看,大量已有的研究证明职业流动是个体提高收入水平的重要决定因素,从这个角度来看,职业流动的次数应该和收入水平呈正比。吴愈晓的实证研究证明职业流动对低学历劳动者的收入有显著的正向作用,在控制了其他变量的情况下,换过工作的劳动者收入水平比那些没有换过工作的劳动者要高出67%;从消极的方面来看,职业流动,尤其是农民工的频繁的水平流动会中断在特定岗位中工作经验的积累,带来就业的不稳定性,从而对收入产生负面影响①。由于农民工就业流动性过大,没有形成一定的积累,从事的行业依然留在制造业、服务业、建筑业等次要劳动力市场中低端的行业,存在"行业锁定"的现象。也没有通过流动实现职业的向上流动,陷入了职业流动的"水平化"困境,制约了农民工职业发展。

从现有研究来看,学者们研究的重点主要集中在职业流动对农民工收

---

① 吴愈晓:《劳动力市场分割、职业流动与城市劳动者经济地位获得的二元路径模式》,载《中国社会科学》2011年第1期。

入的影响方面,应该加大关注农民工职业流动对农民工就业质量的影响。已有的研究大部分以流动次数作为职业流动的主要因素或唯一因素,应该对职业流动展开进一步的分析。本节将利用调研数据,分析影响农民工职业流动意向的因素,并将职业流动细分为流动次数、流动方向、流动渠道三个方面,逐一分析这三个方面对农民工就业质量的影响。

二、农民工职业流动对就业质量的影响分析

(一)流动的次数与就业质量

表3-3　不同就业变化次数农民工的就业质量指数均值比较

就业变化的次数	均值	百分比
1	35.0667	12.7%
2	35.5001	29.2%
3	38.8292	35.0%
4	34.1865	11.2%
5	34.1465	9.6%
6	29.5412	2.2%
总样本	36.1999	100.0%

问卷统计的流动次数是指农民工在五年内换动工作的次数,为了方便统计,将6次及以上统一记为6次。从统计数据来看,农民工就业质量指数均值的变化与流动次数的关系呈倒"U"形,即随着农民工流动次数的增加,就业质量指数的均值开始上升,随后则卜降。具体来说,职业流动次数为3次的农民工就业质量指数均值最高,达到顶峰。而当流动次数达到6次及以上时,就业质量指数最低,为29.5412,其余各组均值均在34以上(见表3-3)。对于这个现象,首先可以从农民工的职业选择解释。由于农民工第一次就业比较盲目,有些是由于很多随机事件,比如正好看见有企业在招聘,就去应聘了,而大多数是跟着老乡或同学外出打工,几乎对于工作没有

进行选择,更谈不上选择一个适合自己的工作了。但是在外出务工一段时间之后,能够获取更充分的务工信息,同时对于自身的能力和特长也有了一个较客观的定位,因此当再次就业的时候,农民工对于工作的选择会更加理性,选择的职业也更适合自己。其次,农民工在经历了初次就业之后,技能和工作经验都会有所增加,这也会对下一次就业起到正面的影响。可见,适度的职业流动,对农民工个体就业质量的影响是正面的,但是过于频繁地换动工作对农民工的就业质量会带来不利的影响。

(二)流动的渠道与就业质量

从表3-4的统计结果来看,就业质量指数均值最高的一组是通过互联网得到信息后自己应聘面试的农民工,其就业质量指数为39.2503,其次为用人单位直接招工的农民工,其就业质量指数为37.2939,接下来依次为政府有组织的输出,就业质量指数为35.1143,靠亲朋好友的介绍,就业质量指数为34.8723,由培训学校有组织的输出,就业质量指数为33.0100,最低的是中介机构的介绍,就业质量指数为27.6116。可以看出,直接在用人单位应聘的农民工就业质量最高,一种可能的情况是,能够通过互联网获取就业信息的农民工学历都比较高,而那些直接去用人单位面试的农民工一般都具有一定的技能或者工作经验,所以这部分农民工就业质量指数会高于其他农民工。

表3-4 流动渠道与就业质量

流动渠道	均值	百分比
1.靠亲朋好友的介绍	34.8723	44.8%
2.由培训学校有组织的输出	33.0100	2.1%
3.用人单位直接招工	37.2939	37.8%
4.政府有组织的输出	35.1143	1.7%
5.中介机构的介绍	27.6116	1.3%
6.互联网得到信息后应聘面试	39.2503	12.4%
总样本	36.1999	100.0%

（三）流动的方向与就业质量

从表3-5可以看出,如果换动工作以后,离家更近的农民工就业质量指数明显高于离家更远和与家的距离没有变化的农民工。一个比较合理的解释是,农民工由于换动工作后离家更近了,就业满意度会更高。这一点和课题组与农民工做过的多份深度访谈的内容是一致的。大多数受访谈的农民工都表示,从沿海城市回到家乡附近的工业园区务工,从经济上来说,虽然实际收入有一些减少,但是算上在外务工的成本,和家人的通讯费以及过年回家的路费,实际收入是没有什么差别的。再加上,在家附近务工,可以照顾家里的老人和孩子,而且自己下班回家也能享受天伦之乐,这比起孤身一人在外打工,感觉幸福多了。

表3-5　流动方向与就业质量

职业流动的方向	就业质量指数均值	百分比
1.离老家更近了	37.0770	61.8%
2.离老家更远了	35.0463	12.0%
3.没有什么变化	34.6601	26.2%
总样本	36.1999	100.0%

三、问题的讨论

研究显示,农民工职业流动的意向主要与月收入、就业满意度、总务工年限和目前工作年限相关。从流动次数来看,随着流动次数的增加,对于就业质量指数的影响是呈倒"U"形的;从流动的渠道来看,由农民工自己到用人单位应聘的就业质量指数最高,而通过中介机构就业的农民工,就业质量指数最低;从流动的方向来看,如果换动工作后离家距离更近,则农民工就业质量指数明显高出那些换动工作后离家更远或者和家的距离没有变化的农民工。这也正是农民工就业横向波动的原因。农民工就业总是要寻找就业质量高的方向,但质量高是相对的。企业安排的工作及其相对应的收入,农民工自己对工种、工时、工作条件、收入报酬的满意度以及自己的工作年限、技术程度等因素都会导致农民工就业的流动性,从而出现就业的波动状态。

第三节　农民工人力资本对就业质量的影响

正如前文所述,农民工就业质量,尽管内涵复杂多样,可以归纳其核心内容是通过劳动报酬(包括福利待遇),劳动者权益和劳动满意度表现出来的。保证就业质量的条件也很多,就农民工本身来说,所应有的自身条件即人力资本是重要的决定因素。人力资本作为存在于劳动者自身的具有经济价值的知识、技能和体力(健康状况)等质量因素之和,对劳动的效果直接产生作用,也就是直接对就业质量产生影响。农民工自身的人力资本不仅决定了农民工对自己的工作的选择,也决定了企业对农民工的选择。从农民工的人力资本状况来分析农民工的就业质量,进而探讨农民工的就业波动问题是具有重要意义的。而进一步地分析农民工人力资本的构成,使我们进一步认识农民工就业波动的深层次问题,对今后如何提高农民工(身体、心理、文化)人口素质,如何更好地进行农村的义务教育和农民工的技能培训也会有重要的意义。农民工人力资本获得的主要途径有:学校教育、家庭教育、职业培训、卫生保健等,对于农民来讲,这些途径也一项都不能少。

一、农民工人力资本现状与就业质量的总体判断

本节将利用调研数据的统计资料,在前文分析的基础上,从健康状况、文化程度、职业技能、工作经验等四个方面,对样本的人力资本和就业质量的总体状况做出初步的判断。

(一)农民工健康状况与就业质量

健康状况比较难以衡量,本研究采用被调查农民工的健康自评和身体质量指数两项指标来衡量,前者是农民工对自身健康状况的主观判断,后者是一个相对比较客观的指标。

从表3-6的统计数据来看,大多数农民工对自身的健康状况比较乐

观,有56%的人选择了健康,32%的人选择了非常健康,两者合计占比高达87%。有9.4%的人认为自己健康状况一般,只有2.6%的人选择了不健康或非常差。

表3-6 农民工健康自评统计

健康自评	均值	百分比
非常差	31.4808	0.7%
不健康	27.8979	1.9%
一般	33.4092	9.4%
健康	36.4011	56.0%
非常健康	37.2601	32.0%
总样本	36.1999	100.0%

接下来,继续分析客观的健康状况指标、身体质量指数。专家指出最理想的体重指数是22,由于存在误差,虽然BMI只能作为评估个人体重和健康状况的多项标准之一,但是它不失为衡量健康程度的一个中立而可靠的指标。根据计算公式,算出534份样本的身体质量指数。根据世界卫生组织定下的标准,亚洲人的BMI若高于22.9便属于过重。本课题参照"中国参考标准"[①],将农民工按照身体质量指数分为正常、偏瘦、偏胖、肥胖、重度肥胖五组,比较不同组间的就业质量均值,见表3-7。

表3-7 身体质量指数标准

分类	WHO标准	亚洲标准	中国参考标准	准相关疾病发病的危险性
偏瘦	<18.5	<18.5	<18.5	低
正常	18.5~24.9	18.5~22.9	18.5~23.9	平均水平
偏胖	25.0~29.9	23~24.9	24~26.9	增加
肥胖	30.0~34.9	25~29.9	27~29.9	中度增加

① 资料来源 百度百科 http://baike.baidu.com/view/966047.htm。

農民工就業波動分析及對策研究

續表

分類	WHO 標準	亞洲標準	中國參考標準	准相關疾病發病的危險性
重度肥胖	35.0~39.9	≥30	≥30	嚴重增加

從表3-8看出，就身體質量指數這一指標來說，農民工健康狀況比較好，有66.5%的人在正常範圍之內。根據世界衛生組織的標準，偏瘦的准相關疾病發病的危險性也較低，因此，可以將偏瘦的農民工（身體質量指數低於18.5）視為健康狀況良好，那麼身體健康狀況良好的農民工達到81.7%，這一數據和農民工自評的健康狀況也非常吻合。

表3-8　農民工身體質量指數分類

身體質量指數分類	均值	百分比
偏瘦	35.2390	15.2%
正常	36.1870	66.5%
偏胖	35.3140	14.2%
肥胖	43.0069	4.1%
總樣本	36.1999	100.0%

（二）農民工文化程度與就業質量

本書採用被調查農民工的受教育年限來衡量其文化程度。從表3-9、3-10的統計結果看，農民工受教育年限為9.87年，男性農民工受教育年限10.24高於女性農民工的受教育年限9.65。從統計數據來看，大多數農民工的受教育年限集中在8—11年（相當於初中、高中學歷），占比達到63.03%，其中8年的為38.20%，11年的為34.8%。只有17.6%的農民工受教育年限在14年及以上（相當於大專以上學歷）。還有9.4%的農民工受教育年限小於或等於5年（相當於小學及小學以下學歷）①。隨着農民工

① 為了統計方便和數據分析的可操作性，將5年以下的受教育年限統一歸為5年。

120

受教育年限的增加,就业质量指数的均值基本上是呈上升趋势的。具有本科学历的农民工就业质量指数最高,均值达到了42.17,小学文化的农民工就业质量指数最低,均值仅为31.20。

表3-9　不同性别农民工受教育年限

性别	均值	百分比
男	10.24	36.9%
女	9.65	63.1%
总样本	9.87	100.0%

表3-10　受教育年限不同的农民工就业质量均值比较

受教育年限	均值	百分比
5 年	31.1961	9.4%
8 年	34.5600	38.2%
11 年	38.5363	34.8%
14 年	36.1268	12.7%
15 年	42.1678	4.9%
总样本	36.1999	100.0%

将就业质量指数分成七个阶段(详见表3-11),可以很明显地看出,随着就业质量指数的增加,受教育年限的均值呈不断上升的趋势。

表3-11　就业质量指数不同分组的受教育年限均值比较

就业质量指数	均值	百分比
≤10	8.00	0.4%
10.01—20	9.22	6.9%
20.01—30	9.69	29.8%
30.01—40	9.68	31.5%
40.01—50	10.04	15.0%

就业质量指数	均值	百分比
50.01—60	10.39	11.0%
≥60.01	11.38	5.4%
总样本	9.87	100.0%

（三）农民工职业技能与就业质量

从表3-12来看,农民工的职业技能掌握情况不太乐观。有70.2%的农民工没有获得任何职业技能证书,而在29.8%持有职业技能证书的农民工当中,仅有7.3%的农民工持有中级职业技能证书,持有高级职业技能证书的就更少了,仅占样本的3.4%。其余的19.1%的农民工持有初级职业技能证书。从组间均值比较来看,随着持有职业技能证书或证书等级的提高,农民工的就业质量指数的均值也呈升高的趋势。

七成的农民工没有任何职业技能证书,一方面说明大多数农民工集中在没有技术含量的简单劳动的行业,他们的职业技能掌握情况很不乐观;另一方面,也是由于对于体力劳动的职业技能鉴定工作没有得到很好的开展。这也有几方面的原因,一是面向社会的操作工作的技能鉴定开展得较晚,以前都是单位组织报名、培训,参加考核、认定,进行职业技能鉴定。二是农民工自己对职业技能鉴定的认识不到位,以为自己从事体力劳动不需要职业技能证书。

表3-12 职业技能掌握情况不同的农民工就业质量均值比较

技能证书	均值	百分比
1（没有职业技能证书）	35.1646	70.2%
2（有初级职业技能证书）	37.3912	19.1%
3（有中级职业技能证书）	37.9936	7.3%
4（有高级职业技能证书）	47.1322	3.4%
总样本	36.1999	100.0%

（四）农民工工作经验与就业质量

根据前文的论述,以是否有和目前工作相关的经验为标准,将农民工分为两类。从表3-13看出,有44.2%的农民工没有和本工作相关的工作经历,而具有相关工作经历的农民工,就业质量均值高于没有的那一组。

表3-13　是否具有工作经验的农民工就业质量均值比较

是否有类似工作经验	均值	百分比
没有类似的工作经历	35.9412	44.2%
有类似的工作经历	36.4048	55.8%
总样本	36.1999	100.0%

将农民工按照务工年限分成5组,分别计算各组的就业质量指数的均值。从统计数据来看,在务工年限从0到12年这个阶段,随着务工年限的增加,农民工的就业质量指数是呈上升趋势的,并且在(8.1—12)年这一组达到最高值为38.4659。当务工年限为12.1年以上时,就业质量指数则下降到了34.7065。在务工初期由于缺乏工作经验,也处在不断变换工作以寻找最适合自己职业的过程中,因而就业质量不高。但是随着工作经验的积累,入职匹配程度的提高,就业质量指数不断提高,在务工8.1—12年这个阶段达到顶峰。从农民工平均年龄来看,务工8.1—12年的农民工,年龄大约在30—40岁,这个年龄段正是体力、精力和经验积累的最佳时期。但是当务工年限在12.1年以上时,农民工的年龄大致在40岁以上,这个年龄体力下降,而且由于农民工从事的是休力劳动,较难形成人力资本的积累,因而其就业质量呈急剧下降的趋势。

表3-14　不同务工年限的农民工就业质量均值比较

总务工年限分段	均值	百分比
1（0—2年）	33.9561	13.1%
2（2.1—5年）	36.2761	31.8%

总务工年限分段	均值	百分比
3(5.1—8 年)	36.6352	23.4%
4(8.1—12 年)	38.4659	17.0%
5(12.1 年以上)	34.7065	14.6%
总样本	36.1999	100.0%

二、受教育年限与农民工就业质量的实证分析

(一)关于受教育年限与农民工就业质量关系的不同观点

1.受教育年限与收入的关系

不少研究均证实,教育水平与工资性收入之间的关系是显著正向的。即受教育年限和收入有显著的正相关关系。高教育水平可使劳动力有机会获得更好、收入更高、劳动时间更短的工作。李实的研究表明接受了高中或以上教育的农民工与文盲相比,在 1988 年收入要高出 10 个百分点,在 1995年这一数据增加为 20 个百分点;接受了高中或以上教育的农民工与接受了小学教育的农民工相比,在 1988 年收入高出 8 个百分点,而到了 1995 年增加为 10 个百分点[1]。该研究不仅显示了受教育年限与农民工就业收入有显著的正相关关系,而且还表明,随着时间的推移,这一作用将愈加明显。实证研究还显示,不同教育年限对收入的影响也不尽相同,小学教育对于收入的提高作用不明显,但是初中以上,效果明显。受教育年限对收入的影响还涉及性别差异,侯风云的一项实证研究表明,每增加 1 年的教育,农民工的平均收入将增加 3.65%,其中男性为 3.75%,女性为 2.94%[2]。

也有研究显示,受教育年限对于农民工的收入增加的影响并不明显,甚至呈现负相关关系。魏众的实证研究显示,农民工受教育年限每增加一年,

---

[1] 李实:《中国个人收入分配研究回顾与展望》,载《经济学(季刊)》2003 年第 2 期。

[2] 侯风云:《农村外出劳动力收益与人力资本状况相关性研究》,载《财经研究》2004 年第 4 期。

工资收入则下降2%[1]。受教育年限对于农民工工资收入影响较低的原因是,研究依赖微观数据,仅仅反映出教育对收入的直接作用,没有显示教育对收入的间接作用。

2.受教育年限与职业流动的关系

受教育年限会影响农民工就业流动的地区。刘吉元认为,劳动力文化程度的高低决定了劳动力在外就业的时间长短和稳定性高低。受教育年限对于农民工区域流动的范围有影响,即受教育年限越高,则流动的范围越广,离家的距离会更远。当然这个受教育年限是有一个相对范围的,如果超过某一个临界值,可能会更倾向于在本地就业[2]。

3.受教育年限与就业稳定性的关系

农民工受教育年限也会影响其在外就业的稳定性。蔡昉指出,由于受到文化程度低、技能水平低等因素的影响,农民工就业能力低、就业稳定性差的问题表现得格外突出,那些受教育年限更长的农民工,比其他人掌握的信息更多,因此受经济状况的不利影响也会更小些,所以在经济萧条时,他们更容易避免被解雇的风险[3]。

4.受教育年限与参保和签订劳动合同的关系

受教育年限也与农民工参加社保和劳动合同的签订有显著正相关性。张昱、杨彩云通过对上海市调研数据进行 Binary Logistic 分析,得出了受教育年限越长,参保概率越高。同时在 $P \leqslant 0.001$ 时,受教育年限每增加一年,劳动合同签约比是原来的 1.374 倍[4]。

5.受教育年限与从事的行业的关系

农民工受教育年限也会影响农民工所从事的行业。不同行业的职业声

①　魏众:《健康对非农就业及其工资决定的影响》,载《经济研究》2004年第2期。

②　刘吉元:《论中国农村剩余劳动力转移——农业现代化的必由之路》,经济管理出版社1991年版,第150—151页。

③　蔡昉:《中国流动人口问题》,河南人民出版社2000年版,第171页。

④　张昱、杨彩云:《社会资本对新生代农民工就业质量的影响分析》,载《华东理工大学学报(社会科学版)》2011年第5期。

望不同。李运萍的研究表明农民工在向非农产业转移时,所接受的教育年限会直接影响他们从事的行业。受教育年限越长,从事体力劳动的比例越小[①]。而来自王洪春、阮宜胜的调查也佐证了这一观点,他们的调查结论显示从事重体力劳动的人文化素质较低,从事轻体力劳动的人文化素质较高[②]。

在研究人力受教育年限和农民工就业关系的时候,大多数学者关注的是受教育年限对农民工就业收入或工作时间的影响,很少有研究涉及对农民工就业质量的影响,即使有少量研究涉及了就业质量,也没有对就业质量本身进行系统、全面的界定;最后,在已有研究中,定性分析较多,定量分析较少。本书将在界定农民工就业质量概念的基础上,利用调研数据对受教育年限与农民工就业质量之间的关系展开实证研究。

(二)农民工受教育年限与就业质量关系的实际情况

1.农民工受教育状况

农民工受教育程度普遍偏低、就业能力不高,制约了农民工就业质量的提高。我国农村教育长期落后于城市的教育,城乡之间的教育差距不但没有缩小,反而增大。从现状来看,政府在农村教育方面的投入体制呈现出诸多不合理的地方,对农村的教育投入明显不足。虽然政府对农村教育投入的金额在绝对量上是一年比一年多,但由于物价上涨等诸多的原因,我们仍然认为政府对农村的教育投入是不足的,不能满足农村教育事业的发展。至少,同样的初中毕业生,其文化程度城镇与乡村是不同的,相差不小,即使是高中毕业生,只要不是为高考读完高中的高中生,文化水平也是明显低得多。

农民工受教育的状况,大多数农民工的文化程度集中在初中(8年或9

---

① 李运萍:《中部地区农村劳动力就业及收入与学历关系分析》,载《职教通讯:江苏技术师范学院学报》2004年第5期。

② 王洪春,阮宜胜:《中国民工潮的经济学分析》,中国商务出版社2004年版,第77—79页。

年)、高中(含各种职高、中专、技校,11 年左右)。调研数据表明,两者所占比例达到了 73%。

2.农民工的收入

农民工月收入比较低,最低的收入为 690 元,最高的为 11000 元,平均工资为 2159.01 元。从各受教育年限农民工月收入的均值来看,随着受教育年限的增加,月收入也呈上升的趋势。从接受小学教育(5 年),到专科教育(14 年)这个阶段,收入上升幅度比较均匀,大致为学历每提高一个层次,收入增加 200—300 元,但是从大专(14 年)到本科(15 年)这个阶段,收入增加幅度有所加大,两者之间的差距有近 1000 元。可见,接受本科及以上教育是农民工获得职业提升的一个重要条件。在农民工的收入当中,加班工作占了相当的比例,从调研数据来看,加班工资中,最少的是 100 元,最多的是 1000 元,平均加班工资是 570.54 元,占了总收入的四分之一还要多。每天工作达到 12 小时,平均加班时间为 2.38 小时,每天工作时间也近 11 个小时。由此可见农民工的工作时间长,劳动强度非常大。除此之外,大多数农民工在次要劳动力市场就业,就业岗位具有脏、累、苦、险、收入低的特点(见表 3-15、图 3-1)。

表 3-15 农民工受教育年限与收入

受教育年限	月收入均值
5 年	1664.36
8 年	1907.85
11 年	2285.27
14 年	2489.03
15 年	3314.50
总样本	2159.01

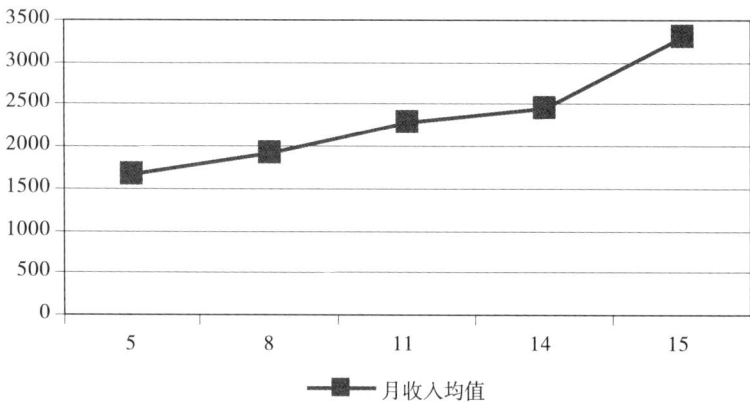

图 3-1　农民工受教育年限与收入

3.农民工的权益保障

农民工权益保障的一个重要的表现形式是农民工与用工单位劳动合同的签订情况。大部分用工单位没有和农民工签订劳动合同,即使签订了合同也没有按照合同条款严格执行,比如不少用工单位利用试用期侵犯农民工的合法权益。女性农民工的权益保障尤其堪忧,由于相当一部分女性农民工没有和单位签订正式的劳动合同,从而不能享受带薪产假,因此,存在"生了孩子,丢了工作"的现象。在本次问卷调研中,签订合同的农民工 463 名,占比为 86.70%,未签订合同的农民工 71 名,占比为 13.30%。权益保障的另一个形式是社会保障。由于农民工大多游离于现有养老保障体制之外,他们在城市务工通常不能像城市居民一样享受社会保障,农民工的参保率低。农民工的养老保障一方面呈严重的缺失状态,另一方面存在供给不足与供给错位共存的现象。农民工养老保险的参保率很低,只有 15% 左右。本书所说的保险是指养老险。在本次问卷调查中,办理保险的农民工占比 60.30%,未办理保险的农民工占比为 39.70%(见表 3-16)。

表 3-16 农民工受教育年限与权益保障

受教育年限	就业合同签订情况		养老保险购买情况	
	已签订	未签订	已购买	未购买
5 年	96.00%	4.00%	64.00%	36.00%
8 年	81.86%	18.14%	54.90%	45.10%
11 年	93.01%	6.99%	64.52%	35.48%
14 年	76.47%	23.53%	66.18%	33.82%
15 年	88.46%	11.54%	50.00%	50.00%
总样本	86.70%	13.30%	60.30%	39.70%

4.农民工就业的稳定性

这里的工作稳定性不仅是指农民工的就业,更有着工作与生活的关系处理中出现的稳定问题。农民工就业不稳定,具有季节性和兼业性的特点。几乎所有的农民工都在春节返乡,有部分农村剩余劳动力在农闲时期外出打工,其中不少是钟摆式的往返。中老年劳动力,有时青年劳动力,在农忙时要回家务农,而农闲时进城务工。加上农民工文化水平、专业技术和职业技能不高,导致他们主要从事的是一些临时性的体力活儿,干完了,就要换一种工作,因此,农民工就业的岗位不固定。农民工就业的流动性很大,但是没有通过流动实现职业的向上流动,陷入了职业流动的"水平化"困境,没有形成一定的积累。在本次问卷调查中,有62.73%农民工在未来一年内有离职的意向,只有37.27%农民工表示未来一年之内没有离职意向。随着受教育年限的增加,无离职意向的人数也在增加,即就业稳定性随之增加(见表 3-17、图 3-2)。

表 3-17 农民工受教育年限与离职意向

受教育年限	有离职意向百分比	无离职意向百分比
5 年	76.00%	24.00%
8 年	67.65%	32.35%

受教育年限	有离职意向百分比	无离职意向百分比
11 年	59.68%	40.32%
14 年	54.41%	45.59%
15 年	42.31%	57.69%
总样本	62.73%	37.27%

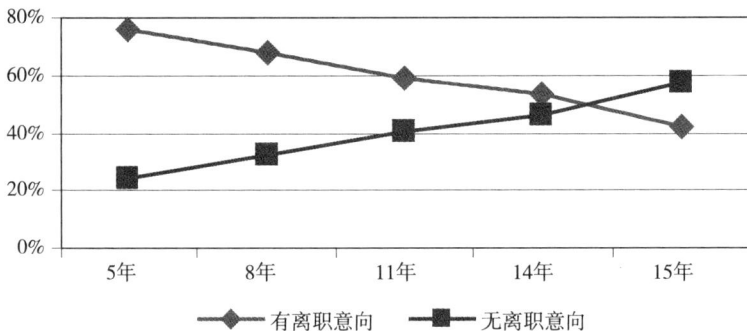

图 3-2　农民工受教育年限与离职意向

5.农民工就业满意度

对于就业满意度的调查,问卷采用了里克特量表,将满意度分为非常不满意、不满意、一般、比较满意、非常满意 5 个选项,并分别以 1、2、3、4、5 赋值。从调查数据的统计结果来看,随着受教育年限的增加,农民工的对于人际关系的满意度呈现上升的趋势,对于收入的满意度则呈现下降趋势。对于工作条件的满意度则呈现倒"U"形的变化,满意度最高的是大专学历的农民工,其满意度为 3.57,其他依次为高中学历的农民工、初中学历的农民工、小学学历的农民工,满意度最低的是本科学历的农民工,其满意度为 3.04。具体来看,对收入的满意度最低,所有样本的均值仅为 2.61,对人际关系的满意度最高,所有样本的均值为 3.57,对于工作条件的满意度所有样本的均值为 3.34(见表 3-18、图 3-3)。

表 3-18　受教育年限与农民工就业满意度

受教育年限（年）	工作条件的满意度	人际关系的满意度	收入的满意度
5	3.20	3.35	2.58
8	3.33	3.38	2.79
11	3.36	3.52	2.85
14	3.56	3.48	2.88
15	3.04	3.54	2.73
总样本	3.34	3.44	2.80

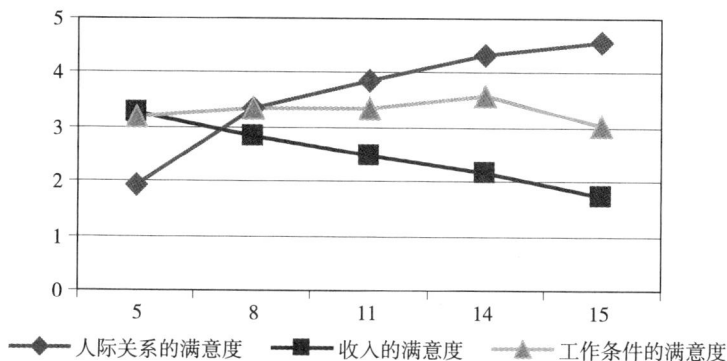

图 3-3　受教育年限与农民工就业满意度

（三）调研数据的分析

在 SPSS 软件中，将打工年限设置为控制变量，对月收入、收入的满意度、工作条件的满意度、人际关系的满意度、受教育年限进行偏相关分析，考察受教育年限对农民工的月收入、收入的满意度、工作条件的满意度、人际关系的满意度的影响。

偏相关分析结果显示：受教育年限和收入的偏相关系数为 0.327，说明二者之间呈中度正线性相关，且相伴概率 P 值为 0.000，小于设定的显著性水平 0.005，因此两者之间存在显著的正线性关系；受教育年限和收入满意度的偏相关系数为-0.430，说明两者之间呈中度负线性相关，且相伴概率 P

值为 0.000,小于设定的显著性水平 0.005,因此两者之间存在显著的负线性关系。受教育年限和人际关系满意度的偏相关分析显示相关系数为 0.682,说明二者之间呈中度正线性相关,相伴概率 P 值为 0.000,小于设定的显著性水平 0.005,因此两者之间存在显著的线性关系。

三、调研分析的结果

从对调研数据的分析可以得出以下几点结论:

一是受教育年限对农民工的权益保护没有显著影响,即不同学历的农民工签订劳动合同、购买养老保险的情况差异不大。

二是受教育年限对于农民工的月收入、就业稳定性和对人际关系的满意度有较显著的正向影响,即随着农民工受教育年限的增加,他们的月收入、就业稳定性和对人际关系的满意度也随之增加。

三是受教育年限对农民工收入的满意度有较显著的负面影响,即随着受教育年限的增加,农民工对收入的满意度呈下降趋势。

由此可见,在农民工的人力资本与就业质量的关系中,人力资本直接影响到就业质量的高低。

第四节　农民工就业质量对农民工就业波动的影响

在前面的阐述中已经确定了农民工就业质量的一级指标 5 个,含工作质量、劳动权益保障、工作稳定性、职业发展与就业前景、就业满意度。二级指标 12 个。工作质量这项一级指标反映了农民工工作的货币报酬、非货币报酬和劳动时间;劳动权益保障这项一级指标反映了农民工和用工单位劳动关系的正规程度,是测算就业质量的基础指标;工作稳定性这项一级指标反映了农民工工作持续时间以及换动工作的频率等有关工作稳定性的情况;职业发展与就业前景这项一级指标反映了农民工对未来职业发展的预测;就业满意度这项一级指标反映了农民工对于工作收入、工作条件和工作环境等综合因素的满意程度。农民工外出务工最直接的原因是追求个体利益的最大化,而上述就业质量的各项指标正是个体利益的直接体现,因而这些指标都会影响到农民工的就业行为选择,从而影响宏观层面的农民工就业波动。

一、就业质量对农民工就业波动影响的现实背景

（一）工作质量对农民工就业波动的影响

正如前面讨论时论述的,就业质量中的工作质量作为一级指标反映的是农民工工作的货币报酬、非货币报酬和劳动时间,是测算就业质量的核心指标。工作质量又包含了两项二级指标,即:月收入和每月工作天数。由此可见,工作质量直接影响农民工的就业。农民工的劳动报酬是农民工经济利益的主体部分,经济利益是我国农民工外出务工就业考虑的首要问题。从农民工的角度来看,在一个地区务工或在一家企业务工,自己的工作质量的直接感受就是平均劳动时间的报酬,一年的报酬,一月的报酬,一天的报酬,甚至可以平均到一小时的报酬。农民工可以根据这个报酬来决定自己求职务工的选择,而整体农民工的选择就会导致一个地区一个时段就业量的波动曲线。从我国农民工就业的实际情况来看,也印证了这个观点。从20世纪90年代初的打工潮开始,就显示了这种波动趋势。在那个时期大量中西部经济欠发达地区的农民工涌向东南沿海等经济发达地区打工,因为那里的平均工作时间的报酬比较高。1999年,党中央启动了西部大开发战略,2001年3月,九届全国人大四次会议通过的《中华人民共和国国民经济和社会发展第十个五年计划纲要》对实施西部大开发战略再次进行了具体部署,有步骤、有重点地推进西部大开发。2006年12月8日,国务院常务会议审议并原则通过《西部大开发"十一五"规划》,进一步推进西部经济又好又快发展。在这一系列举措下,我国西部和一部分中部地区的经济有了很大的发展,相当一部分中西部农民工留在了本地务工。因此,2008年前后东南沿海等经济发达地区出现了企业招工难的现象。当然,2008年出

现的"民工荒"有来自多方面的原因,比如人口结构变化、人口老龄化严重、青年农民工数量减少、产业结构调整、沿海城市产业升级、大量劳动密集型企业迁往内地等。但是从本研究的领域来看,这主要是政府政策的倾斜,中西部地区经济增长速度已经赶超沿海地区,区域增长更平衡的结果。中西部地区就业岗位增多,与沿海的工资差距不断缩小,这里的工作质量吸收农民工的能力不断加强。

(二)劳动权益保障对农民工就业波动的影响

就业质量中的劳动权益保障是反映农民工就业正规程度的指标。随着农民工务工目的的转变,即单纯的赚钱养家,到综合考虑赚钱、定居城市、个人发展等因素。很多城市获得市民身份定居城市的要求之一就是和本地用工单位有若干年以上的正式的用工合同。而农民工如果想获得市民身份,就要考虑失去土地之后,随之而来的养老问题。因此,农民工在选择就业时,会关注相关的劳动权益保障问题。所以那些签订正式的就业合同的用工单位更能吸引农民工就业。

(三)工作稳定性对农民工就业波动的影响

正如前文所说,这里的工作稳定性是对农民工特别是中老年农民工的工作与生活的关系而言的。我国农民工就业一直呈"兼业性"、"临时性"的特点,农民工在春节前后在务工地点和老家之间像候鸟一样迁徙。因此,更多的农民工开始不满足于这种"兼业性"、"临时性"的不稳定工作。还有,要综合计算各种工作与生活成本和收益。比如,如果在远离家乡的沿海城市务工,虽然收入会略高一些,但是每年至少一次的返乡费用,和家里联系的通讯费以及自己独立生活的生活费等经济成本,可能高过两地务工的工资收入差距,再加上和家人分开导致生活不稳定的心理成本,很多农民工考虑从沿海大城市返回到老家附近的企业打工。这样基本上可以满足赚钱养家、做家里的农活儿、照顾家人等工作和生活方面稳定的需要。

(四)职业发展与就业前景对农民工就业波动的影响

在农民工尤其是青年农民工当中,很多人会选择去沿海城市务工,究其原因,年青一代的农民工更注重个人的发展和就业的前景。而且他们的父辈正值壮年,有的也在外务工,有收入来源,因此他们不需要承担养家糊口的责任。他们中的大部分人没有成家,即使成家了,他们或将孩子交给老家的父母抚养,或者自己带着孩子去务工之地。所以也不需要承担照顾家庭的责任。在这一代农民工心中更看重的是沿海发达地区更好的发展空间和就业前景。所以,就农民工个体成长的过程来看,其就业波动也呈一定的规律性,即年轻时去沿海发达地区,到了孩子读书的年纪,他们中的大部分人会选择返乡务工,等孩子成年了,他们中的一部分人又会选择外出务工。

（五）就业满意度对农民工就业波动的影响

就业满意度由三方面构成:对收入的满意度、对人际关系的满意度和对工作环境的满意度,这三方面对于农民工就业波动都有影响。关于对收入的满意度,前文多处分析了收入对农民工就业波动的影响,在此不再赘述。在我们的访谈以及调查问卷中,同时反映出两种农民工的就业波动,第一种波动是地域性的,即农民工在年轻时,会选择远离家乡的沿海经济发达的大城市务工,在30多岁之后又会回到老家或老家附近的地区务工。这其中的原因除了前文分析过的照顾老人、孩子等家庭问题之外,还有一个就是对人际关系的满意度。从一个人成长的过程来看,随着其年龄的增长,他对于亲情、人际关系以及与所处社区文化的融合程度更为看重,因此对于人际关系的满意度在某一特定的阶段,会在某种程度上影响农民工就业波动;第二种波动是产业间的,农民工在年轻时(或者为了方便说明问题,可以粗略地以婚姻状况来界定),由于工作的性质、工作的环境会对今后处对象、结婚甚至生育产生影响,所以,农民工在结婚前更注重工作环境,多数集中在制造业的流水线工作。但是,婚后对工作环境的要求就不如婚前那么高,这个阶段他们更看重收入的满意度,因而会转向农业或相对艰苦的行业,但是收入会高很多,有些甚至是一般流水线收入的两倍。

二、就业质量对就业波动影响的理论解析

就业质量对农民工就业波动的影响除了体现出来的现实情况之外,还可以从理论上进行解析。

(一)劳动力迁移的"推拉理论"

西方古典推拉理论认为,劳动力迁移是由迁入地与迁出地的工资差别所引起的。现代推拉理论认为,迁移的推拉因素除了更高的收入以外,还有更好的职业、更好的生活条件、为自己与孩子获得更好的受教育机会及更好的社会环境等因素。舒尔茨的"投资—收益"理论认为影响移民的最重要因素是移民之后可以带来提高个人收益的各种机会,并将"个人和家庭进行流动以适应不断变化的就业机会"定义为人力投资的五个方面中的一个①。从这个意义上来说,移民是一种投资行为,而投资行为必然要考虑成本和收益;思加斯塔德(Laary A.Sjaastad)则将移民的成本和收益进一步划分为货币和非货币两类,因此移民是否迁徙,是由他在流入地的平均收入与他在流出地的平均收入及在迁徙过程中花费的开支决定的②。即,如果他的净收入为正值,则选择迁徙。反之,则不会选择迁徙。E.S.李(Everett S. Lee)在推拉理论的基础上,对人口迁移流动的影响因素进行了更进一步的研究,在此基础上引入了中间障碍因素和个人因素两个作用因素,其中间因素包括距离远近、物质保障、语言文化差异和移民自身对以上因素的价值判断。他认为移民是以上诸因素综合作用的结果③。

在我国,人口迁移的"推拉"因素来自诸多方面,其中有城乡差别的因素,也有地区经济发展不平衡的因素。总的来说,我国人口流动呈现由农村向城市流动和由欠发达地区向发达地区流动的趋势。蔡昉等认为中国传统

---

① 舒尔茨:《人力资本投资》,商务印书馆 1990 年版,第 31 页。

② Laary A.Sjaastad."The Cost and Returns of Human Migration", *Journal of Political Economy*, Lxx, 1962, pp.80-93.

③ 埃弗雷特·S.李(Everett S.Lee):《人口迁移理论》,载《人口学》1966 年第 3 卷第 1 期。

的重工业优先发展战略和相应的体制是农民工流动的深层次原因①。城市和农村比较利益的差别产生了城市的拉力和农村的推力,因此农民为了追求个人利益最大化而纷纷涌向经济发达的地区务工。同时,在我国城乡劳动力转移过程中,还有一些特殊的因素起到了推拉作用。比如前面提到的中间障碍因素,其具体体现就是现行的户籍制度、土地制度和就业制度等,这些方面都对进城务工的农民工形成了约束。

结合我国的实际情况看,属于农民工就业波动的"推"的因素有目前收入水平低、没有发展机会、区域经济发展的差距、文化不适应等,属于农民工就业波动的"拉"的因素有更高的工作收入、更好的发展空间、照顾家人和文化适应等因素。

(二)农民——农民工——市民的二阶段转移理论

农村劳动力向城市的转移有两种实现形式,这两种实现形式在同一时期是同时并存的。一种形式是由城乡劳动生产率的差异带来的农村剩余劳动力从农业向工业的产业转移,即农村剩余劳动力从传统的农业部门流向现代的工业部门,这是劳动力的转移;另一种形式是农村剩余劳动力从农村地区向城市地区的转移,即农村剩余劳动力在城市定居,并最终获得市民身份,实现身份的转移。

曾芬钰认为农民工是我国城镇化进程中的一个过渡性群体,其发展趋势为由农民成为农民工,并最终成为市民②。而刘传江等不仅明确提出了这一转化过程的"中国路径",并从生存职业、社会身份、自身素质和意识行为等四个维度界定了农民工市民化的内涵③。

在劳动力转移的初期,农民工务工只是从农民向农民工转变,仅仅是由

---

① 蔡昉等:《中国人口流动方式与途径(1990—1999 年)》,社会科学文献出版社 2001 年版,第 4 页。

② 曾芬钰:《中国特殊城镇化进程:农民—农民工—市民》,载《财贸研究》2004 年。

③ 刘传江、徐建玲:《"民工潮"与"民工荒"——农民工劳动供给行为视角的经济学分析》,载《财经问题研究》2006 年。

过去的从事农业产业转变为从事工业产业,工作地点由农村转变为城市,其农民的身份并未发生根本性的变化。农民工务工只是抱着打临工、短期工的念头。因而就业质量中收入是决定其就业波动的最重要因素,也可以说几乎是唯一的因素。但是,进入农民工向市民转换的第二个阶段,农民工在城市务工赚钱只是一个手段,或者说是进城务工的目的之一,有不少农民工进城务工的最终目的是为了能在城市定居,并获得市民身份,实现身份的转变,享受和市民同等的待遇。因此,在这一阶段,就业质量中工作的稳定性、劳动权益保障等因素是决定其是否能稳定就业的主要因素。因为这些因素都会直接或间接影响他们是否能长期在某一城市定居,并最终获得市民身份。

(三)马斯洛需求层次理论

需求层次理论,由美国心理学家、人本主义心理学的创立者亚伯拉罕·马斯洛于1943年在《人类激励理论》中提出。该理论将人类的需求分为五种,即:生理的需求、安全的需求、情感和归属的需求、尊重的需求、自我实现的需求。这五种需求是按层次逐级递升的。马斯洛认为,当人的低层次需求被满足之后,会转向寻求更高层次的需要的实现。从我国农民工就业波动的实际情况来看,随着2008年"民工荒"开始出现,各企业纷纷提高农民工的工资收入和各种待遇。我国西部大开发战略的实施,缩小了中西部落后地区和东南沿海经济发达地区的收入差距,加之各县域经济开发区的建立也为中西部地区提供了不少就业岗位,这是引发2008年底因国际金融危机对我国东部地区经济巨大冲击导致的民工返乡潮的另一宏观因素。这一现象还可以用马斯洛需求层次理论对农民工就业波动的微观个体进行剖析。前文已经提到,农民工,尤其是第二代农民工,打工的目的已经由第一代农民工单纯的赚钱养家,转变为赚钱、见世面、想在城里定居和个人以及子女的发展等多方面、综合性的目的。也就是说,农民工已经基本上满足了马斯洛需求层次理论中的生理上的需求、安全上的需求这两个较低层次的需求,转而开始追求情感和归属的需求、尊重的需求、自我实现的需求等更高层次的追求。因为返乡务工可以更好地亲近家人、融入当地的文化,受到尊重。这些无一例外都是上述更高层次需求的具体体现。近几年来出现的农民工返乡创业的趋势正是农民工开始追求自我实现需求的现实表现。

（四）行为决策理论

行为决策理论是针对理性决策理论难以解决的问题发展起来的决策理论,其一般研究范式为:提出有关决策行为特征的假设——证实或证伪所提出的假设——得出结论。行为决策理论的主要内容包括:人的理性介于完全理性和非理性之间,在识别问题中容易受感知上的偏差影响以及受决策时间和可利用资源的限制。即使决策者充分掌握了有关决策的信息,也只能做到尽量了解各种备选方案的情况,而不可能做到了解全部。因此,决策者选择的理性是相对的。基于行为决策理论的几种决策模式包括:理性决策模式、有限理性决策模式、渐进决策模式、混合扫描决策模式。其中理性决策模式和有限理性决策模式可以很好地解释农民工的就业波动现象。

理性决策模式的思想来源于功利主义经济学,该理论认为人的行为动机就是趋利避害、追求自利和物质利益的最大化;而有限理性决策模式则比较现实,该理论强调人的理性是处于完全理性和完全非理性之间的一种有限理性。有限理性模型观点认为决策者追求理性,但又不是最大限度地追求理性,由于种种条件的约束,决策者本身也缺乏这方面的能力,他只能追求有限理性。因此,决策者在决策中追求"满意"标准,而非最优标准。

在我国,农民是否外出务工的决策主体往往是整个家庭而非仅仅是个人。农民工外出被看作是一种人力的投资,这种投资的预期收益和具体的农民工人力资本存量有关,比如个体的年龄、性别、受教育年限等。因此,我国农民工外出,并非是完全非理性的波动,而是综合考虑了各种因素,做出的家庭利益最大化的决策。但是由于受到信息不对称、个人对信息识辨能力不足等因素的影响,往往做出的决策都是有限理性的,即满意决策而非最优决策。所以,我国农民工就业波动呈现一定的跟风现象,有一定的盲目性。

第五节　本章小结

本章构建了客观和主观两个维度在内的农民工就业质量测算指标,含工作质量、劳动权益保障、工作稳定性、职业发展与就业前景、就业满意度等五项一级指标,下设十二项二级指标。采用德尔菲法和层次分析法对各项指标进行权重赋值。以江西地区的调查问卷数据作为研究对象进行运算,计算出每个农民工的就业质量指数。对其就性别和换动工作的次数不同进行就业质量指数的均值比较,得出男性的就业质量指数的均值高于女性及随着换动工作次数的变化,就业质量指数呈倒"U"形变化的结论。

从数据分析的结果来看,本章所建立的农民工就业质量测算指标对农民工就业质量的评价结果不仅与大多数学者的研究结论是相符的,也能较客观真实地反映农民工的就业状况,对于衡量农民工就业质量具有一定的参考价值。

本章就与就业质量密切相关的两个问题进行了研究,一个是农民工的职业流动问题。研究显示,农民工职业流动的意向主要与月收入、就业满意度、总务工年限和目前工作年限相关。从流动次数来看,随着流动次数的增加对于就业质量指数的影响是呈倒"U"形的;从流动的渠道来看,由农民工自己到用人单位应聘的就业质量指数最高,而通过中介机构就业的农民工,就业质量指数最低;从流动的方向来看,如果换动工作后离家距离更近,则农民工就业质量指数明显高出那些换动工作后离家更远或者和家的距离没有变化的农民工。这也正是农民工就业横向波动的原因。农民工就业总是要寻找就业质量高的方向,质量高是相对,企业安排的工作及其相对应的收入,农民工自己对工种、工时、工作条件、收入报酬的满意度以及自己的工作年限、技术程度等因素都会导致农民工就业的流动性,从而出现就业的波动状态。

另一个是影响农民工就业质量的人力资本问题。我们的分析认为:人

力资本直接影响到就业质量高低的情况主要有:

一是受教育年限对农民工的权益保护没有显著影响,即不同学历的农民工签订劳动合同、购买养老保险的情况差异不大。

二是受教育年限对于农民工的月收入、就业稳定性和对人际关系的满意度有较显著的正向影响,即随着农民工受教育年限的增加,他们的月收入、就业稳定性和对人际关系的满意度也随之增加。

三是受教育年限对农民工收入的满意度有较显著的负面影响,即随着受教育年限的增加,农民工对收入的满意度呈下降趋势。

第四章　社会资本与农民工就业波动关系的分析

第一节　强关系型和弱关系型社会资本对农民工就业影响分析

当前农民工的就业波动,最突出的表现就是就业稳定性差。如果说就业波动是一种正常现象,那是就全社会就业状态在一定的波幅里的判断。对就业者个人而言,全社会的就业波幅过高或过低,则说明就业状态很不稳定。就业波幅不大,使社会就业处于比较稳定的状态是有利于个人和社会的稳定的。就业不稳定就不能实现质量较好的就业。农民工的就业质量直接影响着其生存境遇和对主流社会的心理认同,进而影响到社会的和谐稳定。在我国特殊国情的背景下,社会资本也是影响农民工就业相对稳定的重要因素。因此,有必要对农民工就业过程中的社会资本进行研究,了解农民工社会资本和就业之间的关系,分析出社会资本对农民工就业的作用机理。

一、社会资本的概念及内涵

资本这一概念来自经济学,后成为一个不断扩展的概念,其内涵随着社会和经济的不断发展而日益丰富。社会资本的概念最初是由经济学的资本概念演变而来的,这一概念最早是作为经济学术语出现的。

社会资本理论的发展是建立在社会网络研究的基础之上的。社会网络是一个结构概念,是指一个由某些个体(个人、组织等)间的社会关系构成的相对稳定的系统。在此基础上美国学者林南提出了"社会资源"理论。社会资源是指那些嵌入个人社会网络中的资源,这种资源不为个人所直接占有,而是通过个人直接的或间接的社会关系而获取。决定个体所拥有社会资源的数量和质量的有下列三个因素:一是个体社会网络的异质性,二是网络成员的社会地位,三是个体与网络成员的关系强度。当一个人的社会网络的异质性越大,网络成员的地位越高,个体与成员的关系越弱,那么他拥有的社会资源就越丰富①。

皮埃尔·布迪厄提出"场域"和"资本"概念,他认为场域是由不同的社会要素连接而成的,社会不同要素通过占有不同位置而在场域中存在和发挥作用。位置可以被看成是网上的纽结,是人们形成社会关系的前提。布迪厄认为场域作为各种要素形成的关系网,是个动态变化的过程,变化的动力是社会资本。布迪厄对资本有着独特的解释,他认为资本是一种积累劳动,个人或团体通过占有资本能够获得更多的社会资源。社会资本就是"实际的或潜在的资源的集合体,那些资源是同对某些持久的网络的占有密不可分的。这一网络是大家熟悉的,得到公认的,而且是一种体制化的网络,这一网络是同某团体的会员制相联系的,它从集体性拥有资本的角度为每个会员提供支持,提供为他们赢得声望的凭证"②。

詹姆斯·科尔曼是在理论上对社会资本给予了全面而具体的界定和分析的第一位社会学家,他从功能的角度来定义社会资本,强调了社会资本的结构性质及其公共产品性质。科尔曼认为社会资本代表了与其他组织和个人的关系,是寓于人际关系之中的、反映了一个组织或个人的社会关系。在

①　[美]林南:《社会资本:关于社会结构与行动的理论》,张磊译,世纪出版集团2005年版,第95—96页。

②　Bourdieu P. "The Forms of Capital", In Richardson(ed) , *Handbook of Theory and Research for the Sociology of Education* , Westport , CT : Greenwood Press , 1986.

科尔曼看来,社会资本就是个人拥有的、表现为社会结构资源的资本财产,它们由构成社会结构的要素组成,主要存在于人际关系和社会结构中,并为社会结构内部的个人行动提供便利。社会资本的表现形式有义务与期望、信息网络、规范与有效惩罚、权威关系、多功能社会组织和有意创建的社会组织等①。

各个学科的专家从各自研究的领域对社会资本内涵的界定有所不同,但是近几年国内对于社会资本的研究都是采用了社会网络的视角。

根据分析的层面不同,学者们将社会资本分为个体社会资本和群体社会资本。在个体层面上,主要是研究个人如何在社会关系中投资,通过运用社会资本,以获得的回报和保持情感性行动中的收益;群体组织层面上的社会资本,主要研究集团性社会资本的创造和维持的要素及过程,以及组织如何发展和维持其社会资本,使之成为集体资产,以便增进组织成员的福利。无论是个体层面还是群体层面的社会资本,网络成员的交往和互动都是社会资本的核心。本书的研究主要是聚焦在个体层面上的社会资本。

学者们一般都认同,一个人社会资本的多少,取决于他对社会关系的占有程度,以及驾驭社会关系的能力或资格。社会资本是一定的社会关系网络,存在于人们的交往当中,体现在人们的相互关系当中,只有被调动和利用的时候,社会资本才能成为一种能量和资源,从而转化成资本。

根据社会资本的形成的不同,可以分为初级社会资本和次级社会资本。初级社会资本是指一个人一出生就具有的,是一种基于血缘和地缘而具备的先赋性的社会关系网络;次级社会资本是当事人在行动中不断构建的基于业缘的社会关系网络。

根据社会资本的性质的不同,可以分为强关系社会资本和弱关系社会资本。格拉诺维特认为测量关系强弱的四个维度分别是:互动的频率、感情

---

① Coleman J.S., "1988.Social Capital in the Creation of Human Capital", *American Journal of Sociology*, Vol.94, No.5, 1988.

力量、亲密程度、互惠交换。互动次数越多,关系越强,反之则弱;感情越强、越深,关系越强,反之则弱;关系越密切,关系越强,反之则弱;互惠交换越多、越广,关系越强,反之则弱①。一般看来,初级社会资本都属于强关系社会资本,次级社会资本中互动多、关系紧密、互惠交往多而广的社会关系网络也属于强关系社会资本。格拉诺维特认为,弱关系比强关系更能提供有效的信息,强关系维持着群体组织内部的关系,而弱关系则建立了群体之间的联系纽带。

根据社会资本的类型不用,可以将社会资本分为结构型社会资本和认知型社会资本。结构型社会资本通过规则、程序和建立的社会网络产生作用机制;而认知型社会资本则通过共享的规范、价值观、信任和信仰等机制产生作用。由于认知型社会资本又具有嵌入性,两者很难完全区分开来,但是学者们一致认同两者是相互影响的。一方面,结构型社会资本受到认知型社会资本的约束;另一方面,结构型社会资本在形成过程中又修正和改变着认知型社会资本。

本书将社会资本界定为:个人社会网络中的、可以利用的、具有增值效应的资源。

二、社会资本对农民工就业的作用机理

社会资本对农民工首次就业的职业声望有显著的正向作用。赵延东等认为即使在市场经济较为成熟的国家和地区,社会资本也对个人职业地位的获得起着重要作用,其影响甚至会超过教育等其他人力资本因素②。边燕杰的研究讲一步表明,在人情关系如此重要的中国,社会资本对就业的影响更大。农民工主要是通过社会网络来寻找就业机会,而且他们依赖的主

---

① Granovetter, M. S. " Economic Action and Social Structure: The Problem of Embeddendness", *American Journal of Sociologe*, 1985, 91.

② 赵延东、王奋宇:《城乡流动人口的经济地位获得及决定因素》,载《中国人口科学》2002 年第 4 期。

要是亲属和老乡的社会关系网络,即强关系①。这一现象在农民工初次求职的时候尤为明显。社会资本对农民工就业的影响具有正负两方面的作用。

(一)社会资本对农民工就业的积极作用

1.增大农民工关于就业的信息量

我国的农民工转移就业呈现出的是一种"滚雪球"式的大规模集聚的模式,这种就业模式所形成的社会信息网络对农民工转移就业的帮扶作用效果显著。亲缘关系和地缘关系是传递外出就业信息的主要通道,农民工所拥有的社会资本是成功获得就业机会的一个不容忽视的重要因素。社会资本的存量,决定了农民工可利用资源的大小,同时也就决定了他们获取信息的途径和数量,这必将影响到农民工就业可选择的范围,如果可选择范围越大,那么农民工可能获得的就业岗位会更好,相应的,农民工的就业质量则越高。

2.缩短农民工搜寻就业机会的时间

因为社会资本具有某种信号显示功能,所以它可以缩短农民工寻找就业机会的时间,减少农民工搜寻就业机会的心理成本。社会资本的基础在于信任,这种根植于农民工群体内的非正式制度在农民工就业中发挥了不可替代的积极作用。当农民工从自己信任的群体内部获得有关就业的信息时,首先不会困扰于就业信息的真伪,这一方面可以减少农民工对就业信息进行分析、辨别的时间,另一方面也可以减少农民工寻找就业机会的心理成本。

3.增强农民工谈判能力

绝大多数农民工是在非正规部门就业,这些企业一般都没有什么工会组织,即使有的话,也只是负责一些职工文体活动或者是福利发放之类的事务,对于农民工维权或者代表劳方和资方谈判方面的作用十分有限,甚至可以说微乎其微。而农民工拥有的社会资本正好充当了正式制度中工会的职

---

① 边燕杰:《社会网络与求职过程》,载《中国社会科学》1990 年第 2 期。

能,增强了农民工的谈判能力。因为很多农民工都是以地缘或亲缘关系一起外出务工的,他们中的很多人都会选择在同一家企业务工,在关于就业的福利待遇方面,这些农民工是以群体的身份和企业谈判的,并坚持攻守同盟的战略,这大大增强了农民工的谈判能力。从这点来看,社会资本在提高农民工就业质量方面起到了不可忽视的积极作用。

4.提高农民工的就业收入

农民工获得的就业收入和他们所拥有的社会资本密切相关。赵延东等的一项关于青年农民工的实证调查研究表明,使用过社会资本的青年农民工比那些没有使用社会资本的青年农民工获得较高的收入可能更大①。

(二)社会资本对农民工就业的消极作用

1.就业信息的局限性

农民工的社会资本在一定程度上限制了农民工信息获取的广泛性。首先,社会资本在农民工群体内部的狭隘性造成了"社会隔离",使得农民工远离城市,远离工作所在的社区;其次,从农民工现有社会资本的结构来看,他们进城务工多以来自亲缘或地缘为纽带的社会关系网络,而这些都是依靠强关系建立起来的,社会网络的同质性非常高。一方面造成了信息来源渠道单一,另一方面使信息价值降低,因为强关系传递的信息,由于和个体所处的环境联系非常密切,几乎这个网络的所有个体都能获得这一信息,因此信息的价值大打折扣。

2.选择工作的非理性和被动性

首先,由于农民工既有社会资本的存在,会削减农民工主动寻找工作的积极性,使他们在就业时处于一种被动的状态,即消极的等待以亲缘和地缘关系建立的社会关系网络提供就业信息,而不是主动地去劳动力市场寻找最适合自己的工作;其次,社会资本在一定程度上阻碍了农民工理性选择工

---

① 赵延东,王奋宇:《城乡流动人口的经济地位获得及决定因素》,载《中国人口科学》2002年第4期。

作,大多数农民工唯一的就业途径就是依靠他们建立起来的社会关系网络,但是这种单一的依赖并非是一种理性的行为。他们会以老乡和亲戚在某一岗位或某一行业的成败作为重要的参考指标来决定自己是否接受这一岗位或者从事这一行业。呈现出一种盲从的现象,这显然不适合劳动力的较好配置,不能达到劳动力和就业岗位的较好匹配程度,势必会降低农民工的就业质量。

从已有研究来看,学者们普遍认为农民工社会资本存量不高,且大多数是以地缘和血缘为基础建立起来的强关系型的社会资本。学者们普遍关注的是社会资本对农民工就业行为的研究,这没有问题。但应该加强对于社会资本是如何影响农民工就业质量的研究,而且不能仅集中在社会资本对农民工的收入和职业声望等客观就业质量方面。本书将农民工的社会资本分为强关系和弱关系两种类型,对比运用不同类型社会资本实现就业的农民工的就业,以期利用调研数据实证分析强关系型社会资本和弱关系型社会资本对农民工就业的影响。

三、调研数据分析

本书对社会资本的界定也是基于个体层面的。正如前文所论,一个人社会资本的多少,取决于他对社会关系的占有程度,以及驾驭社会关系的能力或资格。因此,社会资本是一定的社会关系网络,存在于人们的交往当中,体现在人们的相互关系当中,只有被调动和利用的时候,社会资本才能成为一种能量和资源,从而转化成资本。为了更好地讨论,这里要强调的是,从社会关系强度的角度,以互动频率、情感强度、亲密程度、互惠交换四个维度来衡量关系强弱,如果互动频率高、情感投入高、亲密程度、互惠交换度高,则称为强关系,反之则称为弱关系。一般看来,初级社会资本都属于强关系社会资本,次级社会资本中互动多、关系紧密、互惠交往多而广的社会关系网络也属于强关系社会资本。弱关系比强关系更能提供有效的信息,强关系维持着群体组织内部的关系,而弱关系则建立了群体之间的联系纽带。本书主要从农民工是通过强关系还是弱关系实现就业入手,分析运用强关系和弱关系实现就业对农民工就业的影响。在调查问卷中,为了增强可操作性以及容易被农民工理解,将该观测项设计为"在您得到的这份工作中,帮助您找到这份工作或者提供工作信息的是1.经常往来、关系密切的亲人或朋友;2.不常往来、关系一般的人"。研究时,将选择1的农民工归为运用强关系找到工作一组,将选择2的农民工归为运用弱关系找到工作的一组。

从调研数据来看,大多数外出务工的农民工都是通过强关系找到工作的,数据显示,有72.1%的人是通过强关系找到目前这份工作的,仅有27.9%是通过弱关系找到工作的。进一步比较运用不同类型的社会关系实现就业的农民工的年龄和受教育年限(见表4-1),可以看出通过强关系实现就业的农民工的受教育年限均值为8.79年,低于运用弱关系实现就业的农民工的受教育年限的均值12.66年,相差将近4年。如果按我国现行的教育制度推算,两者之间的差距相当于一个学历层次的差距,即初中教育和高中教育(含职高、技校);从年龄结构来看,运用弱关系型社会资本找工作的农民工平均年龄要比运用强关系型社会资本找工作的农民工的平均年龄小4.19岁。

表4-1　组间农民工受教育年限和年龄均值比较

找工作时运用的社会资本的类型	受教育年限均值(年)	年龄均值(年)
强关系型社会资本	8.79	33.21
弱关系型社会资本	12.66	29.02

从性格方面将农民工分为保守、中间和冒险三种类型(见表4-2)。可以看出,虽然这三组农民工大部分都是通过强关系型社会资本实现就业的,但是随着性格由保守向冒险过渡,通过弱关系实现就业的农民工所占比重在不断上升。

農民工就业波动分析及对策研究

表 4-2　不同性格类型的农民工找工作时运用社会资本的比较

性格类型	强关系实现就业	弱关系实现就业
保守型性格	75.96%	24.04%
中间型性格	70.43%	29.57%
冒险型性格	68.00%	32.00%

从性别来看(见表4-3),男性农民工运用弱关系实现就业的比例要远远高于女性农民工,其差距达到了 10 个百分点。可见在运用社会关系方面,男性和女性存在较大的差别。

表 4-3　不同性别的农民工找工作时运用社会资本的比较

性别	通过强关系实现就业	通过弱关系实现就业
男性	65.48%	34.52%
女性	75.96%	24.04%

另一方面,农民工就业质量状况令人担忧,其中最突出的问题是,收入偏低、工作时间过长,组织化建设落后,就业不稳定。农民工月均收入仅为 2159 元,平均每周工作时间长达 6.25 天,仅有 20.04% 的农民工加入了工会组织,有 62.73% 的人有离职意向,就业极其不稳定。进一步对通过强关系找到工作和通过弱关系找到工作的两组数据进行组间比较均值分析,结果见表4-4。

表 4-4　运用不同类型社会资本实现就业的农民工就业质量均值比较

找工作时运用的社会资本类型	均值				
	月收入(元)	周工作时间(天)	收入的满意度	人际关系的满意度	工作条件的满意度
强关系	2112	6.23	2.81	3.47	3.36
弱关系	2279	6.30	2.77	3.36	3.28

150

接下来,分别分析两组数据中,签订就业合同、参加工会组织和无离职意向的农民工的所占的比例。结果见表4-5。

表4-5 运用不同类型社会资本实现就业的农民工签订就业合同、
参加工会组织和离职意向的人数及比例

	已签订就业合同	已参加工会组织	无离职意向
强关系实现就业	84.94%	20.26%	37.66%
弱关系实现就业	91.28%	19.46%	36.24%

数据分析结果表明:通过强关系实现就业的农民工目前工作持续的时间(3.09年)高于通过弱关系实现就业的农民工目前工作持续的时间(2.96年);通过弱关系实现就业的农民工月收入的均值(2279元)高于通过强关系实现就业的农民工月收入均值(2112元);通过弱关系实现就业的农民工签订就业合同的比例(91.28%)高于通过强关系实现就业的农民工签订就业合同的比例(84.94%);通过强关系实现就业的农民工对于就业的主观满意度高于通过弱关系实现就业的农民工的就业满意度。

四、对调研结果的分析

(一)农民工拥有的社会资本以强关系型为主

农民工的社会资本存量非常少,大部分是基于亲缘或地缘的强关系型社会资本,社会网络的同质性过高,造成社会网络的内倾性,形成自我封闭的亚文化群体。加上不能很好地融入城市文化,农民工只能被动地接受这一亚文化群体中的自我认同,进一步加深了农民工群体社会网络的"内卷化"①。因而形成了一个恶性循环:即农民工主要依靠强关系来寻找工作,通过基于信

---

① "内卷化"一词源于美国人类学家吉尔茨(Chifford Geertz)《农业内卷化》(*Agricultural Involution*)。根据吉尔茨的定义,"内卷化"是指一种社会或文化模式在某一发展阶段达到一种确定的形式后,便停滞不前或无法转化为另一种高级模式的现象。

任的亲缘、地缘关系社会网络获得就业信息,但是仅靠亲朋好友的关系获得的社会资源是非常有限的,而凭借这一网络实现向上流动的可能性更是微乎其微,那些建立在血缘、地缘基础上的关系,已经不足以使他们在城市中更好地立足和发展,形成一种封闭的社会网络。虽然部分新生代农民工已经意识到了强、弱关系型社会资本对于就业的不同作用,他们中的不少人也在建立和经营自己的弱关系型社会资本,但是受到诸如人力资本存量偏低、制度约束等因素的制约,农民工强关系型社会资本向弱关系型社会资本转变也面临着很大的障碍。由于农民工受教育程度不高,大多数农民工都集中在劳动密集型行业,虽然职业流动会带来新的社会网络关系,但是,由于受到文化程度低下的影响,大部分农民工的职业流动都是呈水平型的。因此,农民工的社会关系网络只是规模有所扩大,质量并没有得到提升,依旧是高同质性的社会关系网络。

(二)性别、年龄、性格和受教育年限等因素会影响农民工找工作时运用社会资本的类型

首先从性别来看,男性农民工运用弱关系找工作的比例明显高于女性农民工。这一调研结果符合我国社会的现状,一般来说男性的社会关系网络比女性的更广泛,他们结交的人员结构也更复杂。相对来说,女性的社会关系网络更简单,尤其是受教育程度非常有限的女性农民工,她们的社交圈子一般就局限在亲朋好友、同学和老乡这个圈子。以强关系为主的社会关系网络决定了在找工作时能利用的弱关系非常少,因此,决定了她们在找工作时绝大多数人使用的是强关系型的社会资本;其次,从年龄结构来看,年轻的农民工接触外界社会的渠道更加多样化,他们的社会关系网络规模也更大,人员构成也更复杂。尤其是互联网的发展,年轻农民工通过互联网大大拓展他们的社会资本,而这些虚拟世界的社会资本大多数都是基于弱关系的社会资本,这一点使得他们拥有的弱关系型社会资本大大超出那些较年长的农民工。同时,年轻的农民工更具有冒险精神,也更愿意结交新朋友,相信新朋友,因此在找工作时,会更多地利用弱关系型社会资本;最后,

从受教育年限来看,受教育年限越多的农民工利用弱关系型社会资本找工作的比例越大。这个现象可以从人力资本和社会资本两者之间的关系来解释。个体受教育的过程就是其社会化的过程。一般来说,一个人受教育程度越高,其积累的社会资本越多。随着社会资本规模的扩大,其多样性也随之增加,因而弱关系型社会资本也随着增加。另一方面,由于受教育年限的增加,个体对信息的收集、判断和解释能力也会不断加强。就农民工个体来分析,随着受教育年限的增加,他们在判断信息方面的能力也不断增强,自信心也随之增强,因而不会像大多数仅有很低学历的农民工那样由于害怕上当受骗,在外出务工时只相信亲朋好友提供的信息。换句话说,他们在找工作时更敢于利用弱关系型的社会资本。

（三）通过强关系实现就业的农民工就业质量的主观满意度更高

首先,通过强关系实现就业的农民工,在就业前就从亲朋好友处获得了较为充分和真实的信息,对于工作的收入、福利待遇和劳动时间等有了较为全面的了解,因而在入职之后,不会有大的反差,因而对于就业状态的满意度较高;其次,初入职的农民工都存在对于新企业的不适应现象,这种不适应包括两方面,一是从务农到务工的不适应,二是不同的企业文化的不适应。通过强关系实现就业的农民工,入职之后都是和介绍工作的亲朋好友在同一企业,有的甚至是同一车间或同一小组工作,这些介绍人能较好的缓解农民工入职后的不适应现象,帮助他们较快地适应新的环境;最后,同事中有自己熟悉的老乡或亲戚,农民工感觉有情感的寄托,遇到问题有可以商量和倾诉的对象,使得农民工更有安全感和归属感,这一切都有助于提高他们的就业满意度。

（四）通过弱关系实现就业的农民工在收入、就业正规程度等客观就业质量指标方面更高

首先,个体受教育的程度也就是其社会化的程度,个体的社会资本存量和其人力资本存量有一定的关联性。调研数据的统计结果也印证了这一点,通过弱关系实现就业的农民工受教育年限的均值为 12.66 年,通过强关

153

系实现就业的农民工的受教育年限均值为 8.79 年,前者比后者多了近四年。可见,随着受教育程度的提高,农民工社会资本的积累也随之提高,个体所拥有的社会资本的类型也更丰富,强关系型社会资本所占比例随之下降,同时,农民工运用社会资本的能力也随之加强。其次,通过弱关系实现就业的农民工,在对介绍人的信任程度方面,不如那些通过强关系实现就业的农民工。那些在同一企业有很多老乡或熟人一起务工的农民工,就业时更有安全感,因此对于自身权益的保护更多的是依赖一起务工的老乡或熟人的群体实力。因而,在就业时,通过弱关系实现就业的农民工更倾向于利用正式的合同来保护自己的权益。

第二节　社会资本与农民工创业倾向分析

农民工就业波动除了在职业范围、地域范围的波动之外,还有一种表现特征是进行创业活动,并且新生代农民工中大部分具有创业倾向。创业对就业所产生的倍增效应,是解决就业问题的重要途径。本节根据调查访谈和调研数据分析农民工创业愿景存在的社会资本"锁定"作用和人力资本"溢出"效应,研究社会资本在农民工创业动机形成中的作用,认为农民工异质性的人力资本和社会网络具有创业外部性效应,从这一角度能较好解释农民工创业倾向,并提出推进建设"复合型"社会资本网络、提高创业技能水平、建立人力资本+社会资本的"双轮驱动"创业发展模式的对策。这是我们讨论农民工就业波动的又一个层面,也是深入探讨社会资本与农民工就业波动关系的又一个层面。这两个层面都比前面所讨论的会更深一些。

中国工业化、城市化和现代化进程的不断迅速推进,使得市场上存在着各种尚未满足或尚未完全满足的显性或隐性的需求,这直接带动和促使各种正规和非正规创业项目的兴起,为农民工识别创业机会、进行创业抉择和开展创业活动提供市场环境和机会。同时,20 世纪 80 年代以后出生的新生代农民工因其出生和成长于改革开放、体制转轨、经济和社会转型期,表现出明显的代际转型特征和时代性特征,新生代农民工创业愿景和倾向既是对潜在创业者是否拥有特质及程度的基本识别,又是创业行为最好的预测指标。在创业者素质的众多影响因素中,创业倾向和创业欲望成为第一要素,往往代表着创业者的行动力和牺牲精神。本节将对农民工社会资本网络对创业倾向影响机理进行分析和研究。

一、问题的讨论

创业行为来自创业动机,学者 Bird 首次从心理学角度提出创业倾向一词,将创业倾向概括为"将创业者的注意力、精力和行为引向某个特定目标的一种心理状态",并认为由灵感激发的创业想法必须通过创业意向才能实现[①]。从经济学角度来看,创业是经济实现持续增长的关键驱动力,是持续地从内部变革经济结构,持续地创造新世界的无穷力量,实现资源的重新组合。创业能够增加税收、繁荣出口、提高整个国家的生产率,打破常规、毁灭现存结构、重新组合资源,是实现创造性破坏过程的驱动者。从社会学角度来看,创业和社会文化、社会资本环境密不可分。社会文化会影响个性特征,促使其产生特定行为,从而文化价值和信仰的差异可能引致各具特色的创业行为。社会资本影响资金获取,而创业者精于对稀缺资源协调,之所以拥有这种高于其他人的判断力,是因为他们取得信息的渠道和能力优于其他人[②]。

在影响移民经济地位的众多因素中,人力资本和社会资本是两个重要解释变量。大量的先驱性研究表明,如果移民进入的是一个公开竞争的市场,则他们在迁入国的经济成就将主要取决于其人力资本水平,具有较高人

---

① Bird B. "Implementing Entrepreneurial Ideas: The Case for Intention", *Academy of Management Review*, 1988, 13(3): 442 −453.

② Max Weber. *The Protestant Ethic and the Spirit of Capitalism*. New York: Charles Scribner's Sons, 1958.

力资本的劳动力,往往能够获得更好的就业机会和更高的收入。对移民来说,居留时间越长,就越可能积累相关的劳动经验、语言技能等人力资本,从而更可能取得经济成功①②③。Barkham 指出,教育水平更高的企业家更易于创立更大的企业④。Marvel 研究发现,创业者受教育程度越高,越有利于团队获取风险资本,特别是在高技术产业。一般来讲,创业者能力影响特殊技能、创业愿景和创业目标,从而实现创业成功⑤。

当代社会资本理论的发展与 Bourdieu、Granvetter、Coleman、LinNan 等社会学家的杰出贡献分不开,社会资本的"嵌入性"视角使得其在解释经济与社会行为方面具有独到作用。从社会网络资源"嵌入"行动者的外在社会关系入手,认为社会资本是实际或潜在资源的集合体,并且资源与相互默认或承认的关系所组成的持久网络有关。对个体求职的研究进一步发现,即使在劳动力市场制度较为完善的欧美国家,人们在求职过程中仍会更多地依靠自己的社会关系。詹姆斯·科尔曼(James S.Coleman)以微观和宏观的联结为切入点对社会资本做了较系统的研究,并通过对社会资本的研究来研究社会结构。科尔曼指出:蕴含某些行动者利益的事件,部分或全部处于其他行动者的控制之下。行动者为了实现自身利益,相互进行各种交换,形成了持续存在的社会关系。这些社会关系不仅被视为社会结构的组成部分,而且是一种社会资源。

在对于创业作用研究方面,Scott 指出,父母拥有公司的学生更倾向于

---

① Schultz, T. Z. "Investment in Human Capital", *American Economic Review*, 1961 (51): 1-17.

② Becker, Gary, *Human Capital: A Theoretical and Empirical Analysis* (2nd Edition). New York: National Bureau of Economic Research, 1975.

③ Chiswick, Barry. "The Effects of Americanization on the Earnings of Foreign-born Men", *Journal of Political Economy*. 86(5): 897-921, 1961.

④ Barkham R J. "Entrepreneurial characteristics and the size of the new firm: a model and an econometric test", *Small Business Economics*. 1994(6): 117-125.

⑤ Marvel M R, Lumpkin G T. "Technology entrepreneurs' human capital and its effects on innovation radicalness", *Entrepreneurship Theory and Practice*, 2007(31): 807-828.

选择自己创业,而选择去大公司工作的概率也相对较低①。Kim、Aldrich研究指出,虽然个人的财务资源与其是否成为创业者没有显著关系,但是从创业者个体来看,其获取资源的能力决定了创业活动能否成功启动②。

与西方国家相比较,尽管中国可能存在更为明显的劳动力市场分割和城乡二元结构特征,但国内学者对人力资本和社会资本在求职就业中的一般规律性作用的认识与西方结论大体类似,如蔡昉认为以亲缘、地缘为主要方式的社会关系在帮助农民工获得就业机会方面的作用十分重要③。边燕杰、张文宏认为,社会资本是行动主体与社会的联系及通过这种联系摄取稀缺资源的能力④。职业流动者的社会网络主要是由亲属和朋友两类强关系构成,社会网络发挥作用的形式以提供人情为主,以传递信息为辅,这些作用在转型经济时代尤为突出。

二、主要研究问题

根据以上国内外相关研究的综述,不少研究从就业途径、创业过程的角度探讨了人力资本和社会资本的作用,但关于人力资本和社会资本对于新生代农民工的创业动机方面的实证研究并不多见。发现、评估及利用创业机会是任何一项创业活动的开端,针对影响我国农民工创业倾向因素有哪些、作用程度如何方面的研究还不足,在相关实证研究还很少提及。由于农民工是一个特殊迁移群体,在改革开放、体制转轨、经济和社会加速转型的时代背景下,具备特殊时代烙印与转型特征,农民工的人力资本和社会资本

---

① MG Scott, Twomey D F. "The Long-term Supply of Entrepreneur: Students' Career Aspirations in Relation to Entrepreneurship", *Journal of Small Business Management*, 1988, 26(4): 5-13.

② Kim P H, Aldrich H E, keister L A. "Access (not) Denied: the Impact of Financial, Human, and Cultural Capital on Entrepreneurial Entry in the United States", *Small Business Economics*, 2006(27): 5-22.

③ 蔡昉:《劳动力流动择业与自组织过程中的经济理性》,载《中国社会科学》1997年第4期。

④ 边燕杰、张文宏:《经济体制、社会网络与职业流动》,载《中国社会科学》2001年第2期。

对于其创业动机究竟有着怎样的影响？本节试图分析农民工人力资本状况和社会资本状况与其是否成为创业者存在显著相关系，亦即农民工创业愿景是否存在社会资本"锁定"作用和人力资本"溢出"效应。

创业是围绕潜在机会对能够拥有的资源进行调动和优化整合，以创造出更大经济或社会价值的过程。不同维度类型的社会资本是否会在农民工的创业过程中扮演重要的角色？创业中不确定性风险的存在和创业能力激发出创业的必要性，性别和性格特征等因素是否与农民工创业态度与感知存在显著相关性，即创业愿景和动机是否存在性别和年龄差异？一般来讲，社会资本分为"个体社会资本"和"集体社会资本"两类。个体层次社会资本的度量方法集中于可以为个人所调用的资源总体，包含个人关系数量、关系中所蕴含的资源。度量个人可调用资源总体的方法有网络成员生成法、提名生成法和位置生成法，边燕杰、罗家德等使用一种适用于中国社会情境的"拜年网"来测量社会资本。本研究使用拜年网络来测度农民工的社会资本，并分析其创业倾向。

三、数据来源及变量设定

本书使用"农民工就业波动分析及对策课题组"2012年1—2月的调查数据，调查对象涉及江西、广东和福建以及浙江等农民工流入和流出集中地区，发放调查问卷1200份，回收1005份。在本研究中，将创业意愿分为具有创业意愿和没有创业意愿两类。调查发现，具有创业意愿的占72.4%，没有创业意愿的占27.6%。从中可以看出，大部分农民工均具有创业意愿。模型中变量设定如表4-6所示。

表4-6 模型变量设定

变量名称	变量定义
创业动机	定类变量：1代表具有创业意愿，0代表没有创业意愿
性别	定类变量：1代表男，2代表女

变量名称	变量定义
年龄	定距变量
文化程度	定序变量:1 代表不识字或识字很少,2 代表小学,3 代表初中,4 代表高中、职高和中专,5 代表大专,6 代表本科
性格特征	1 代表保守型,2 代表中间型,3 代表冒险型
父亲学历	定序变量:1 代表不识字或识字很少,2 代表小学,3 代表初中,4 代表高中、职高和中专,5 代表大专,6 代表本科
父亲职业	定类变量:1 代表企事业单位负责人,2 代表一般管理、行政、办事人员,3 代表专业技术、研究人员,4 代表商业工作人员,5 代表服务型工作人员,6 代表生产、运输工人,7 代表农林牧副渔劳动者,8 代表个体户、自由职业者,9 代表无业
拜年群体中亲戚人数	定距变量
拜年群体中党政机关、企业管理人员数	定距变量

四、模型构建和结果分析

根据前述研究的主要问题,本书设定模型中的解释变量为性别变量、年龄变量、婚姻状况、企业类型、工资收入、人力资本和社交网络,被解释变量为创业意愿。由于因变量创业意愿是二值品质型变量,残差不再满足多元线性回归 E(ε) = 0 且 Var(ε) = σ^2 的经典假设条件,残差项不再服从正态分布,因此采取 Logistic 回归进行建模分析。Logistic 回归分析(Logistic Regression)中事件发生的条件概率 P($y_i = 1/x_i$)与 x_i 之间的非线性关系通常是单调函数,即随着 x_i 的增加或减少,P($y_i = 1/x_i$)单调增加或减少。Logistic 回归基本方程:

$$\text{Logit}P = \ln\left(\frac{P}{1-P}\right) = \beta_0 + \beta_1 x_1 + \beta_2 x_2 + \cdots + \beta_i x_i$$

模型中回归系数的含义:当其他解释变量保持不变时,解释变量 x_i 每增加一个单位,将引起 Logit P 增加或减少 β_i 个单位。根据前述变量定义,采用多项多元 Logistic 回归模型对以上变量进行建模研究得到,运用 SPSS20.0 软件,得到如下结果,见表4-7。

表 4-7 Logistic 回归模型和系数

变量	系数	标准差	Wals 统计量	自由度	概率值	发生比
常量	0.543	1.001	0.295	1	0.587	1.721
性别	−0.686	0.218	9.896	1	0.002	0.504
年龄	−0.066	0.015	19.770	1	0.000	0.936
性格类型	0.402	0.178	5.090	1	0.024	1.495
文化程度	0.219	0.117	3.470	1	0.062	1.244
父亲学历	0.302	0.125	5.854	1	0.016	1.352
父亲职业	0.047	0.060	0.603	1	0.437	1.048
亲戚人数	0.063	0.016	14.461	1	0.000	1.065
党政机关、企业管理人数	0.185	0.074	6.259	1	0.012	1.203
−2 倍的对数似然值	561.418			Cox & Snell R^2	0.167	

在模型的拟合优度方面,模型方程的 Cox & Snell R^2 值为 0.167,说明在对新生代农民工创业意愿的解释上,应该有其他重要的因素,比如说创业者心理特征、社会环境等因素,可能对其创业倾向的贡献更为明确。

1.年龄特征对创业倾向具有显著作用。年龄每增大一岁,创业倾向发生比减少 0.936 倍。与传统农民工相比,年龄较小的农民工具有更为强烈的创业倾向,新生代农民工表现在其就业目的具有"经济型"和"发展型"双重特征,"学技术,长见识","着眼于发展,着眼于长远",以及"打工只是暂时的,我的目标是做老板",这都在不同程度反映了诸多新生代农民工的心声。新生代农民工介于 16 岁至 35 岁之间,有着青年人特有的挑战与冒险特质,朝气蓬勃、年富力强、接受能力和学习能力强,因而具有创业潜质。

2.性别特征和性格特征对创业倾向具有显著影响的作用。从显著性水平来看,男性的创业意愿与女性相比,有显著差异,女性农民工创业倾向发生比减少 0.504 倍。同时,性格对农民工创业具有显著影响,冒险型性格农民工的创业倾向发生比显著增加,一般来讲,敢于冒险,敢于尝试新鲜事物,能在逆境中坚持不懈、奋斗不止和能承受较大的压力的性格特征往往更倾向于创业和获得成功。

3.人力资本对农民工创业动机作用。用文化程度来度量人力资本变量,将之纳入模型分析中,发现一方面模型的 Cox and Snell R^2 和 Nagelkerke R^2 值均有显著增加,回归方程能够解释被解释变量变差的程度大大提高了。虽然模型中人力资本变量未通过 5% 的显著性检验,但并不表明这一变量不起作用,原因是与父亲的学历存在多重共线性。我们将父亲学历变量删去发现,人力资本变量通过了 1% 的显著性检验。这显示,人力资本的作用较为显著,是农民工创业动机的有力解释变量。经过职业教育的新生代农民工创业意愿较强。人力资本理论认为,某些人比另一些人更成功是因为具有更优越的异质性人力资本,创业者人力资本在创业动机形成和创业过程中起着非常重要的作用。

4.社会资本对农民工创业动机作用。父亲的学历对农民工创业动机具有显著作用,但父亲的职业未通过显著性检验,可能的解释是父亲的学历和父亲的职业存在多重共线性。此外,一般认为,属于核心关系网络之中的必有拜年交往,在拜年网络中,亲戚人数越多,创业动机和倾向的发生比增加 1.065 倍;党政机关、企业管理人数越多,创业动机和倾向的发生比增加 1.203 倍,其对创业动机作用更为明显。在社会网络方面,社会交往联系的深度和广度就越大,创业意愿和成功的可能性也越大。因此,对大多数农民工创业者来说,最重要的资源是社会资本网络和职业技能,从根本上来说,这些关系性资本和技术资本会加剧创业者的信息、资源的差异,促使他们更早接近各种创业埋念、技能和资源。农民工异质性的人力资本和社会网络具有创业外部性效应,亦即新生代农民工创业愿景存在的社会资本"锁定"作用和人力资本"溢出"效应。对于创业动机形成来讲,社会资本网络的作用亦具有重要作用。内嵌于农民工社交网络中的关系性资本,如信任和规范,能有效减少其创业的信息搜寻成本、资金借贷成本,最大可能地获取财务资源、人力资源和技术资源以及关键性生产经营性资源,并有效形成客户群网络。那些拥有丰富社会资本的创业者往往可以通过社会网络渠道得到较难获取的资源,这对于农民工创业行为具有重要意义。

第三节　本章小结

本章研究认为:在我国特殊国情的背景下,农民工就业过程中的社会资本也是影响农民工就业相对稳定与否的重要因素。本章主要是研究农民工所拥有的社会资本的特点及其和就业之间的关系,分析出社会资本对农民工就业的作用机理。

一是农民工的社会资本存量非常少,农民工拥有的社会资本以基于亲缘或地缘关系的强关系型为主,社会网络的同质性过高,造成社会网络的内倾性,形成自我封闭的亚文化群体。

二是农民工的性别、年龄、性格和受教育年限等因素会影响农民工找工作时运用社会资本的类型。

三是通过强关系实现就业的农民工就业质量的主观满意度更高,而通过基于业缘关系和社交实现社会网络的弱关系社会资本实现就业的农民工在收入、就业正规程度等客观就业质量指标方面更高。

本章还进一步探讨了社会资本与新生代农民工创业的关系。内嵌于新生代农民工社交网络中的关系性资本,如信任和规范,能有效减少其创业的信息搜寻成本、资金借贷成本,最大可能地获取财务资源、人力资源和技术资源以及关键性生产经营性资源,并有效形成客户群网络。创业过程具有复杂性和动态性特征,而人的创业行动是嵌入社会结构之中的,而不是孤立的、片面的选择。新生代农民工创业者同样面临创业过程中的机会识别障碍、资本金壁垒、经营能力壁垒,这些壁垒的跨越常常需要通过社会网络获取所需的信息和资源。那些拥有丰富社会资本的创业者往往可以通过社会网络渠道得到较难获取的资源,甚至以低于市场的价格购买取得。这对于农民工创业行为具有重要意义。

第五章　农民工就业正向发展的对策

就本书调查到的情况来看,影响农民工就业的因素虽然很多,但作为一种社会群体的社会行为,归纳起来还是在政府、社会、企业和个人四个方面。推动农民工就业向正向发展,即健康地无歧视地正常就业,就要采取相应的措施消除农民工就业波动中非正常因素,特别是因"农民"身份、农业户口、农村出身而受到包括劳动报酬待遇低下在内的各种就业歧视一定要消除。

在本书即将完成之时,中国共产党第十八届中央委员会第三次全体会议召开,全会通过的《中共中央关于全面深化改革若干重大问题的决定》把表现在包括农民工在内的农民身上的体制性问题作了全面深化改革重点部署,包括要解决保障农民工同工同酬、赋予农民更多财产权利、推进农业转移人口市民化等。

第一节　农民工以平等的社会身份就业

一、尽快消除现行户籍制度中就业歧视内涵

在针对如何有利于农民工公平就业的问题进行研究时,户籍问题是焦点。虽然现行的户籍制度并不是社会不公平的所有问题的全部原因,但户籍制度的确给农民工的就业带来太多的不公平,太多的歧视性的负面影响,农业户口与非农户口的差别太大,原本只是人口管理的户籍制度被塞进了

太多制度性和临时性的内涵,其中非农户口享受的公共服务和福利资源比农业户口要多得多,更有对农民工就业和农民工家庭进城生活诸多不平等的内涵。我国的户籍制度,虽然不是本意,却客观上决定了或标志着一个人的社会身份、地位,而一个人的就业,包括如何就业,从事何种职业,就业中应该得到什么样的社会保障总是与这个人的身份、地位直接相关的,也就是与什么样的户籍直接相关,所以户籍制度成了农民工就业不平等的主要根源之一。讨论解决农民工就业的诸多问题,必须讨论农民工的户籍,讨论中国的户籍制度。

在城乡二元社会经济结构体制下,走出乡村进入城市的农村劳动力,尽管已经不再通过农业生产方式而是主要作为产业工人来获取生存与发展的资源,但是由于由户籍制度确定的社会身份受到的歧视,在劳动创造财富过程中处于重要位置的农民工却一直作为边缘的特殊群体生活着,总是处于不平等的状态之中。于是农民工进城之后的就业和就业的质量都受到极大的负面干扰,这是造成农民工就业非正常波动的主要原因之一,也是制度原因。即使农民工获得了工作的机会和权利,有的甚至获得了城市"暂住证",但原有的二元体制又被带进了城市中,即在同一个城市空间,农民工与城市居民的两大群体依然是有差别的"二元":两大群体在由政府政策规定的各种待遇和服务上都存在着明显差别和不平等;两大群体在生活方式、生活水平、居住空间、人际关系和文化习惯等方面由于过去到现在的传承关系出现明显差别。

最近十来年,由农民工讨薪而引发的农民工的公平问题、尊严问题引起社会和政府的广泛重视后,农民工的境遇正在不断地得到改善。但是,我们可以看到,我们正在实施的解决问题办法是治末而非治本的,根本的问题仍然存在,这就是由户籍带来的身份确认。户籍管理是鲜明的中国特色的传统社会管理、人群管理模式,它只是给管理部门带来方便,这不是社会各方都积极参与和互动的现代化的治理体系和治理方式。而对被管理者,特别是被管理者中占大多数的人来讲,利少弊多,没有方便,只有麻烦和苦恼。

即使是实行了居住证的一些地方,有没有当地户籍,公共服务和福利也是有很大区别的。

户籍制度的内涵有多少呢? 所谓的户籍制度内涵,主要是指城市户籍的内涵,它是随着公共服务和福利资源的变化而变化的,当这些资源变得稀缺时,当地出台的政策就会加上一条"凭当地户口办理"的规定,于是在这个规定面前,凡是没有当地户籍的人员就被拒之门外,社会歧视由此而产生了。户籍本身不能说明不平等的内涵,但把户籍作为一种制度来实施各种管理就出现了实际上处处存在的不平等,处处可以用户口来分别出不同身份的人员,从而规定你是否可以获得某种公共服务和福利资源。据国家发改委城市和小城镇中心 2012 年调研①,在广东,教育、就业服务、医疗卫生、社会保障、保障性住房等五大类 17 项公共服务和福利方面,本地居民均可以完全享受,而外来人口则有 10 项为"不可享受",7 项为"部分享受"或"少量享受"。当前,户籍改革的决策者可以拿出很多"不便改"、"不能急着改"、"分步骤、分层面逐步改"的理由,但是必须客观看到,由于户籍制度带来的弊端及其在被管理者特别是农民工心理上产生的不公平、不平等的阴影,虽然管理者不承认,或者感觉到了却错误地认为对社会管理的负面影响不大,已经产生了更多的社会管理的麻烦,带来更多的社会问题。其利越来越小,其弊越来越大。

我们在采访农民工的过程中,感觉最深的就是他们的眼神和话语中透露出的一种无奈,一种对公平的渴望,虽然他们并没有说出公平或平等这类词。今天,农民工的社会地位比十年前二十年前提高了许多,但是,从根本上解决制度性问题,提高农民工的社会地位是深入推进改革开放、建设中国特色社会主义的战略任务。身份决定社会地位,这在现实世界中是一种普遍的现象。但仅仅只是由户籍来决定身份,进而决定社会地位,进而决定一个人的生存与发展,这就是我们目前的问题。受大大超越了人口登记功能

---

①　汪苏:《户籍改革 闸门开启》,载《思想理论动态参阅——法治参阅》2013 年第 33 期。

的户籍制度及其衍生的福利待遇的影响,农民工处于持续低收入、低福利待遇的困境,为工作进了城甚至在城镇里做了十年以上、二十年以上工人的农民工对城镇作出贡献巨大而享受自己的劳动成果甚少,不能实现城市定居,不能与城镇居民一样享受城市的待遇,不能"同工同酬"。不论可以说出多少理由来证明户籍制度存在的合理性或阶段合理性,户籍制度已经成为实际上不平等的制度,农民工基本上不能享有与城镇户口相关的包括种种福利待遇在内的权益,只是城镇的雇工而不是城镇的主人,他们在劳动上是主体人群,但在各种应有的合法待遇上,他们是边缘人群。他们受到的歧视没有多大改变。根据《中国人力资源发展报告(2013)》①所述,"当前就业歧视现象仍较普遍","尤其是重点群体遭遇的就业歧视十分突出,使得就业更加困难",四大类就业歧视中,"户籍歧视"被排在了第一位。"一是户籍歧视,主要针对流动人口,许多岗位只对本地户籍或非农业户籍开放,农民工会因其农业户籍而遭受歧视"。从长远来看,这种实质上的不平等不利于生产力的解放,不利于形成稳定的、不断积累经验和技术的产业大军,也必将影响产业升级和企业人力资本积累、技术改进,更重要的是导致社会不平等阶层的出现,形成并激化社会矛盾,严重影响中国的城镇化的质量和水平。所以,在改革开放三十多年后,必须改革现行户籍制度,而且要尽快。

目前强制取消户籍制度,从管理层面来说有困难。如果目前还不能取消户籍制度,只能采取渐进的方式,那么尽快减少直到消除户籍制度中太多的不公平内涵,特别是城市户籍拥有而农村户籍则无的公益性城市公共服务、福利资源优先性的内涵已势在必行,因为城乡二元结构和城市中的市民与农民工的"二元"的根本原因并不在于户口簿本身,而是在于这个本本能发挥的产生不公平、不平等的内涵。户籍制度改革的争论发展到了今天,很多人都已经意识到:过去我们认为是户口给农民工带来就业过程中的不平

---

① 吴江主编:《中国人力资源发展报告(2013)》,社会科学文献出版 2013 年版,第 18 页。

等,所以要革除户籍制度;现在我们可以进一步理解,如果户籍制度暂时革除不了,那就要让户籍制度成为保障民众同权同利的制度,这是经过努力可以做到的。

户籍制度中不平等的内涵尽快减少直到消除,即尽快减除户籍制度中的福利待遇和国家政策计划内涵,户籍制度就只有一项功能,那就是人口登记,而且不再分类为农村户籍和非农户籍,并以法律的形式确定下来,以实现制度上和实践上的公平和平等,这实际上也是一种公正的制度建设。地方公共服务和国家政策计划(如土地计划)必须与户籍制度脱钩。谁再以户口簿作为享受资源、优先办理的依据,谁就是违法。涉及与在该地是否居住和居住时间长短有关的政策,可以直接用法律规定的方式实施,不能不断地去固化和扩充户籍制度的既得利益,特别是公共利益内涵。此项改革权需要实行顶层设计,由上而下,才可完成。此项改革完成不了,说再多的要尊重农民工,道义上再如何支持农民工,都没有太大的意义。

户籍制度中不平等内涵的减除并不是一件难事,附着在户口本上的公共服务和福利资源很多是临时加上去的临时规定,也是各地为解决本市公共服务和福利资源不足的权宜之计,缺乏硬性的法律规定。只要我们真的想建设一个公平的社会,实现公平的梦想,就可以立即来做,当初如何加的,现在如何减去。也可以通过人大立法的办法,用法律作出规定,不允许各地利用户籍来作为分配公共服务和福利资源的条件。

当然,还有一个问题。与上述必须解决的以户籍制度为表现形式的两种"二元"结构体制密切相关的是正在进行的城镇化建设。城镇化实际上就是农民的市民化,首先是农民工的市民化。如果现行户籍制度不作实质性的改革,在加快城镇化建设的同时,必然使原有户籍制度的弊端继续蔓延和日益严重。目前城镇化率的计算是采取在城镇中常住人口的原则,我们现在的城镇人口达到了52.57%(2012年底数,2013年底53.73%),如果按户籍人口的原则来计算,只有35.29%(2012年底数)。不先解决农民工落户城市和城镇问题,城镇化就是"半"性质。在现实的条件下,只登记常住人口而避开城镇生活的本质要件的户籍制度的"半城镇化",将对中国的城镇化发展十分不利。

二、要注意解决户籍制度改革中的新问题

由于我们的户籍制度改革已经大大落后于经济建设和社会治理的发展,老问题还没有解决,新的问题又频繁出现,解决起来已经很麻烦了。这些新的问题依然极大地影响着农民工的心态,影响农民工的正常就业,应尽快解决。

（一）户籍制度改革要尊重农民工的意愿

在过去很长时间,农民以进城落户为荣,许多农民为了谋求一份城市户口,不惜拿出难以承担的高价买下城市户口。最近十年,解决农民工进城后得不到公平待遇和要求解决城乡二元结构问题呼声很高,其中关键的就是改革户籍制度,让农民工进城落户。目前,根据党的十八届三中全会的精神,户籍制度的改革已经开始,但是又出现了一些新的情况,一些地方的农民工不愿意把户口转入城镇。这种"逆转"的原因是随着农村土地政策的深化改革,包括土地承包经营权、宅基地的用益物权和集体经济收益分享权在内的农民财产权将要进一步落实,落实的先决条件就是在农在村户籍。如果农民工把自己的户口转出农村,改换成非农户籍之后,自己的这些宝贵的权益很可能随之失去,这可是一大笔财产。在地价不断上涨的今天,农民的损失更大了。事实情况正是如此,由于这些土地的处置权主要是由基层村镇和乡县负责,于是出现了一些村镇乡县干部非常乐意为农民办理城镇户口的情况。我们看到许多的农民工盼着拿到城镇户口进入城镇工作、生活的同时,又不愿意如此"被城镇化"。

土地是农民的命根子,即使是农民工,在他们的工作和生活并不能得到完全的保障时,土地还是他们的命根子。由于户籍的变更与农民工生存方式的变更在时间上很难一致,必须保证在农民的户籍发生变更时,原有的土地承包经营权仍然得到尊重和保护。目前最重要的是全社会,特别是各级

政府要充分认识到依法保障农民工土地承包经营权益的重要性,坚定不移地维护农民工的土地承包经营权益。2003 年 3 月 1 日开始施行的《中华人民共和国农村土地承包法》,该法明确规定:"承包期内,承包方全家迁入小城镇落户的,应当按照承包方的意愿,保留其土地承包经营权或者允许其依法进行土地承包经营权流转。承包期内,承包方全家迁入设区的市,转为非农业户口的,应当将承包的耕地和草地交回发包方。承包方不交回的,发包方可以收回承包的耕地和草地。承包期内,承包方交回承包地或者发包方依法收回承包地时,承包方对其在承包地上投入而提高土地生产能力的,有权获得相应的补偿。"目前,我们依法而办,应该做到:

一是要对农户的土地承包经营权进行确权颁证。根据健全统一的不动产登记制度,使农民工的土地承包经营权,还有宅基地用益物权和集体经济收益分享权这些法律赋予农民的合法财产权利得到确认。农村土地承包经营权确权登记颁证是一项基础性工作,直接涉及亿万农民的利益。农业部部长韩长赋 2013 年 12 月 25 日在全国农业工作会议上说,力争用 5 年时间基本完成农村土地承包经营权确权登记颁证。

二是切实维护农民工已有的合法土地承包经营权益,禁止实行要农民以土地承包经营权换进城权。农民工落户城镇后,要严格依法根据镇、市不同的情况决定交、收承包经营权和用益物权。其中最关键的农民户籍进入哪一层次的城镇后能否继续享有农村户籍的哪些权益,应有明确的法律规定;在这个制度的规定下,农民的户籍是否进城并放弃农村户籍所有的权益,由农民自己决定。

二是按照依法、自愿、有偿的原则,探索建立农民土地承包经营权和宅基地用益物权的流转或退出机制。

(二)解决好逐层放开的户籍制度与农民工就业、生活的关系

当前户籍改革放开落户主要是小城镇或小城市,中等城市和大城市也在逐步地有条件放开,这对于希望在这些城镇落户的农民工来讲是件好事,但对于在北京、上海、广州、深圳等特大城市就业的农民工没有任何意义。

即使落户进了中等城市或大城市像武汉、成都、南昌、长沙这类城市，只要不是在自己务工就业的城市，孩子的教育入学、一家人的医疗卫生服务，都仍然得不到落实。目前中央提出的先放开建制镇和小城市，再中等城市，大城市有条件地落户，严格控制特大城市人口，表明了国家户籍制度已经在改革进行之中。但在实践中仍然存在的问题是，因为当前农民工要求解决的户籍问题不是简单地想要进城当市民，而是想要获得自己在务工就业所在地应有的权益。从目前来看，虽然大中小城市的户籍落户问题已经开始解决，但在特大城市务工的农民工户籍落户问题仍然很难解决，因此有两个问题要区别对待。

一是农民工进城后对户籍迁不迁，有个考量，如果自己所在的农村户籍本身所有的含金量（如集体权益的分享、承包经营权的利益、宅基地的收益等）大于迁往城市户籍的含金量（如城市的公共福利、教育、医疗等），农民工就不会愿意迁动户籍进城。所以随着农民财产权的确立，农村户籍，特别是含金量较高的农村户籍，要不要迁入城市，对于目前的农民工来说，还有个选择的过程。

二是对于同样数量不小的在特大城市务工就业的农民工来说，由于户籍进城问题解决不了，今后只有两种选择，或是人在特大城市务工户籍仍然在农村，城里的公共服务享受不到，孩子的教育问题，自己的就业保障、社会保障问题一时还解决不了；或是撤离特大城市，到可以落户的大中小城市来，一方面减少特大城市的人口压力，一方面可以解决自己期盼解决的生活问题。

上述两个问题，政府职责不可缺位的是对于户籍进不了特大城市又不得不留在特大城市里务工的农民工，他们的孩子、家属很可能要随农民工进城生活，让他们生活得有尊严，有保障，能上学，能治病，政府有责任提供这些方面的服务，目前可行的办法还是那句话：减少直到消除当地户籍制度中所含有的不平等内涵。

但是，正如前文所说，户籍制度是造成农民工就业不公平的焦点原因，但并不是全部的原因,户籍制度已经进入改革的轨道,社会的不公平却不会因此就没有了,对农民的歧视,农民工遭受的诸多不公平待遇不会就此消失了,这里既有现实的问题,也有历史的问题,既有户籍制度的原因,也有非户籍制度的原因。所以,要从户籍制度的改革开始,以实事求是的精神和原则来解决农民工的公平就业和就业质量问题,争取在现有的条件下,保护农民工的劳动权益,让农民工获得公平的身份待遇,以利于稳定就业和不断提高就业质量。

第二节　保障农民工"同工同酬"

我们要从保障农民工权益,尤其要从劳动权益的层面来看待这个问题。《中华人民共和国劳动法》第四十六条规定:工资分配应当遵循按劳分配原则,实行"同工同酬"。同工同酬是指用人单位对于技术和劳动熟练程度相同的劳动者在从事同种工作时,不分性别、年龄、民族、区域等差别,只要提供相同的劳动量,就获得相同的劳动报酬。同工同酬体现着基本的价值取向:确保贯彻"按劳分配"这个公平大原则,即付出了同等的劳动应得到同等的劳动报酬。目前,我们的现实是:正式工与临时工同工不同酬;户籍不同,即市民工人(往往是正式工)与农民工同工不同酬。这是当前社会不平等的突出表现之一,所以党的十八届三中全会《决定》中特别突出地强调"保障农民工同工同酬"。我们在前文的研究中已经说明,农民工是否同工同酬直接影响他们的就业波动。农民工的劳动报酬是低的,相对于正式工,不仅工资低,而且应该获得的补助、津贴、福利待遇、社会保障都低,有的就是基本没有。

首先,我们要关心农民工劳动报酬与工作生活成本支出差的问题。就农民工本身来说,他们大多还不清楚自己所获得的劳动报酬是否达到了同工同酬的标准,但有一点可以让他们立即感受到自己的收入是否合理合法,那就是劳动报酬与生活成本不平衡增长,即收入能否解决支出的问题,这是农民工最关心的一个最基本的保障问题。工资增长的实际效果,常常会被物价的增长所冲击。这些年,由于物价涨幅过高的原因,农民工外出就业的成本在不断地上涨。我们经常统计农民工的月均收入和年均收入及其增长,但很少计算外出农民工就业的成本及其上涨,特别是物价上涨给农民工外出务工就业必需的各种支出的成本的上涨。其中,他们外出后与家庭分屋居住、分灶吃饭的开支,年节回家的路费,如果带上孩子务工则额外增加的昂贵的教育费用,农民工所增加的一点工资基本上都被物价上涨和新增的就业生活成本抵冲掉了。这种成本状况是导致农民工就业非正常波动的重要原因之一,即农民工总会在报酬收入与成本支出差的高低上考虑就业的选择。当然,还有隐性的精神成本的支出,如农民工心里承受的对留守孩子、留守妻子、留守父母的牵挂和自己在外可能遭受的歧视、生产安全风险和各种精神重压。这又是外出农民工必须支付的无形成本。

过去二三十年间外出农民工人数的快速增长,一是因为20世纪八九十年代东中西部的工业经济失衡,东部工业和城镇经济飞速发展,为就业创造了很大的机遇,中西部农民工向东部转移;二是东中西部的收入差距巨大,东部易于实现劳动力相对高的价值,较高的劳动报酬吸引着中西部农民工向东部转移;三是第一代农民工在八九十代还没有更多的经济思考,没有更多地思考自己付出的有形与无形的成本问题。为了挣钱,这是八九十年代农民工外出务工的最基本的动机。而现在农民工就业的空间变大,一是因为进入21世纪,中西部的工业化和城镇化开始加快发展,就业机会逐渐增多,农民工输出省区,比如河南、四川、湖北、湖南、江西、安徽、贵州等省也有了更多可供农民工就业选择的机会;二是因为中西部地区劳动价格开始提升,与东部的差距开始缩小,农民工不必非要去东部就业不可;三是东中西部的经济差距虽然依旧很大,但东部务工成本高,包括外出生活成本、回乡交通成本、孩子教育成本、老人赡养成本,而留在本省本地务工则成本减少,相对获益也就增加不少,如果再加上外出务工多受歧视,权益多得不到保障,人格损失较大,农民工特别是新生代农民工也就会各自权衡再三了。为了更实在地挣钱,也为了自己的权益、价值和尊严,这是今天的农民工外出务工作选择时的最基本动机。第一代农民工在思考这些成本后,更多地选择不再外出来节省成本;而新生代农民工则更多地选择永远进城、成为新市民来减免成本。就业的曲线在这些动机和思想的指导下波动起来。因此政府和企业应该把农民工就业的成本计算到他们的就业收益中去,测算他们真正的收入和存在的困难,为他们解决实际问题。

其次,要关注农民工与同务工地区、同行业的国有企业正式职工的同工同酬标准,这个"酬"不仅指单纯的工资,还应该有各类补助、津贴和"五险一金"。目前,各企业的补助、津贴不一致,可以放到具体的微观行业、单位去比较,但"五险一金"则应该作为同工同酬的规定内容。现在的问题是,有关部门对于农民工同工同酬的问题拿不出一个可以操作的规定,于是大多数企业也就只能将就操作,应付了事,工资基本上是议价而定,补助津贴随意而发,"五险一金"更是多有缺位。因此,同工同酬中应重视农民劳动报酬的整个结构部分,这些都应该是农民工"工酬"的合法收益,是农民工合法的劳动权益所在,不可有损。

一、保障并不断提高农民工工资收入

（一）建立和完善工资集体协商制度

工资(包括补助、津贴、保险等)的高低是职工劳动价值的体现,也是企业效益的体现。另一方面,工资还是进一步促进劳动者更有效益地劳动和促进企业更好发展的动力。对农民工来说,较为满意的劳动收入是相对减少就业成本和生活成本的必需条件,也是决定农民工就业正向发展、减少负向波动的必需条件。

就业和用工,是农民工和企业双向需要,必须坚持公平平等和自愿的原则,双方都有各自应有的权益和义务,也就都有在实现劳动生产和支付报酬上的要求。因此,从公平平等的原则出发,企业和工人应该采取定期协商的办法,根据实际情况各自提出生产任务要求和工资报酬标准。从当前实际情况来看,更应保障农民工在劳动报酬的确定上有与企业同等的权力;而从实际效果来看,这也更有益于企业的发展和劳动者合法权益的保护。建立并不断完善工资集体协商制度是实现这一目标的好办法。建立并不断完善工资集体协商制度,不仅是要积极引导企业合理地确定工资标准,还有随着企业生产效益的不断提高,应及时提高职工工资,保障农民工工资正常增长。建立并不断完善工资集体协商制度,也能使农民工在与企业方协商对话的过程中了解到企业生产情况,了解到企业生产的成本与市场的变化,从而实事求是地看待和确定自己报酬水平。

从当前的实际情况来看,一部分省区市已经做好了此项立法工作,还有一些省份的立法工作正在进行,各地人大有关部门对此项立法特别重视。这项制度设计的是由人力资源和社会保障部门代表政府出面协调,企业方和工人代表共同参与的企业工资集体协商制度,它的覆盖面是国内所有的各类企业,这对农民工所在的企业或者是企业中的农民工来说,是一件好事。目前,最为值得关注的是,制度虽然建立,但要真正得到全面的实施,在实施中不断地解决新出现的问题并进而完善这一制度,还有一个过程。目前,虽然同时存在着"就业难"和"招工难"的悖论,但在确定工资的问题上,农民工仍然是弱势的一面①。我们在研究农民工就业波动中发现,农民工除了用"脚"来解决问题外,别无良策。因为不满意工资就离开企业,另谋职业,对绝大多数农民工而言,也不是一件容易的事,只是一种无奈之举。而对企业来讲,因为工资问题,如果增幅不是太大,企业有此能力,却由于协商不周,出现一部分熟练工人,甚至是有一技之长的工人离开企业,也不是心中所愿。

(二)依法签订劳动合同,建立工龄——工资增长挂钩机制

依法签订劳动合同是农民工就业的首先程序,这与前述建立并不断完

---

① 据国家人力资源和社会保障部调查,2010 年,全国农民工月工资 1690 元,仅相当于当年城镇单位在岗职工月平均工资 3021 元的 55.9%,一些企业仍然存在着拖欠农民工工资的问题。国务院农民工办课题组:《中国农民工发展研究》,中国劳动社会保障出版社 2013 年版,第 19 页。

善工资集体协商制度是一体的。农民工就业只有签订了劳动合同,才能保护自己的合法权益。在调研中我们发现,签订劳动合同虽然已经成为了农民进城务工就业的常识,但在相当一部分的农民工中,仍然存在不签劳动合同的情况。政府有关劳动管理部门必须督促企业与员工依法签订劳动合同,切实维护劳资双方的合法权益。政府部门和工会都要依法保障职工的合法权益,积极为员工谋求正当利益,保证其保持合理的劳动强度、得到必要的劳动防护、能够按时拿到工资、获得相应的社会保障,解除企业员工的后顾之忧。就目前的情况看,不履行签订合同的手续,主要责任在于企业。一些企业不与农民工签订合同,主要是怕担当保障工人合法权益的责任,怕一旦出现事故、工伤,企业要拿出钱来应对。于是在签订合同的过程中制造过多的麻烦,使得农民工为了减少麻烦而同意放弃或忽略签订合同的程序。

企业必须积极探索实行农民工工龄——工资增长机制,建立和改进薪酬激励机制,使其服务年限和工资增长相挂钩,并实施工资增长基金和绩效增长挂钩机制,使企业在效益增加的情况下稳步提高农民工的工资收入,不能让农民工的劳动报酬永远处于"地板工资"的水平。同时,企业要杜绝滥用试用期、随意压低和克扣工资等违规违法行为,要关注员工的家庭经济状况,力所能及地为员工提供帮助。企业还应在自己发展的同时,加大投入力度,改善农民工工作环境,改善住宿、餐厅、文化、体育等方面的设施和环境,丰富农民工业余文化生活,提高农民工对薪酬收入、工作环境、生活环境和文化环境的满意度,让农民工能够分享企业发展成果,降低职业流动性即不让农民工就业非正常波动过大。

二、保障农民工获得合法的社会保障

(一)有效推进农民工社会保障扩面工作,让农民工尽快享受到法律规定的应有的合法权益

《中华人民共和国劳动法》实施后,有关包括农民工在内劳动者的社会保障问题提到重要议事日程,进入 21 世纪,这项工作更为具体实在地开展起来。

关于农民工失业保险,1999 年国务院颁布的《失业保险条例》考虑到农民工流动性较强,失去工作后可以回乡继续务农,明确采取对其支付一次性生活补助的方式给予失业保障。

关于农民工的医疗保险,针对农民工务工就业流动性强的特点,原劳动和社会保障部 2003 年出台了《关于城镇灵活就业人员参加基本医疗保障的指导意见》,规定"已与用人单位建立明确劳动关系的灵活就业人员,要按照用人单位参加基本医疗保险的方法缴费参保。其他灵活就业人员,要以个人身份缴费参保。灵活就业人员参加基本医疗保险的缴费率原则上按照当地的缴费率确定。鼓励灵活就业人员通过劳动保障事务代理机构或社会劳动保障服务机构等实现整体参保"。

关于农民工工伤保险,原劳动和社会保障部于 2004 年出台了《关于农民工参加工伤保险有关问题的通知》,明确了农民工参加工伤保险的具体政策,在制度与政策层面对农民工平等对待,并对跨省流动的农民工做出了其工伤保险长期待遇可选择一次性支付的灵活规定。国务院 2006 年专门下发了《国务院关于解决农民工问题的若干意见》,要求高度重视农民工社会保障工作,优先解决农民参加工伤保险问题,依法将农民工纳入工伤保险范围,抓紧解决农民工大病医疗保障问题,探索适合农民工的养老保险办法。

关于农民工养老保险,2009 年国家调整了政策思路,确定将农民工统一纳入城镇企业职工基本养老保险,同时针对农民工流动性强需要频繁转移养老保险关系的情况,出台了《城镇企业职工基本养老保险关系转移接续暂行办法》,以保护农民工等流动就业群体的养老保险权益。

2011 年 7 月 1 日实施的《社会保险法》进一步明确规定,进城务工的农村居民参加养老、医疗、工伤、生育等项社会保险,并按规定享受相应待遇,从而统一了对农民工社会保险的认识①。

---

① 见人力资源和社会保障部社会保险事业管理中心课题组:《农民工社会保障专题研究报告》,国务院农民工办课题组:《中国农民工发展研究》,中国劳动社会保障出版社 2013 年版,第 117 页。

至此,在政策层面,农民工被统一纳入了国家基本社会保险体系。

但是在实际操作上存在着差距,有的保险项目的差距还很大。目前法律明确规定企业和职工共同缴纳保费的基本养老保险、基本医疗保险、失业保险,企业缴纳保费的工伤保险、生育保险,合称"五险",在很多地方和很多的企业还没有实行。

很多地方和企业常以农民工流动性强为借口,不愿为农民工办理社会保险,这就需要国家解决社会保障不受流动性的限制,完善城乡社会保险制度之间的衔接政策,农民工的各项社会保险可以"一卡通"跨区域实施,"走遍祖国大地,统一社会保险"。一些地方政府在招商引资时承诺给对方优惠,有的甚至把减少农民工社会保障作为优惠条件,这是违法行为,再大的优惠,不能把免交农民工的社会保险作为优惠的内容。各级政府有关部门必须采取有效措施督促甚至强制企业为农民工办理各项社会保险;要研究相应的登记缴费办法,特别是对那些流动性很强的灵活就业的农民工多给予帮助,灵活缴费。要充分调动私营企业主和职工双方的积极性,杜绝企业为降低用工成本不给农民工办理社会保险现象。对于市场竞争中举步维艰的小企业,确实因资金不足而无力承担职工社保费用的,应予以重点扶持。对于企业为农民工参加社会保险到达一定数额的,可申请办理社保补贴,通过奖励的形式来强化扩面工作,为农民工创造稳定就业和生活的良好环境,以扩大农民工参加社会保险覆盖面。在社会保障的各种机制中,特别要注意解决农民工失业、年老、职业病、工伤带来的后顾之忧,这几项保障在城市职工身上是可以得到实现的,在农民工身上也应该得到实现,才能体现社会的公平平等。

进入 21 世纪,第一代农民工大多进入 50 岁的年龄,现在已经是 60 岁老人了,他们中的一些人已经开始回归农村;而新生代农民工也大多为 30 岁左右的青年,已经成为农民工队伍的主体,他们中大多数人的梦想是实现市民化,社会保障要抓好这两头。补好第一代农民工的社会保障课,主要是养老保险和工伤、职业病保险的调查补助工作,让农民工看到政府解决民生问题的具体行动;而新生代农民工的社会保障主要是如何与城镇职工保险结合起来,如何与户籍制度的改革结合起来,这是农民工社会保障工作的重点。党的十八届三中全会《决定》提出了"稳步推进城镇基本公共服务常住人口全覆盖,把进城落户农民完全纳入城镇住房和社会保障体系,在农村参加的养老保险和医疗保险规范接入城镇社保体系"。我们要尽快落实,有效推进农民工社会保障扩面工作,让农民工尽快享受到法律规定的应有的合法权益。

(二)制定地区经济发展与劳动力供求规划,关心和帮扶老一代农民工的就业

老一代农民工为中国的改革开放和工业化城镇化建设贡献了自己最宝贵的力量。现在,60岁的老农民工应该得到社会保障制度中城乡一体的养老保险才是公平的。而50岁到60岁的老一代农民工,却正徘徊在就业的最后时段,他们有经验但并没有什么太多的技术,有精神而体力正在衰弱,这是值得我们关注并要解决困难的农民工群体。他们有的还在城市勉强务工,有的已经回到乡村或就近务工,或归田务农;有的身负工伤,有的带有职业疾病。他们的过去我们不能忘记,他们的未来将影响到新生代的农民工。政府有关部门要像关心困难农民工一样,不仅要制定他们如何老有所养的具体政策,而且要关心和帮助他们如何发挥余热,走好最后这段就业的路程。

政府在进行工业园区建设、开展筑巢引凤计划时,要充分兼顾产业发展与劳动力需求的匹配,做好经济发展规模与劳动力供求的平衡。在积极研究制定鼓励困难农民工稳定就业岗位的政策时,关心和帮扶老一代农民工就业,给予特殊的政策扶持,加强与劳务输入地区的联系与衔接,通过信息引导、组织培训等措施稳定就业岗位,促进有意愿的老一代农民工实现根据市场需求有序外出务工。同时,对吸纳一定数量的老一代农民工就业的生产经营企业,要给予政策优惠和财政补贴,落实鼓励吸纳老一代农民工就业的企业奖励制度,合理引导老一代农民工到市、区内工业园区就业。

（三）加大对城镇务工的农民工群体公共文化服务的力度,让农民工享受文化生活,同时提高自己的文化素质

农民工长期处于一种既逐渐远离农村的乡土文化,又无法融入城市文化的状态,对于务工的城市和单位都缺少归属感,缺少文化认同感,文化自觉程度低,对现实常感到空虚,对前途常感到迷茫;原来获得的低水平教育应付不了比农村更为复杂的城镇社会关系和文化多元发展,较为低下的文化素质导致文化意识缺失,缺乏尊严感,在加大自己心理压力的同时又成为空虚迷茫的原因。从调研数据分析来看,农民工的就业满意度是农民工就业质量的一个重要组成部分,当农民工就业的单位离家越近,农民工的就业质量指数越高,说明农民工就业满意度随着离家距离的拉近而加大。这其实反映出农民工远离家乡和亲人、从事高强度劳动、缺乏归属感、感情空虚的精神状态。而一旦回到家乡或家乡附近,立刻回归自己的文化,既有家人的关心又有朋友的陪伴,精神需求相比在外务工得到了极大的满足,因而就业质量指数会高于那些换动工作后远离家乡或与家乡距离没有变化的农民工。当然,并不能因此就鼓吹农民工应该在家乡或家乡附近就业,但是满足农民工的精神追求能够提高农民工群体的自我认定和自我评价,提高他们的就业满意度,实现稳定就业,从而提高就业质量,这一点是毋庸置疑的。所以在公共服务方面,要从单纯的只注重农民工的物质需求转向兼顾农民工的物质需求和精神需求,让在城镇务工的农民工兄弟与市民一样享受公共文化服务,过上有尊严的文化生活。

具体措施建议有以下几个方面:

1.从政府层面来看,要重视农民工的文化服务工作,要成为保障农民工文化权益、不断满足农民工文化需要的责任主体,为农民工文化生活提供物质保障和精神保障。在为农民工提供文化服务时,既要有一般性的文化服务,也要有符合农民工特征需要的文化服务。社区文化设施在向市民开放的同时也要向农民工开放,不能附加其他条件。

2.从社会和企业层面来看,要动员社会力量参与农民工的文化建设,也

要鼓励和引导大中型企业在建设企业文化的过程中,加大对文化设施的投入,主动积极地为农民工提供文化服务,开展有利于农民工身心健康的互动式、参与式文化活动。比如结合农民工生产生活的实际,建设一些适合农民工娱乐的场所,如电视室、棋牌室、乒乓球室、阅览室、篮球场等,让农民工在业余时间有电视看,有书读,有场地健身。这样可以大大提升农民工在企业的归属感;其中,企业工会、青年团、妇联都要有农民工担任相关的工作,主动地组织农民工文化体育活动;对那些有文化才能的农民工要像对待其他干部职工一样及时发现及时培养,让他们成为企业文化建设的中坚力量。

通过这一系列措施,提高农民工的自我认定和自我评价,提高文化和文明的自觉意识,增强尊严感,意识到自己不仅是城市的建设者,也是城市建设成果的分享者,进而不断提升自己的综合素质,提高心理调适能力,在思想观念、文化认同上更好地积极融入企业,融入城市。同时,树立正确的职业意识,科学规划职业生涯,改变传统的打零工的念头,树立追求相对稳定的就业意识,实现稳定就业,优质就业。

第三节 把提高农村义务教育质量和务工技术培训结合起来

无论是国家统计局的宏观统计还是我们在农民工中间的微观调查,国家的产业结构调整政策和企业为提升竞争力的举措,都使得技术越来越成为农民工获得较好工作和较高工资的重要前提条件。在调研中我们也了解到,一线主管人员中,绝大多数是具有高中以上学历的农民工,少量的具有初中学历的一线主管都是在企业工作年限较长、有一定工作经验的农民工。农民工也普遍认为学历高一些,更好找工作,也更容易找到好一点的工作。如果自己能找到好一点的工作,或者能有机会得到提拔,也就不会那么随意地辞工了。可以看出,只有农民接受了较好的教育,文化素质才有可能得到进一步的提高,沟通能力、学习能力、工作能力也会随之提高。

经济发展方式的转变需要产业结构调整升级是大势所趋,产业工人技术水平的不断提高和建设一支人员稳定又技术熟练的产业工人队伍也是大势所趋,而必须尽快发展的第三产业也需要一大批有一定专业技术和文化修养的人员队伍。这些队伍的主力军不可能是别人,主要就是农民工,特别是新生代农民工。在我们的调查中,越来越多的新生代农民工已经发现了这种趋势,他们与上一代农民工不同之处就在于他们想学习更多的知识和技能,他们在就业时,希望老板重视他们的价值,工资能多一点更好,少一点也没关系;而在创业时,社会能重视他们的创造,给他们更多的信任和机会。政府更早看到了这种趋势,对农民工的技术培训早已开始。但是这种培训相对于2亿多农民工,特别是人数已经超过1亿的新生代农民工,显得慢多了。既然是趋势,那就不是一年两年的事,必须从长远着眼。

一、重视并认真实施农村义务教育

（一）要解决农村基础教育——农民工基础教育的问题

对于农民工的教育,现在强调得更多的是技术培训,虽然亡羊补牢,却已经晚了。据目前情况看,各地、各部门和有关企业进行的农民工培训实际上都是应急性和应对性的,主要以一个月、半个月,有的只有一周或三五天而已,这种培训不能说没有必要,也不能说没有效果,但都是直接行为、针对性效果、短期效果,如同快餐方便面之类,效果有限,更不能指望这种培训对农民工的文化水平和文化素质有什么提高。特别是在农民工第一次走进陌生的城市时,缺乏良好的基础教育的他们就等于是文化的光棍汉,什么都没有,什么也不懂,即使政府、企业加强了职业教育培训,不少农民工往往缺乏接受培训的基本知识和学习能力。他们因此要走很多的弯路,有的要吃很多的亏,要遭遇很多的精神痛苦。因此,我们不得不回过头来,再审视我们的基础教育——农村九年义务教育,重申基础教育的重要和必需。

从前文我们论述农民工的受教育状况可以看到,农民工接受的教育层次主要是初中,还有不少是小学,高中学历的是少数。我们在调查中发现,这种自述性的教育水平,其实还有很多水分。众所周知,目前,应试教育在我国仍然强势。在这样的价值观和教育氛围中,不以升学率、高考率为目标的农村九年义务教育实际上是弱势中的弱势,虽然从表面上看来教育有较大的发展,数据统计都令人可喜,但教师、经费、设施等教育资源的配置主要还是倾向于城市及靠近城市的乡村郊区,优质的教育资源更是在"损不足而富有余"的规律推动下,向城市集中,向重点学校集中。农村,特别是想走出大山荒野、穷乡僻壤的农民所生活的山乡,教学条件很差,教育水平很低,教师的工作和生活很难,这些地区的九年义务教育的效果令人担忧,说是小学毕业、初中毕业,其实还相差很远。

我们现在揭示出来的农民工子女在乡村的教育堪忧,那么他们的父母在若干年前接受的同样教育就更堪忧了。接受了不能保证质量的九年义务教育的农民兄弟走进城镇,特别是走进大城市,就如同盲人、聋人走进城市一样。我们一些管理部门、招工企业,还有城市社会中的一些人常常责备农民工没有文化,缺乏素质。请问,在享受农民和农民工为我们提供的各种生存和发展物质的同时,我们又为他们做了多少事呢?他们为什么没有文化?为什么没有素质?我们能让他们接受像我们城里一样良好的基础教育吗?没有!到现在,我们在研究农民工就业可能和就业质量时,必须加强针对农民将来走进城市所需要的农村文化建设、提高农村九年义务教育质量和水平的声音依然寥寥无几,对于农民工兄弟文化教育上的欠缺,只是强调头痛医头,脚痛医脚,采取的只是亡羊补牢似乎为时未晚的快餐式就业培训。没有良好的基础教育,职业教育培训将事倍功半;有了良好的基础教育,职业教育培训才有可能事做功成甚至事半功倍。

(二)让农村九年义务教育为农民工奠定一生所需的文化资本

三岁看大,七岁看老,农村少年儿童九年义务教育阶段正是决定农民将来求职生存的根本时期,现行低质量低水平的农村应付性教育只会误了农民或农民工一辈子。

如果说体现在第一代农民工身上的教育落后带来的后遗症还无法确认

的话,现在第二代农民工身上已经看出这种问题的端倪。如果说第一代农民工身上出现的教育落后带来的后遗症已经无法弥补的话,第二代就只能靠职业培训来补救。但如果还是一如既往,不从根本上去提高农村九年义务教育水平和质量,那么很快到来的第三代农民工就会像他们的父辈一样,陷入到这种永远也解不开的文化落后死结之中。也许目前第二代农民工生育的子女有一部分可能在城里长大,但不能平等地与城里人接受无差别的教育,还是处于二元社会的底层,他们将来还只能是文化水平偏低、文化素质偏差的农民工。

更重要的是有相当比例的未来第三代农民工仍然来自于农村。根据国务院农民工办课题组发布的《中国农民工发展研究》模拟预测,到 2015 年,年新增转移劳动力 790 万,其中农民工为 466 万,农民工累计 2.59 亿人(这个预测 2012 年就已经突破,为 2.63 亿人。姑且如此预测)。整个"十三五"期间,新增转移劳动力为 3285 万,其中农民工为 1905 万,2020 年农民工累计 2.73 亿人。整个"十四五"期间新增转移劳动力 2676 万,其中农民工为 1519 万,2025 年农民工累计 2.85 亿人。整个"十五五"期间,新增转移劳动力 2176 万,其中农民工 1203 万,2030 年农民工累计 2.94 亿人,也即很多专家预计的 3 亿农民工[①]。

进入 21 世纪,农民工出现第二代,即新生代农民工,如果按 25 年一代计算,到"十五五"期间就是第三代农民工唱主角了。到那时,将近一亿的第三代农民工的文化素养直接决定着我们的农民工队伍的素质水平,他们现在正在进入读小学的时候,如果我们的农村九年义务教育依然像现在这样的水平,教育出来的农民工必定无法去应对城市的发展和工业、服务业甚至农业的发展。到时,我们能办多少个培训班,能拿多少个文化培训"快餐面包"给农民工兄弟去应付已经迅速发展起来的经济和社会? 难道把城市

---

　①　国务院农民工办课题组:《中国农民工发展研究》,中国劳动社会保障出版社 2013 年版,第 15 页。

建设得非常"现代化"的农民工兄弟只能永远落在市民的后面,永远跟着城市尴尬地奔跑?百年大计,教育为本,农民工队伍的建设为什么就不是如此呢?所以必须重视并认真实施农村义务教育,这是农民走出农村进城务工成为农民工一生所需的文化资本、人力资本,否则他们在迈进城市之初就真的是一穷二白了,甚至在他们的一生中都缺乏立足发展的三种资本:经济资本,社会资本,人力资本。如果我们认定农民工已经为中国的经济社会发展作出了巨大贡献,如果我们认定未来的中国经济社会发展还是需要农民工这支建设者队伍,如果我们认定在将来的经济社会发展中农民工急需要提高文化水平和文化素养,那么,从现在开始就必须正视当前农村九年义务教育难以令人满意的现状,认真积极地解决当前农村九年义务教育质量偏低的问题。实际上,我们已经有一个很好的农村九年义务教育的网络系统,关键问题是教育资源的配置,是教育质量的提高。政府的教育主管部门要在现有的基础上,少搞些应试教育,多搞些基础教育,少搞一些城市教育锦上添花、花上垒花的配置,多搞一些乡村教育雪中送炭的配置,把各种教育资源尽可能地向农村倾斜,让农村少年儿童能接受到有质量保证的九年义务教育。

要重视并认真实施农村九年义务教育,这是农民走出农村进城务工成为农民工一生所需的文化资本,这是我们未来的产业工人素质的基础。

二、加强职业教育和技术技能培训

(一)在提高基础教育质量的基础上政府和企业要大力加强职业教育培训

基础教育是主要的,职业教育和培训是辅助性的。强调职业培训、技术培训而不去改善农村九年义务教育,是治标不治本。而一方面加大力度改善农村九年义务教育,另一方面又实实在在地抓好各种形式的技术培训,亡羊补牢,为已经缺失必要教育的农民工兄弟补课才是既治本又治标的办法。因此,把农村九年义务教育和政府倡导、企业主办、个人积极参与的职业技术培训结合起来,是当前提高农民工务工就业水平和就业质量、减少非正常就业波动、稳定农民工就业选择同时又稳定社会经济发展的好办法。

从政府层面上说,政府在倡导加强职业教育和各种在职的技术技能培训的同时,更重要的是建立和完善技能等级鉴定制度,这是职业教育和技术技能培训的指挥棒,用好了,就能发挥好职业教育和技术技能培训的积极作用,不断提高农民工的就业水平和就业质量。

企业要积极主动地根据自己发展的需要开展对农民工的职业教育和技术技能培训。企业对员工提供的在职培训通常分为两种,一种是一般性培训,另一种是专业培训。一般性培训可能并不是由企业来提供,因为这种一般性培训不仅可以提高员工在本企业的边际生产率,也可以提高员工在其他企业的边际生产率。专业性培训则往往是由企业来实施的,因为专业性培训只是对受培训人所在的企业的生产率提高有利,而对受培训人所在的企业以外的企业的生产率没有什么影响。企业一般愿意投入这样的培训,比如企业会花费人力物力来培训新员工,而在培训过程中,企业传授给新员工的知识和企业文化等也是一种专业培训。这些知识对该企业生产率的提高要大于对其他企业生产率的提高,对员工劳动报酬的提高也有好处。当然,这种培训,当别的企业的劳动报酬有可能比较高时,受过专业培训的员工如果辞职跳槽,也容易获得后续收益。但我们在调研中发现,受过专业培训的员工的辞职率和被解雇率都相对较低,就业波动的幅度也相对较小,可见这种培训不仅提高了专业技能,也提高了待遇和情感。现实中不同企业、不同行业、不同地区之间的收入有很大的差别,然而受过专业培训的员工在它们之间的流动相对来说并不多。学者们通常的解释是员工的不理性或者流动面临极大的困难。但是,如果考虑到专业培训的重要性及其由于流动而不能获得的后续收益,那么眼前短暂的收入差距不足以吸引其换动工作,从这个角度来看,对许多员工来说,不流动才是理性的。

在加强对农民工技术技能培训的同时,更重要的是对农民工职业意识的培训,培养成熟理性的产业工人。农民工不仅在身份上要变成产业工人,自我意识和对企业、职业的认同上也要和产业工人的身份相匹配。这一点对于稳定农民工的就业有很大的作用。如果企业在农民工入职之初就能针对其个人情况,为农民工在企业发展提供一个切实可行的发展规划,对于稳定农民工就业,稳定企业的技术工人队伍的作用是很大的。

(二)农民工要积极主动地参加到职业教育和培训中去

对农民工兄弟姐妹来说,大多数人在自己应该接受基础教育的时期并没有接受好应有的教育。原因很多,现在进城务工就业,顿时发现自己最大的缺漏就是当年没有很好地读书学习,技术学不会,工作不好找,工资也不理想,人家还说自己素质低。在这种情况下,农民工不应该失去信心,进城务工,也是一种学习的机会。特别是中青年农民工兄弟姐妹,更不能因此消极气馁。改变命运的根本不是有了城市户口,也不能靠别人,改变命运的是靠自己接受的教育,靠自己所拥有的文化技术水平。要把书本重新捡起来,继续学习知识,提高自己的文化技术水平。要知道,人力资本对于拓展其社会资本,进而帮助提高就业稳定性起着非常重要的作用。农民工进入城市后,只有不断学习知识,提高文化水平,才能运用知识提高收入、保护自己的合法权益。而随着受教育程度的提高,识别就业信息的能力更强,获得工作机会的可能性更大。个体受教育的程度实质上也是其社会化的过程,随着人力资本的提高,个体的社会资本也会随之提高。

社会资本的提高对于农民工就业也有着积极的正向作用。离开原有的农村社区就意味着基于血缘、地缘的初级社会资本的损失。因此,农民工进城务工后要通过学习,积极融入城市社区,扩展自己的次级社会资本,这样才能够积累新的更有价值的社会资本。要扩大人际关系网络,建立普遍信任的社会网络关系,从而积累更多的社会资本。社会资本不但可以在获得就业信息、就业机会等方面起着积极的作用,在获得工作之后对于提高自己的就业满意度,从而实现稳定就业方面也起着很大的作用。

农民工要通过学习转变观念,提高个人修养。要改变过去那种打临工的观念,不仅反对任何形式的歧视,也要增强自信,把自己当成所在城市和社区的主人翁,关注并积极参与所在城市和社区的物质建设和文化建设,只有这样才能对务工地有归属感,才可能提高就业的稳定性,提高就业质量,才能融入城市。与此同时,农民工要不断提高个人的职业素养和职业技能,改变过去由于缺乏长远打算造成的盲目就业的心态,做好职业生涯的规划,增强就业的稳定性和职业生涯的延续性,才能逐步走出目前农民工就业普遍存在的因前期教育水平不够而导致的"水平化困境",从而实现稳定就业和质量不断提升的就业。

第四节　充分利用经济转型产业升级的机会促进农民工就业

一、把第三产业作为扩大农民工就业和创业的主要产业

改革开放以来,中国的经济发展已经与世界连为一体,一是要看到我国的经济发展可以影响世界经济的发展,二是要看到世界经济的发展也可以影响我国的经济发展。为了更多更好地掌握经济发展的主动权,我国经济发展的速度,更重要的是发展水平要尽快赶上世界发达国家的水平。这件事看起来很大很宏观,其实也无不与企业的发展和农民工的就业息息相关。2008年发生的国际金融危机和2010年开始的欧债危机直接对我国外向型企业和农民工就业产生巨大影响并导致农民工就业出现很大的非正常波动就说明了这个问题。所以我国经济发展转型升级、产业结构出现大面积的调整、城镇化建设也会在发展中提高质量就是应对这些问题的重大举措。落实到企业和农民工来说,将来我国劳动力的从业结构也将随之发生较大的变化。

据有关部门预测,我国2015年、2020年、2025年、2030年的就业人员总数将分别达到7.94亿、7.85亿、7.74亿、7.56亿,其中二产分布的趋势,一产和二产逐渐减少,三产逐渐增加,到2030年,一产就业总人数1.59亿,二产1.94亿,三产4.03亿,其结构比分别由2010年的36.9%、26.2%、

36.9%变化为21.0%、25.7%、53.3%[①]。

提升二产,将来对农民工不仅有量的要求,更主要的是质的要求,即接受过较好的教育、有相当的文化和技术水平的农民工受到青睐。而大力发展三产,为越来越多的城乡居民提供更为丰富服务的服务业对人力资源需求越来越大,这里同样不仅有量的需求,也有质的要求。所以在稳定二产农民工队伍并不断提高农民工就业质量的同时,以服务业为代表的第三产业应该成为扩大农民工就业的主要产业。

当前,我国农民工的就业行业,主要集中在制造业、建筑业,这两个行业就业的农民工数量已经超过了农民工总量的一半,一方面是与我国当前工业化、城镇化发展相一致,一方面也说明农民工就业面还是较狭窄的(见表5-1)。

表5-1 全国农民工从事的主要行业分布变化情况表　　单位:%

	2008 年	2009 年	2010 年	2011 年	2012 年
制造业	37.2	36.1	36.7	36.0	35.7
建筑业	13.8	15.2	16.1	17.7	18.4
交通运输、仓储和邮政业	6.4	6.8	6.9	6.6	6.6
批发零售业	9.0	10.0	10.0	10.1	9.8
住宿餐饮业	5.5	6.0	6.0	5.3	5.2
居民服务和其他服务业	12.2	12.7	12.7	12.2	12.2

资料来源:国家统计局 2013 年 5 月 27 日公布的《2012 年全国农民工监测调查报告》。

从表5-1来看,2012 年包括交通运输、仓储和邮政业,批发零售业,住宿餐饮业,农民服务和其他服务业在内的第三产业的农民工从业人员的比例还没有达到一半,只有33.8%。比 2011 年的34.2%还少,所以把第三产业作为扩大农民工就业的主要产业方向的潜力还很大。逐渐升级的制造

---

① 国务院农民工办课题组:《中国农民工发展研究》,中国劳动社会保障出版社 2013 年版,第 14 页。

业、建筑业对就业者技术技能的要求越来越高,而第三产业需要的就业者个人的文化素质、个人技能要求可能更高。因此,农民工特别是新生代农民工更需要有较好的基础教育和职业培训,农民工的文化素质和职业技能只有得到提高后,农民工的就业分布才有可能发生质的变化。

二、大力支持新生代农民工创业就业

产业升级的过程,也是对农民工生产管理的升级过程。在农民工的生产管理方面,政府有关部门,或是工业园区的主管部门要引导企业规范用工制度,不断改善企业的用工(劳动)环境,使农民工在技术技能上提高的同时,也提高职业归属感。我们的调研结果也显示,那些收入待遇相对较高的企业,农民工有职业归属感的企业,员工的流动性较小,员工对企业的忠诚度较高,有较好的技术和技能的农民工存量稳定性也较高。所以政府应发挥宏观调控作用,加大对产业调整升级和企业转型升级的支持力度,推动产业升级,引导支持企业加大技术改造、引进先进技术、革新生产工艺、改善经营管理、提高劳动生产率和经济效益,从而扩展企业的利润空间。只有企业利润增加,才能发展企业,增强企业的活力,才有可能提高农民工的收入待遇,改善农民工的劳动条件,提高农民工就业质量,稳定农民工就业。

正在成为农民工主体的新生代农民工,与老一代农民工不同的是,他们不仅期待有一个比较满意的就业,还期待自己能有一个创业的机遇,通过创业来实现就业。在他们身上,就业与创业互为因果。从社会就业来看,创业与就业相互促进,一批人的创业成功将带动更多的人就业。所以,对新生代农民工创业的积极性,政府和社会都要倍加珍惜,大力支持。特别是在国家进行经济转型和产业升级之时,这种积极性是十分可贵的。

要推动新生代农民工创业和提高创业成功率,必须积极拓展新生代农民工自身的创业社会资本,积极开发血缘关系中的"同质型"社会资本,不断发展业缘关系的"异质型"社会资本,努力形成"复合型"社会资本形态,发挥工会、社区组织以及各类社会组织的作用,加强社会交往。政府可以积

极组织新生代农民工参与创业和就业技能培训,根据新生代农民工创业的不同层次、不同阶段的需求,开展有针对性的创业培训和后续跟踪服务,提高新生代农民工利用公共就业社会资本的能力,借助工商联、企业家协会、青联、民间地域商会等组织支持,开发利用社区组织和资源,提高新生代农民工的创业成功率,形成"人力资本+社会资本"的"双轮驱动"创业模式。

值得强调的是,在新生代农民工创业过程中,开发和利用社会资本是跨越创业壁垒的一个重要途径,同时在开发和利用社会资本过程中,新生代农民工自身的素质和能力是不可忽视的重要决定因素。长期来看,复杂的社会网络能有效提高创业者识别创业机会的能力,从这个角度说,创业者的社会资本深刻影响着其创业动机、行为过程和成功率。因此,新生代农民工要在不断地提高自身素质和能力的基础上,积极地运用各种方式和方法开发社会资本,提高利用社会资本的能力,努力实现成功创业。

三、规范企业用工制度稳定农民工就业

产业升级过程也是推动企业管理并提高生产效率的过程,是规范用工制度,优化用工环境,稳定并加强企业和农民工之间的联系的过程。因此,要从规范企业用工制度入手,从根本上解决农民工流动性的问题,即提高自主创新能力,拓宽企业生产利润空间,切实改善劳动环境,稳定农民工就业,提高农民工的收入待遇。

当前,农民工和企业的关系非常脆弱,每月发放的工资是企业和农民工的唯一联系。究其原因,农民工依旧把在企业务工当作是一件临时的事,在企业没有归属感,当工作和生活或者农活儿发生矛盾时,首先想到的是辞工。但是,仅仅依靠企业自身的力量,很难对员工形成有效的约束。因此,可以由工业园区牵头规范用工制度。比如,农民工换动工作,本无可厚非,如果理由充分,还应该得到支持和帮助。但是过于频繁地换动工作,对企业不利,对农民工个人也不利,所以要对农民工过于频繁地换动工作,特别是在同一个园区内频繁跳槽换工作给予一定的规范约束和正确引导。一些工

业园区已经在这方面做了有益的尝试。比如,赣州市龙南县工业园区,对园区内规模以上企业用工情况进行登记,全面掌握了园区用工情况,对于在一个月内在园区内换动工作达到4次或以上的人员进行登记,企业在招聘时通过网络可以查询到该应聘人员在园区内的务工情况,企业可以根据他的务工情况决定是否聘用。这一做法对农民工的稳定就业和稳定收入利大于弊,很有帮助。

规范用工制度,还要消除就业歧视。推进户籍制度的改革,消除或减少城乡分割的二元劳动力市场对于农民工就业的歧视,这是政府正在做的工作,由政府负责完成。建立和健全相关的法律制度,逐渐消除社会上对农民工就业的歧视;同时加大对用工单位的监督力度,规范无歧视招工用工制度,保护农民工的合法权益,逐步消除就业歧视,让农民工进城务工获得平等的就业机会,享受平等的劳动待遇,从而切实提高农民工的待遇,提高就业质量,增强其就业稳定性。

企业在规范自己的用工制度时,要学会更人性化的企业用工管理,更有远见和效果的人力资源配置,要依据职位族制定农民工职业生涯规划,拓展企业科学用工空间和农民工职业发展层级空间。

鉴于当前农民工的职业生涯规划仍处于空白阶段,必须依据农民工的素质特征,运用科学方法分析不同工种的职业技能需求,根据职位族类建立起分层级的发展空间。企业应通过各种途径对农民工采集职业兴趣、职业偏好等信息,对其职业能力进行测验,进行职业定位分析。开展个性化的职业指导,帮助农民工准确地自我评价和职业定位。同时设立隶属于职业生涯规划机构的专业指导培训室,引导和建立农民工的技术发展和管理发展职业上升通道,努力营造"留工"环境。企业为农民工着想,农民工才会为企业效力。

四、提高为农民工就业服务水平

正如前文所述,随着我国经济发展转型升级,产业结构将出现大面积的调整,城镇化建设也会在发展中提高质量。也就是说,将来我国劳动力的从业结构也将随之发生较大的变化。农民工就业因择业变化而出现的波动是正常性的,但是这种正常性的波动变化也需要得到支持和保障。特别是就业中介机构要提高服务水平,以保证这种支持和保障得以实现。

政府有关部门要充分发挥自己的行政管理和服务职能,加强招用工基础平台建设。实行就业优先战略,健全城乡统一的人力资源市场和加强公共就业服务为重点,促进农民工多渠道转移就业;在劳动搜寻匹配传导机制方面,必须不断加强就业信息网络建设,实现以产业需求为引导,积极引导农民工有序流动目标,使农民工能够及时得到市场的各种需求信息,缩短他们在劳动力市场中的搜寻时间,减少搜寻成本,提高匹配生产率。鉴于农民工就业信息来源有限,获取信息渠道不畅等问题,劳动部门或就业服务中心应加强就业信息的搜集、发布,积极发挥劳动力市场和人才市场的作用,有针对性地举办用工招聘会、人才交流会,在市、县、乡镇组织有招工企业参加的现场招聘会;充分运用网络信息获取平台,充分运用电视公益广告、手机公益短信、就业信息网络等载体,向农民工发布有针对性的就业信息,提高政府部门、社会中介等的就业信息提供能力;政府必须加大在就业信息平台上的财政投入,加快建立全国性和地区性的农民工就业信息服务系统,保证求职者在本地就可及时获取各地岗位信息,及时应聘外地就业岗位,及时与用人单位进行交流和沟通,以增加农民工就业的针对性和有效性。

公共就业中介机构要充分发挥自己的中介功能,认真做好更为全面和系统的信息传递、就业指导、岗前培训为一体的服务农民工的就业中介服务。就业中介机构的服务内容包含就业政策法规咨询、职业供求信息、市场工资指导价位信息和职业培训信息、职业指导和职业介绍,对就业困难人员实施就业援助,办理就业登记、失业登记等事务。

我国目前的公共就业服务机构包括两大类:一个是面向人才市场的人力资源中介服务系统,是为高层次劳动力提供中介服务的;另一个是面向劳务市场的公共职业介绍服务系统,由各级政府的人力资源和社会保障部门负责管理,为普通劳动者和弱势群体服务。后者享受更多政府的优惠政策,公益性也更明显。农民工就是后者的服务对象。但是从调研数据来看,目前的中介机构并未很好地发挥其作用,通过中介机构找到工作的农民工就业质量指数最低,说明劳动力市场中介机构在这方面还有很大的完善空间。从信息传递方面来看,我国劳动力市场信息网络总体上还存在功能不齐全、覆盖面不广、运作效率低下等问题。劳动力市场中介机构要加强与用人单位的合作,中介机构在劳动力供需双方之间传递信息的同时,要特别注重加强与用人单位的合作。这在一定程度上缓解了劳动力供给和需求双方信息不充分的困境,不仅帮助农民工找到工作,而且还能帮助农民工找到比较适合自己的工作,实现劳动力和就业岗位的最佳或较佳匹配,从而提高收入和就业满意度,实现稳定就业。从职业培训方面来看,中介机构要从传统的介绍工作向上下游延伸,即向上拓宽就业信息的收集与发布,加大与用人单位的联系力度,加强对农民工的就业指导;向下则要加强农民工就业后的岗前培训以及在岗的技能培训和各种职业资格证书的培训,形成专业技术人才库,加强劳动力市场开发管理。只有这样才能引导农民工理性择业,实现向上的职业流动,从而达到稳定就业、优质就业、提高就业质量的最终目的。

第五节　为保障农民工合法权益提供多方面的支持

一、建立和完善工会组织

工会是职工自愿结合的工人阶级的群众组织。工会是企业工人的家,代表职工的利益,依法维护职工的合法权益。同时,工会对于畅通劳资双方诉求渠道、广聚企业人心具有重要和积极意义。因此,根据《中华人民共和国工会法》第三条,"在中国境内的企业、事业单位、机关中以工资收入为主要生活来源的体力劳动者和脑力劳动者,不分民族、种族、性别、职业、宗教信仰、教育程度,都有依法参加和组织工会的权利。任何组织和个人不得阻挠和限制",积极在农民工务工企业成立有代表性和公信力的工会组织,或者已经建立了工会,积极组织广大农民工参加工会,对于有效地改善农民工就业条件,形成和谐的劳动关系是有积极意义的。我们在调研中发现,最近十年,各级各地工会组织(还有共青团、妇联)在依法维护农民工合法权益方面做了大量的工作。正因为如此,企业无论大小,无论国有民营,农民工大都企盼建立工会,或者是加入工会,大都企盼工会能为农民工说话办事,为农民工真诚服务,特别是在农民工还是弱势的时候,在农民工拿不到工资、工资多年不提、社会保障得不到实现的时候。大凡有工会的企业,工会真正依法办事、以工人为本的企业,农民工的就业就相对稳定,劳资关系就比较和谐。按照《工会法》,工会组织在使命和宗旨上,必须以职工为本,重视和关注企业凝聚力和员工士气;支持和引导农民工用好工资集体协商制度,用好保护权益的法律,提高农民工的参与企业管理的理性、工作热情、投入度和满意度;尊重合资企业与员工的文化差异和传统观念方面的差异,提高职工队伍稳定性。在组织形式上,成立劳动争议调解委员会和劳动保护监督委员会,排解劳资纠纷,加强沟通交流,有效改善农民工职业健康环境,降低农民工非正常就业流动性,推动企业生产效率提高。这样,就可以把工会办得更有代表性和公信力。

共青团主要是在帮助青年农民工上、妇联在帮助女性农民工维权上继续发挥组织保障作用,充分开掘和利用更多的社会资源有针对性地支持和帮助农民工。使不同层面的农民工在不同的群众组织中获得不同的支持和帮助,从而从弱势转而成为能够维护和实现自己合法权益的主体,就业的可能性和稳定性及其质量都会大大改善。

二、建设具有凝聚力的企业文化

企业文化实质上是一种走向文明的管理模式。尊重人,以人为本,是企业文化的核心所在。建设具有凝聚力的企业文化,对企业而言,就是采取企业组织的形式,保障农民工的合法权益,管理要更人性化,真正把农民工作为企业创造力的一部分,而不是"招之即来,挥之即去"的临时劳动力。包括农民工在内的企业员工是企业生命活力所在,相对稳定的员工队伍是企业稳定发展的基础,主动地帮助和关心员工是稳定员工队伍的基本措施。我们在调研中发现,一些企业员工比较稳定的原因是企业采取了不少好的用工和留工的措施。比如,支持和帮助员工不断地学习和提高生产技术技能,并善于发现他们的能力和长处;不论员工来自何方,也不论员工是何出身,是才必举,有能即用,并鼓励其在本企业努力发展。在生产淡季的时候,不是辞退员工,而是适当地减少工作时间,或组织继续学习,员工只是收入上相对减少,并没有失去工作;或给员工放假,发放一定的生活费,到旺季的时候再召回这些员工;生产紧张时,也不是无休止地使用员工,而是科学地调配工作时间,既充分地使用好劳动力,又让员工得到适当的休息和调整。通过这些措施,保证了企业员工的稳定性,也就保证了员工就业的稳定性。

除了在生产管理上要体现企业文化精神外,正如前文所论,还应该从精神文化层面给予员工更多的关怀,丰富农民工的业余文化生活,满足他们的精神需求。构建和谐稳定的劳动关系,增强员工归宿感。以具有丰富内涵的企业文化吸引农民工,建立以人为本的现代管理体系,提高企业凝聚力和向心力。企业必须清醒地认识到,只有积极地建设具有凝聚力的企业文化,才能增强农民工在企业的归属感,提高农民工对企业的忠诚度;只有提高农民工就业的稳定性和积极性,企业才能持续发展、健康发展。

三、加强社区组织对农民工的服务

农民工的流动性分为就业的流动性和生活的流动性,两者本是一致的,但也不尽然,特别是在一座城市中,往往出现生活稳定在一个社区,就业不一定稳定在一个企业;就业稳定在一个企业,生活不一定稳定在一个社区。农民工希望的是两者都稳定,这是中国最传统的一种价值体现,叫作"安居乐业",两者具有相对的一致性和互动性,生活的稳定性会促进就业的稳定性,就业的稳定性也会促进生活的稳定性。我们在调研中发现,处理好流动性和稳定性在生活与就业上的不同情况,可以增加农民工社会资本的积累,对农民工就业的稳定性是有帮助的。所以说,目前农民工的流动性是主要的,但也要看到农民工的稳定性正在出现,我们可以通过农民工在生活和就业某一方面的稳定性来促进另一方面的稳定性。

要努力帮助农民工安居下来。将常住人口中的农民工居住需求与市民居住需求同等对待,把农民工住房纳入各级政府城镇住房保障体系,统筹解决。政府要强化自己的责任,加大财政投入力度,用工单位应按国家规定及时足额为农民工缴纳住房公积金,使农民工通过公共租赁住房、租购合适的商品房和居住集体宿舍等各种渠道实现住有所居,有自己的家。

现在有一些农民工及其家庭已经在城镇中落脚居住,居住条件不一定很好,但已经成为了城镇中的社区人,从农民工工作之外的生活及子女教育等方面来看,社区更是他们的一个精神寄托空间。但目前,在政府、工会、共青团、妇联和企业都能为他们解决问题的时候,社区却成为了一个盲点。我们在调研中发现,农民工在社区生活中受到冷漠甚至是有区别的待遇,使农民工的正常人脉关系、社会资本一直处于单薄、稀缺状态,带来的精神压力是很大的。我们在调研中还发现,把农民工吸收到所居住的社区组织,增大农民工与城市市民的接触机会,既可以为他们提供更多的就业信息,又可以让他们和城市居民有更多的机会相互交流,增进了解,帮助农民工更快地融入城市,增加和积累社会资本,增强他们对务工城市和社区的主人翁意识,这不仅对于他们是一种精神的支撑,对稳定农民工的就业有着非常重要的作用,而且对和谐社区的建设也是有积极意义的。有的城市已经开始这方面的工作,社区在精神上对农民工的好处往往大于物质上的支持和关心,农民工也会因为社区的认同,不仅有归属感,而且还有责任感,成为社区建设的主人。因此,加强社区组织对农民工的服务是当前应该引起重视的一项工作,应该把这一工作作为社会治理创新的一种硬性要求。

四、为农民工提供积极的法律援助

全面推进依法治国,我们的社会正在走向法治社会,用法律解决社会问题是社会治理的根本途径。农民工从农村进入城市,脱离了原有的血缘、地缘关系,进入到一个关系更为复杂的陌生环境,解决所面临的问题,主要是依靠法律。遵守法律,增强理性,免生事端;依靠法律,理性思考,解决事端。所以,学法、懂法、守法、用法,是农民工保障自己合法权益的主要手段,也是我们治理社会、建设和谐社会的重要工作。但是,由于农民工来自农村,法律知识相对缺乏,守法行为相对盲目,用法知识基本没有,如何依法做事做人,依法维权,特别是如何依法保障自己的就业权益,提高自己的就业质量还存在很多的问题,因此政府的司法、法制部门和法律服务人员应及时给予法律援助。

我国地方各级政府设立法律援助机构安排法律服务人员为经济困难或特殊案件人免费提供法律服务,以保障其合法权益的法律保障制度已经多年,而且比较成熟,但就专门为农民工设置专项服务,还是近年才开始,一些省市的司法部门,如江西省司法厅,专门开设农民工法律援助窗口,并形成省市县多层次的互动援助,采取法律咨询、庭外调解、诉讼代理、法庭辩护等方式为农民工解决了不少问题,也为在农民工中普及法律知识、增强法制观念、提高农民工的法律自觉创造了经验。

根据我们的调研,最近五年来,农民工急需要法律援助的内容依需求量来看,主要有:意外受伤主要是工伤事故,劳资矛盾主要是工资拖欠、劳动合同,社会保障主要是参加保险,其他还有职业病治疗、交通事故、人身伤害等等[1]。法律援助的这些内容都直接关系到农民工的切身利益,也直接关系到农民工就业的稳定和就业质量,在不懂法律又无法律援助的情况下,农民工要么是告状无门,要么是聚众闹事,缺失公平公正,激化矛盾,既损害了农民工的合法权益和切身利益,也影响了社会的和谐稳定和他人的生产生活。有了法律援助,农民工的合法权益就得到了法律的保障,安定就业也就有了

---

[1]　参见江西省司法厅编《法律援助,服务民生——江西省农民工法律援助精品案例汇编》(内部资料)。

很好的法制环境和社会氛围。这项工作还要继续推广和做好。

第六节　本章小结

影响农民工就业的原因虽然很多,但作为一种社会群体的社会行为,归纳起来的主要原因还是在政府、社会、企业和个人四个方面。

推动农民工就业向正向发展,即健康无歧视地正常就业,就要采取相应的措施消除农民工就业波动中非正常因素,特别是因农民身份、农业户口、农村出身而受到包括劳动报酬待遇低下在内的各种就业歧视一定要消除。户籍制度原本并不是要把公民的身份分出等级,也不存在任何不平等的体制机制。但由于我国的人口众多,很多生活物质和资源性的公共服务太少,于是户籍才成了有区别地分配物质和资源的凭证。几十年沿袭下来,户籍的内涵也发生变化。直到今天,当物质极大地丰富起来后,户籍就突出地成为公共服务资源分配和劳动者就业的凭证。在这种情况下,改革户籍制度成了消除就业歧视、实现农民工以平等的社会身份公平就业并同工同酬的重要前提。如果目前还不能废除户籍制度,那么尽快消除现行户籍制度中公共服务资源分配不公平和就业歧视内涵是必须要做到的。但是,同时又要看到,户籍制度是造成农民工就业不公平的焦点原因,但并不是全部的原因,户籍制度已经进入改革的轨道,社会的不公平却不会因此就没有了,对农民的歧视,农民工遭受的诸多不公平待遇不会就此就消失了。这里既有现实的问题,也有历史的问题,既有户籍制度的原因,也有非户籍制度的原因。所以,要从户籍制度的改革开始,以实事求是的精神和原则来解决农民工的公平就业和就业质量问题,争取在现有的条件下,让农民工的合法权益得到保障,让农民工获得公平的身份待遇,以利于稳定就业和不断提高就业质量。

另外,随着农村中农民财产权问题的解决,户籍制度又紧密地同土地承包经营权和宅基地用益物权以及集体经济收益分享权联系了起来,户籍由农业户口转为非农户口已经不是一件简单的事,所以要注意解决户籍问题中的新问题,目前的户口农转非和户籍制度改革都要尊重农民工的意愿。

对于在特大城市严格控制人口,也就是严格控制农民工落户的问题,要处理好大量不能落户的农民工的就业和生活的关系。他们已经是这座城市的建设者,已经为这座城市的繁荣作出了巨大贡献,他们的生活、医疗、孩子的教育等问题应该得到解决。政府职责不可缺位的是对于户籍进不了特大城市又不得不留在特大城市里务工的农民工,户籍进不了城市,但他们的孩子、家属很可能要随农民工进城生活,让他们生活得有尊严、有保障,能上学、能治病,政府有责任提供这些方面的服务,最有效的办法还是减少直到消除当地户籍制度中所含有的不平等内涵。

农民工是否同工同酬直接影响他们的就业波动。农民工的劳动报酬是低的,相对于正式工,不仅工资低,而且应该获得的补助、津贴、社会保障都低,有的就是没有。首先,我们要关心农民工劳动报酬与工作生活成本支出差的问题,最起码要保证工资的增长要高于生活必需品物价的增长。其次,要关注农民工与同务工地区、同行业的国有企业正式职工的同工同酬标准,这个"酬"不仅指单纯的工资,还应该有各类补助、津贴和"五险一金"。要通过建立和完善工资集体协商制度和依法签订劳动合同,建立工龄——工资增长挂钩机制,保障并不断提高农民工工资收入。

要为农民工获得合法的社会保障权益,包括有效推进农民工社会保障扩面工作,让农民工尽快享受到法律规定的应有的社会保障;制定地区经济发展与劳动力供求规划,关心和帮扶老一代农民工的就业;加大对城镇务工的农民工群体公共文化服务的力度,让农民工享受文化生活,同时提高自己的文化素质。

要把提高农村义务教育质量和务工技术培训结合起来,二者不可缺一,尤其要重视并认真实施农村义务教育,解决农村基础教育——农民工基础教育的问题,让农村九年义务教育为农民工奠定一生所需的文化资本即人力资本;要加强职业教育和技术技能培训,在提高基础教育质量的基础上政

農民工就業波動分析及對策研究

府和企業都要大力加強職業教育培訓,農民工要積極主動地參加到職業教育和培訓中去,以不斷提升自己生存發展所必需的文化資本、技術資本,即人力資本。

要充分利用經濟轉型產業升級的機會引導農民工就業,把第三產業作為擴大農民工就業和創業的主要產業,大力支持新生代農民工創業就業,規範企業用工制度穩定農民工就業,政府和就業中介要提高為農民工就業服務水平,實行就業優先戰略,以健全城鄉統一的人力資源市場和加強公共就業服務為重點,促進農民工多渠道轉移就業。

要為保障農民工合法權益提供多方面的支持。建立和完善工會組織,建設具有凝聚力的企業文化,使農民工有更豐富內涵的尊嚴,有更貼切的歸屬感;要努力幫助農民工安居下來,將常住人口中的農民工居住需求與市民居住需求同等對待,把農民工住房納入各級政府城鎮住房保障體系,統籌解決。加強社區組織對農民工的服務,使農民工盡快融入務工所在地區的社會,社會資本得到不斷的豐富,獲得社會更多的支持;全面推進依法治國,要為農民工提供積極的法律援助,農民工自己也要主動學法、懂法、守法、用法,更好地就業,更好地保護自己,更好地參與社會。

附 录

一、维护农民工劳动权益的调研报告

依法为农民工维护劳动权益

——基于 2014 年江西部分市县区的调研

农民工,原本是来自民间的说法,概念内涵很简单,就是"农民"加"工人",由农村农业人转变为城镇工业人的人[①],这是一个庞大的特殊群体。他们既是农民,又是工人;他们既不同于传统农民,也不能与城镇居民同类;社会、城镇、企业把他们当工人召唤,又把他们当农民歧视;于是,他们的能力和贡献虽然开始得到社会的承认,但是他们的合法权益常常处于工农和城乡的边缘地带,得不到保障。他们已经是一个 2 亿多人的大群体,是世界上最大的群体之一,但我们常常看到他们是那样的孤独;他们中的一些人以自己的能力和财富成为了社会的中心人物,但他们中的绝大多数仍然是游走于城市和农村之间的"边缘人"。于是我们认识到:尽管农民工对我国经济社会的发展作出了巨大的贡献,但是在我国社会转型期,由于他们长期处于"边缘人"的地位,原有的制度不能有效地调整保障他们的利益,而在新一轮的利益博弈中,他们又处于劣势。这诸多因素使得他们成为了社会中的弱势群体。农民工合法权益问题若不能得到妥善解决,将对下一步适应

① 陈东有等:《农民工就业波动现象分析》,载《江西社会科学》2012 年第 12 期。

新常态的经济发展、社会进步带来极大的负面影响。

近期启动的户籍制度改革,牵动了近三十年来农民工权益保障诸多问题开始解决的牛鼻子,以农业户口与非农户口划线的社会二元不平等结构开始淡化。但是户籍制度只是社会不平等中的一个焦点问题,并不是全部的问题实质所在。改革只是刚刚开始,还有许多实质性的问题依然存在,农民工权益保障问题并不会因为户籍制度的改革而彻底解决,而且也许会出现由既得利益者为保护自己的既得利益对改革的窜改。农民工作为劳动者的权益,特别是劳动保障权益的实现还有许多问题。坚持"四个全面",要在全面深化改革中把这一问题放到全面推进依法治国、全面建成小康社会之中去解决。

在农民工的各种权益当中,最基本的,也是对农民工生存和发展影响最大的是农民工的劳动权益。劳动权益包括劳动者享有平等就业和选择职业的权利、取得劳动报酬的权利、休息休假的权利、获得劳动安全卫生保护的权利、接受职业技能培训的权利、享受社会保险和福利的权利、提请劳动争议处理的权利及法律规定的其他劳动权利等[①]。农民工既是一般的社会公民,又是处于亦工亦农这个边缘地带的特殊社会群体。因此,农民工的劳动权益保障范围不仅涉及国家宪法和相关法律规定的一般公民享有的各项基本权利,而且更要因为这一群体的边缘特性给予更多的也是应有的法律关怀和法律保护,以维护他们的合法权益。

现阶段,我国农民工劳动权益受损害的现象十分严重,集中体现在就业权受到限制、劳动报酬权受到侵害、休息休假权难以得到保障、社会保险缺失、劳动安全卫生条件不达标、劳动福利待遇偏低等几个方面。这一系列问题得不到妥善解决,将严重挫伤农民工劳动积极性、影响农民工就业质量的提升、降低我国城镇化的速度和质量、影响经济的发展和社会的长治久安。

---

① 邓娇:《浅析农民工权益的法律保障》,载《大众商务》2010年第16期。

一、调研基本情况说明

2014年7月,江西省人大内务司法委员会联合省人力资源和社会保障厅、省总工会、团省委、省妇联等部门深入省直部分单位、南昌市及其新建县、上饶市及其铅山县等地农民工比较集中的工业园区、企业、就业服务中介开展以农民工劳动权益保障为主题的调研。我们承担的国家社会科学基金项目"农民工就业波动分析及对策研究"虽然已经完成,但也主动要求参加调研,作为课题的延伸研究。

(一)问卷构成

我们专门设计了本次调研的问卷,问卷包括个人和家庭基本情况和就业及劳动权益保障两大部分,共37个问题。

(二)调研对象

发放问卷600份,回收有效问卷469份,问卷有效回收率为78.17%。

接受问卷调查的对象均为在城市和工业园区、企业务工的农民工,平均年龄34.72岁,男性263名,占比56.08%,女性206,占比43.92%;从事行业涉及农、林、牧、渔、采矿业、建筑业、制造业、批发和零售业、住宿和餐饮、居民服务及其他服务业等十余个行业。

二、调研数据分析

(一)农民工劳动权益保障的现状

调研结果显示,江西省在促进就业创业方面,在完善社保政策和公共服务方面,采取了一系列的措施,农民工权益保障这些年得到了较大的改善。但是我们要看到,木次调研是在地方政府部门和被调查的工业园区、企业的支持下进行的,一方面调研进行比较顺利,一方面也有调研"被安排"的效果,即被调查的工业园区与企业不是随机性的,而是农民工劳动权益保障做得比较好的,所以很难说是处于平均水平,可以说是比较乐观、平均线以上的水平。即使依此而论,我们仍然可以看到当前农民工劳动权益保障方面仍存在农民工就业正规程度低、劳动强度大、流动性高、参加社会保险率偏低、工资拖欠、工伤事故和职业病频发等困难和问题。

1.农民工就业正规程度偏低、劳动强度大、流动性较高

这里所说的"农民工就业正规程度"指的是农民工就业的程序和状态与正式工人一样,至少要做到与企业签订劳动合同,按照企业的规范务工,企业按照企业管理必须有的生产条件和用工规范包括工资福利待遇等对待农民工。目前来看,农民工就业稳定性低,就业呈短期化、季节性和兼业性的特点,很难说得上正规性。从就业正规程度来看,只有68.02%的农民工明确知道自己和用人单位签订了正式的劳动合同,其他31.98%的农民工没有签订正式的劳动合同,或者对是否签订劳动合同没有一个清楚的认识。这一方面说明农民工就业正规程度不高,另一方面也表明农民工自身对就业正规程度重要性的认识不够,缺乏自我保护意识(见表1)。

表1　农民工劳动合同签订情况

劳动合同签订	不清楚		已签订		未签订	
	人数	百分比%	人数	百分比%	人数	百分比%
人数	10	2.13	319	68.02	140	29.85

除此之外,农民工在工作中的劳动防护措施也不到位。只有60.98%的农民工表示在工作场所有劳动防护措施,18.34%的农民工在没有劳动防护措施的环境中工作,还有20.68%的农民工不清楚自己工作场所是否有劳动防护措施。值得注意的是60.98%这个数字只是说明有劳动防护措施,并不能代表是有效的劳动防护,因此这个数字并不能代表劳动防护的质量(见表2)。

表2　农民工劳动防护措施情况

劳动防护措施	不清楚		有劳动防护措施		没有劳动防护措施	
	人数	百分比%	人数	百分比%	人数	百分比%
人数	97	20.68	286	60.98	86	18.34

调研数据还显示,外出农民工平均每年从业时间为 10.1 个月,平均每月工作 25.2 天,每天工作 8.8 小时。每周工作超过 5 天的占 92.8%,每天工作时间超过 8 小时的占 45.4%,工作时间超过 10 小时的超过 27.4%。

农民工就业依然呈现高流动性的特征。469 个样本中就业流动的次数平均为 2.7 次。其中,流动 3 次及以上的人数达到 247 人,占比超过一半,达到总样本的 52.66%(见表 3)。

表 3　农民工就业次数变化情况

就业变化次数	0 次		1—2 次		3—4 次		5 次及以上	
	人数	百分比%	人数	百分比%	人数	百分比%	人数	百分比%
人数及百分比	75	15.99	147	31.34	163	34.75	84	17.91

2.农民工参加社会保险率偏低

目前,江西全省基本实现了城乡社会保险制度的全覆盖。农民工参加各类社会保险的总人数逐年递增,但参保率依然偏低(见表 4)。

表 4　农民工"五险一金"缴纳情况

五险一金	已缴纳		未缴纳	
	人数	百分比(%)	人数	百分比(%)
养老保险	198	42.22	271	57.78
医疗保险	193	41.15	276	58.85
失业保险	146	31.13	323	68.87
工伤保险	242	51.6	227	48.4
生育保险	143	30.49	326	69.51
公积金	99	21.11	370	78.89

3.尚未平等享受城镇基本公共服务

一是城乡二元结构使农民工尽管身在城市,但没有取得市民的身份,不能充分分享城市公共资源。多数农民工及其随迁家属,未能在教育、就业、养老、保障性住房等方面平等享受城镇居民的基本公共服务,也制约了城镇化对扩大内需和结构升级的推动作用。二是部分市民对农民工有歧视偏见,责难和排斥农民工的行为仍不同程度地存在,有的市民甚至把农民工进城务工当成城市社会问题的根源。三是多数农民工缺乏基本的法律知识,对自己应享受的权利不了解,在权益受到损害时缺少用法律来保护自己的意识和能力。

调查显示,46.7%的农民工由雇主或单位提供免费的住宿,住宿条件参差不齐;9.7%的农民工雇主或单位不提供住宿,但有住房补贴;43.6%的农民工雇主或单位不提供住宿也没有住房补贴。

从农民工子女就读地点这个比较有代表性的观测点来看,农民工也没享受城镇基本公共服务。从数据统计可以看出,只有54.9%的农民工子女在父母务工的地点就读,所读学校的教学水平和教育资源水平也是参差不齐,多数比较差。其余45.1%的农民工子女或在老家或在其他地方就读(见表5)。

表 5　农民工子女就读情况

子女就读地点	本市/区/县		在老家未随迁		其他地方	
	人数	百分比%	人数	百分比%	人数	百分比%
人数	220	54.9	124	30.9	57	14.2

注:除去目前暂无学龄子女的农民工人数68人,本表格统计总人数为401人。

4.工资拖欠现象依然存在

一些地方劳动用工管理不够规范,存在劳动合同签订率不高、劳动合同内容不规范、劳动合同短期化等问题,侵犯农民工薪酬等各项权益的现象时有发生,这也是引发农民工群体事件的主要诱因。一是私营企业和建筑、餐饮、商贸行业就业流动性大,部分用人单位和农民工认为劳动合同是对自身权利的限制,因此双方签订劳动合同的积极性不高。二是用人单位自行拟定的劳动合同文本内容不规范。部分用人单位使用的劳动合同中劳资双方的权利义务关系不对等、劳动合同约定的内容不明确、条款不完善甚至有违反劳动法律法规的规定,导致劳动争议时有发生。三是部分用人单位频繁变更劳动合同,或与职工签短期合同,在合同约束效力不足的情况下拖欠农民工工资,侵害了劳动者的权益。建筑行业拖欠农民工工资的现象比较常见,多数因工程转包而引发,追讨难度较大,一些在省内从事高速铁路、高速公路施工的外省企业不缴纳工资保证金,甚至已经发生一些企业的农民工为讨薪而围堵省政府大门的现象。

调研数据显示出来的拖欠农民工工资现象非常严重。受访对象中,只有3.84%的农民工工资是按时发放的,其余的都存在不同程度的拖欠现象,而拖欠一年以上的比例居然高达48.83%。农民工的合法权益受到严重侵犯(见表6)。

表6 农民工工资拖欠情况

工资拖欠情况	无拖欠		一周		一个月		三个月		半年		一年及以上	
	人数	百分比%	人数	百分比%	人数	百分比%	人数	百分比%	人数	百分比%	人数	百分比%
百分比	18	3.84	33	7.04	31	6.61	73	15.57	85	18.12	229	48.83

5.工伤事故频发和某些特殊行业的职业病开始增多,得不到及时治疗和帮助

工伤事故频发,是近年来农民工事故中比较多的问题,这其中职业病又是让农民工兄弟更为无助的问题。我国一直是职业病高发的国家,近三十年来,农民工成为了以尘肺病为典型的职业病最大的感染群体,而且很少能得到医疗保障和及时的救治。据人民网2015年4月8日转引《中国科学

报》报道,由大爱清尘基金会发布的《中国尘肺病农民工生存状况调查报告(2014)》显示,全国有600万尘肺病人,但通过司法维权,最终拿到赔偿的只有18.75%。尘肺病是由于在职业活动中长期吸入生产性粉尘引起的以肺组织弥漫性纤维化为主的全身性疾病。其中,煤工尘肺占了绝大多数;此外,还有很多行业涉及粉尘危害,如水泥行业,机械制造行业当中的喷漆、电焊、铸造等,都是患尘肺病比例较高的职业。在这些行业中,农民工占的比例很大。目前农民工的医疗保险比例低,务工流动性频繁,职业病往往又有一定的潜伏期,不易立即发现,职业病一旦发现,救治的时间长、费用高,大多企业往往唯恐躲之不及,农民工得不到救治就成了常态。

6.农民工劳动争议案增多

课题组从江西省仲裁院获取的资料表明,2014年前三季度,全省仲裁机构受理案件涉及农民工人数1522人,占涉案人数的38.8%。这一比例之高,一方面我们看到,农民工劳动权益保障确实存在较严重的问题;另一方面,也看到农民工自身维权意识的觉醒,以及全社会对农民工劳动权益重视程度的提高。

提出劳动争议的农民工主要集中在第二产业和第三产业。其中,第二产业以制造业、建筑业较为突出,该类争议大部分因工伤引起;第三产业以教育事业单位居多,该类人员大部分为清洁工、宿管员、食堂工作人员等,争议内容大部分为劳动报酬、社会保险、经济补偿金方面。发生争议的时间主要集中在年底,因年底务工人员返乡、劳动关系稳定性较弱的内在规律所致。另外,在企业(单位)用工模式转变时也是多发时期,如对某类工种引进派遣工制度时,会引起较多争议发生。争议主要集中在劳动报酬、工伤待遇、社会保险、经济补偿金方面。个人情况中,性别在工伤待遇方面以男性居多,其他方面以女性居多,特别是在教育事业单位的清洁工基本都是女性,籍贯大多为江西本省人员,受教育程度大部分为初中以下,务工年限以1年至4年居多,极少数有10年以上。

（二）存在的问题及原因分析

1.农民工流动性大,影响就业正规程度及劳动权益保障

劳动力就业的流动性与其收入、就业质量等之间的关系,一直受到学者的关注。职业流动的频率对农民工就业质量的影响是双重的,既有正面的积极作用,也有负面的消极作用。从积极作用方面来看,根据劳动力市场分割理论,处于次级劳动力市场的劳动者主要是通过职业流动来获取职业地位的上升,这一点在大量已有的实证研究中已经得到了证明。同时,职业流动也是劳动者个体提高收入水平的重要决定因素,从这个角度来看,职业流动的次数应该和收入水平呈正比。从消极的方面来看,职业流动,尤其是农民工的频繁的水平流动会中断在特定岗位中工作经验的积累,带来就业的不稳定性,从而对收入产生负面影响。

此前,在我们所做的关于农民工就业波动研究的国家课题里,利用课题获取的调研数据做的模型显示参加社会保险导致农民工离职倾向概率减少 0.670 倍;签订劳动合同导致农民工离职倾向概率减少 0.663 倍。可见,农民工就业的流动性和劳动权益保障存在相互影响关系。

就目前的情况看,农民工就业流动性大是导致不签订劳动合同的主要原因,但深入分析,不履行签订合同的手续,主要责任在于企业,其次在农民工自己。一些企业不与农民工签订合同,主要是怕担当保障工人合法权益的责任,怕一旦出现事故、工伤,企业要拿出钱来应对。于是在签订合同的过程中对农民工制造过多的麻烦和限制,使得农民工为了减少麻烦而同意放弃或忽略签订合同的程序。另外,有相当数量的农民工只图一时的利益,务工只为拿到现成的劳务报酬即可,不去争取自己应有"五险一金",更不去考虑特殊工种会带来的隐蔽性身体伤害,听任用工企业不签订合同的要求。

基于不少学者和我们此前的讨论及数据分析结果,这里将样本根据就业流动次数分为四组,对每组的样本就是否签订正式的劳动合同及是否缴纳"五险一金"等情况进行具体分析(见表7)。很明显可以得出这样的结

论:随着就业流动次数的增加,签订正式就业合同和缴纳"五险一金"的人数在本组中所占的比例呈先升后降的趋势(见图1)。这一结论印证了此前学者关于职业流动次数对农民工就业质量和收入的影响,即随着就业次数的增加,其收入和就业质量均呈现倒"U"形的变化趋势①。

表7 就业流动与农民工劳动权益保障情况

流动次数	签订劳动合同的百分比	缴纳养老保险的百分比	缴纳医疗保险的百分比	缴纳失业保险的百分比	缴纳工伤保险的百分比	缴纳生育保险的百分比	缴纳公积金的百分比
0	40%	9%	11%	11%	28%	8%	8%
1—2	70%	49%	49%	41%	51%	35%	38%
3—4	71%	47%	45%	36%	51%	33%	23%
5 及以上	63%	29%	32%	20%	41%	12%	10%

就业流动次数与劳动权益

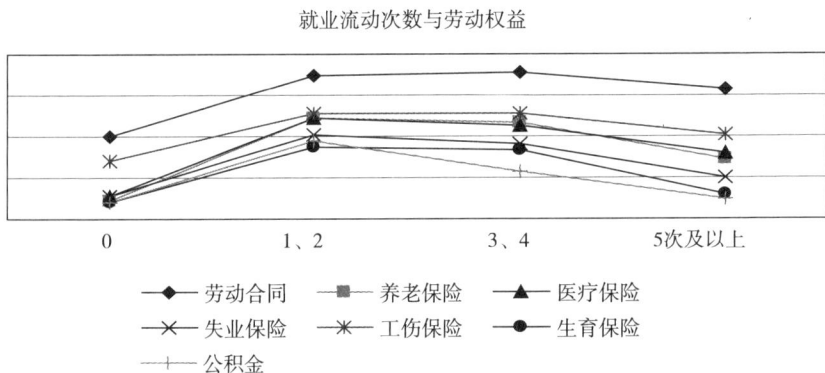

图1 就业流动次数与农民工劳动权益保障情况

2.农民工法律知识缺乏,没有形成合力,谈判能力弱

由于农民工缺乏相应的法律知识,且法律意识较淡薄,当他们的合法权

---

① 钱芳等:《农民工就业质量测算指标的构建研究》,载《江西社会科学》2013 年第 9 期。

益受到侵害时,诉诸法律的可能性很低,谈判能力很弱,即使有少部分农民工用法律来保护自己的劳动权益,这些保护也仅仅限于讨薪、工伤赔偿等表层的和应急性的权益保障,而滞后性积淀性的损害如职业病、养老金待遇的高低,则不能事先预知和觉察,导致状告无门,无人负责。

除此之外,另一个重要的原因是农民工组织化程度低。由于农民工群体就业呈现出"短工化"和高流动性趋势,企业的各种专门对农民工各种限制的制度和举措进一步加大了他们工作和生活的不稳定性。在受到限制的社交交往和灵活的用工方式的双重作用下,农民工换动工作更为频繁,这就更削弱和瓦解他们的地缘、业缘关系网络,消减了他们本应积累起来的社会资本。因此农民工很难团结起来,抱成团,没有形成合力,因此集体谈判协商能力也非常弱。

虽然目前出现了一些以非正式关系网络为基础的集体行动,在一定程度上起到了为农民工群体争取正当劳动权益的作用,但是依法维权集体议价能力还是偏低。以工资增长为核心的集体协商制度仍面临不少困难和阻力。有的企业收到工会集体协商工资的要求后强烈抵制,并向农民工和当地政府发出威胁称"要把企业搬走"。有的企业拒绝提供企业收益、利润增长等数据,一口咬定企业"亏损",致使企业工会在谈判中处于不利地位。有的企业与当地政府及其官员有着千丝万缕的经济关系,导致一些官员与违法企业联合共同成为农民工维权的对手。

3.农民工的权益保障在制度的设计上也存在问题

农民工参加社会保险率偏低,究其原因,一是国家政策因素。国家有关城镇职工、城乡居民养老保险制度之间的衔接政策尚未出台,农民工与城镇居民养老、医疗、失业、工伤保险待遇相差3—5倍,影响了农民工的参保和流动。二是企业负担因素。一方面,不少企业重视经济利益,忽视社会责任,担心为农民工缴纳社会保险会增加生产成本;另一方面,部分企业尤其是劳动密集型企业承担的职工社保缴费比例确实过高,负担过重,目前,江西省执行的养老、医疗、失业、工伤、生育5项社保再加上公积金的缴费比例,企业需要承担比例合计超过个人工资总额的40%,比深圳等发达地区多10%左右(网络公开深圳企业交社保比例为12%,江西省执行的是国家标准为20%)。缴费比例居高不下,多数企业特别是占95%以上的小微企业感觉负担过重,这和地区社会经济发展水平和社会承受能力不相适应。三是农民工操作因素。农民工权益保障的跨地区、跨时间、跨企业的连续性缺乏衔接,大部分农民工就业流动性大,政府有关部门懒政办事,设置过多的障碍,权益保障的实现劳神劳力,伤财伤心,给接续社保关系带来诸多困难,造成农民工停保中断缴费现象。

三、对策及建议

(一)创造条件,提高农民工就业的正规性和稳定性

1.构建和谐劳动关系,依法签订劳动合同,提高农民工就业的规范程度

党的十八大明确提出构建和谐劳动关系。我们要坚持法治思维,依法签订劳动合同,这不仅是农民工就业的首先程序,更是构建和谐劳动关系的重要前提。农民工就业只有签订了劳动合同,才能保护自己的合法权益。在调研中我们发现,签订劳动合同虽然已经成为了农民进城务工就业的常识,但在相当一部分的农民工中,仍然存在不签劳动合同的情况。政府有关劳动管理部门必须督促企业与员工依法签订劳动合同,切实维护劳资双方的合法权益。

2.依法规范企业用工制度,加强企业和农民工之间的联系

要从依法规范企业用工制度入手,稳定并加强企业和农民工之间的联系,从根本上解决农民工劳动权益保障问题,即提高自主创新能力,拓宽企业生产利润空间,切实改善劳动环境,稳定农民工就业,保障并不断提高农民工的收入待遇。当前,大多数企业中的农民工和企业的关系非常脆弱,每月发放的工资是企业和农民工的唯一联系。究其原因,企业没有把农民工作为自己要建设的队伍看待,更谈不上有人文关怀;农民工也就把在企业务工当作是一件临时的事,在企业没有归属感,当工作与生活或者农活儿发生

矛盾时,首先想到的是辞工。

依法规范用工制度,首先要依法规范农民工的薪酬制度,实行企业用工必须缴纳农民工工资押金制度,这就可以解决包括保障工资收入的增长不低于物价的上涨,以及不克扣农民工的工资收入和按时发放农民工工资等一系列问题。依法规范用工制度,还要消除就业歧视,加大对用工单位的监督力度,规范无歧视招工用工制度,保证农民工的合法权益,逐步消除就业歧视,让农民工进城务工获得平等的就业机会,享受平等的劳动待遇,从而切实提高农民工的待遇,增强其就业稳定性。

3.发挥社区组织对农民工稳定就业的作用

农民工劳动权益的保障与农民工的流动性密切相关。流动性越大,保障性越低。农民工的流动性分为就业的流动性和生活的流动性,两者本是一致的,但也不尽然,特别是在一座城市中,往往出现生活稳定在一个社区,就业不一定稳定在一个企业。两者除了具有相对的一致性外,还有互动性。生活的稳定性会促进就业的稳定性,就业的稳定性也会促进生活的稳定性。我们在调研中发现,处理好流动性和稳定性在生活与就业上的不同情况,可以增加农民工社会资本的积累,对农民工就业的稳定性是有帮助的,对农民工劳动权益的保障也有好处。所以说,目前农民工的流动性是主要的,但也要看到农民工的稳定性正在出现,我们可以通过农民工在生活和就业某一方面的稳定性来促进另一方面的稳定性。

现在很多农民工及其家庭已经在城镇中落脚居住,已经成为了城镇中的社区人,从农民工工作之外的生活及子女教育等方面来看,社区更是他们的一个精神寄托空间。但目前,在政府、工会、共青团、妇联和企业都能为他们解决问题的时候,社区却成为了一个盲点。我们在调研中发现,农民工在社区生活中受到冷漠甚至是歧视的待遇,使农民工的正常人脉关系、社会资本一直处于单薄、稀缺状态,带来的精神压力是很大的。我们在调研中还发现,把农民工吸收到所居住的社区组织,增大农民工与城市市民的接触机会,既可以为他们提供更多的就业信息,又可以让他们和城市居民有一个相互交流、增进了解的平台,帮助农民工更快更好地融入城市,增加和积累社会资本,增强他们对务工城市和社区的主人翁意识,这不仅是一种人文关怀、精神支撑,对于稳定农民工的就业也着非常重要的作用,一旦劳动权益受损,也可以得到社会的及时帮助和解决。有的城市已经开始这方面工作,社区在精神上对农民工的好处往往大于物质上的支持和关心,农民工也会因为社区的认同,不仅有归属感,而且还有责任感,成为社区建设的主人。因此,加强社区组织对农民工的管理和服务是当前应该引起重视的一项工作,应该把这一工作作为社区管理创新的一种硬性要求。

(二)建立健全制度和组织,提供法律援助,加强农民工谈判能力

1.建立并切实实施工资集体协商制度

就业和用工,是农民工和企业双向需要,必须坚持公平平等和自愿的原则,双方都有各自应有的权益和义务,也就都有在实现劳动生产和支付报酬上的要求,因此,从公平平等的原则出发,企业和工人应该采取定期协商的办法,根据实际情况各自提出生产任务要求和工资报酬标准,从当前实际情况来看,更应保障农民工在劳动报酬的确定上有与企业同等的权力,而从实际效果来看,这也更有益于企业的发展和劳动者合法权益的保护。由当地政府作为责任人坚决实行由人大常委会通过的以工资增长为核心的集体协商制度。工资集体协商制度不仅是要积极引导企业合理地确定工资标准,还有随着企业生产效益的不断提高,应及时提高职工工资,保障农民工工资正常增长。工资集体协商制度也能使农民工在与企业方协商对话的过程中了解到企业生产情况,了解到企业生产的成本与市场的变化,从而实事求是地来确定自己报酬水平。

2.改革并切实实施农民工权益保障得以实现的具体制度举措

农民工依法应该享受的各项权益必须得到制度的保障,特别是具体的制度举措。由于农民工务工的最大特征是流动性,制度应该适应这种流动性,而不是让流动性来适应地方分割的制度,在全国实行联合保障、联合办

理,东中西部地区不应以发展程度不同、工资水平不同而形成同是中国农民工却分成三六九等的不平等级,农民工可以凭依自己的身份证在国内任何一个地方办理社保和续保并得到确实的保障,各地政府有关部门应以农民工的权益保障为自己的天职,不可懒政,不可推诿,不可设置各种障碍。国家层面应该及时调整农民工社保缴费比例,减少企业的负担,减少农民工的负担,国家要多承担一些,体现社会主义的优越性。对于直接危害农民工的工伤事故和职业病,必须作为专项问题解决,切实改善生产劳动环境和实施生产劳动安全保护,绝对地减少由于生产劳动环境恶劣和生产劳动安全保护不到位导致的工伤事故和职业病,维护好农民工作为劳动者应该得到的生命保障权。目前,工伤事故的保险率正在不断地提高,但是职业病的救治问题没有得到改进。对于职业病,由于其有潜伏期,农民工务工的流动性往往成为了职业病责任追究的难点,有关责任部门所谓的加强监督检查收效不大,有的地方政府部门甚至和相关企业一起来糊弄农民工。必须实行职业病溯源追查和及时救治制度,落实到政府责任部门的权责清单中去。一时难以查清的责任,应由当地政府先保证救治,同时进行追查,认定责任,一旦查证,追责到底。必须进一步完善职业病防治的相关法规,使其具备更好的可操作性;对于那些不顾及工人生命违法生产和不救治患病工人的企业,必须依法惩处。

3.建立和完善工会组织

积极在农民工务工企业成立有代表性和公信力的工会组织,或者已经建立了工会的则要积极开展工作,积极组织广大农民工参加工会,对于有效地改善农民工就业条件,形成和谐的劳动关系是有积极意义的。我们在调研中发现,最近十年,各级各地工会组织(还有共青团、妇联)在依法维护农民工合法权益方面做了大量的工作。正因为如此,企业无论大小,无论国有民营,农民工大都企盼建立工会,或者是加入工会;特别是在农民工还是弱势的时候,在农民工拿不到工资、工资多年不涨、社会保障得不到实现的时候,农民工们大都企盼工会能为农民工说话办事,为农民工真诚服务。大凡有工会的企业,工会真正依法办事、以工人为本的企业,农民工的劳动权益就能得到较好的保障,劳资关系就比较和谐。按照《工会法》,工会组织在使命和宗旨上,必须以职工为本,重视和关注企业凝聚力和员工士气;支持和引导农民工用好工资集体协商制度,提高农民工参与企业管理的理性、工作热情、投入度和满意度;尊重合资企业与员工的文化差异与传统观念方面的差异,建立和谐关系。在组织形式上,成立劳动争议调解委员会和劳动保护监督委员会,排解劳资纠纷,加强沟通交流,有效改善农民工职业健康环境和就业质量,降低农民工非正常就业流动性,推动企业生产效率提高。这样,就可以把农民工劳动权益落实到实处。

共青团主要是在帮助青年农民工、妇联在帮助女性农民工维权上继续发挥组织保障作用,充分开掘和利用更多的社会资源有针对性地支持和帮助农民工。使不同层面的农民工在不同的群众组织中获得不同的支持和帮助,从而从弱势转而成为能够维护和实现自己合法权益的主体,就业的可能性和稳定性及其质量都会大大改善。

4.为农民工提供积极的法律援助

全面推进依法治国,我们的社会正在走向法治社会,用法律解决社会问题是社会管理的根本途径。农民工从农村进入城市,脱离了原有的血缘、地缘关系,进入到一个关系更为复杂的陌生环境,解决所面临的问题,主要是依靠法律。遵守法律,增强理性,免生事端;依靠法律,理性思考,解决事端。所以,学法、懂法、守法、用法,是农民工保障自己合法权益的主要手段,也是我们治理社会、建设和谐社会的重要工作。我国地方各级政府设立法律援助机构安排法律服务人员为经济困难或特殊案件人免费提供法律服务,以保障其合法权益的法律保障制度已经多年,而且比较成熟,但就专门为农民工设置专项服务,还是近年方才开始,江西省司法厅专门开设农民工法律援助窗口,并积极利用网络信息技术形成省市县多层次的互动援助,采取法律咨询、庭外调解、诉讼代理、法庭辩护等方式为农民工解决了不少问题。但是,由于农民工来自农村,整体文化程度不高,法律知识相对缺乏,守法行为相对盲目,用法知识基本没有,在如何依法维权,特别是如何依法保障自己的劳动权益、提高自己的就业质量上还存在很多的问题,因此相关司法、法制部门应及时给予法律援助,积极帮助农民工维权。

2015 年 4 月

二、课题调研问卷

1.农民工就业波动分析及对策研究调查问卷表一

尊敬的女士、先生：

您好！我们是南昌大学国家社会科学基金项目研究课题组的研究人员,课题的目的是了解农民工就业波动的情况,研究有效缓解和治理农民工就业波动的长效机制,为确定社会政策走向和动态调整提供依据,本调查问卷仅供学术研究之用。我们对您的回答不做个别分析,并将予以保密！请您安心作答。您的真实数据和配合将是对我们工作的最大支持和帮助。

请您在空格处填写或在您认为合适的选项上画"√",谢谢！

第一部分　企业基本情况

101.您企业的性质是(　　　)

A.国有企业　B. 民营企业　C.独资企业　D.合资企业　E.其他

102.您企业的从业人员(　　　)

A.100 人以下　B.100—300 人　C.300—400 人　D.400—500 人　E.500—600 人　F.600—2000 人　G.2000—3000 人　H.3000 人以上

103.您企业的销售额(　　　)

A.1000 万元以下　B.1000—3000 万元　C.3000—15000 万元

D.15000—30000 万元　E.30000 万元以上

104.您企业所处的行业（　　　）

A.工业企业（含制造业）　B.建筑业　C.批发业　D.零售业

E.交通运输业 F.邮政业　G.住宿餐饮业　H.其他

105.您企业是属于（　　　）

A.劳动密集型　B.技术密集型　C.资本密集型　D.知识密集型

E.其他

第二部分　企业用工情况

201.您企业通过何种途径招聘员工（　　　）

A.广告　B.劳动力市场　C.政府中介机构　D.熟人介绍　E.其他

202.您企业现在是否缺工（　　　）（如果选择"否"，请直接跳至第204题）

A.是　B.否

203.您企业目前缺工的比例大致是多少（　　　）

A.10%以下　B.10%—20%　C.20%—30%　D.30%—40%

E.40%—50%　F.50%以上

204.您企业员工中男性比例大致为（　　　）

A.10%人以下　B.10%—30%　C.30%—50%　D.50%—70%　E.70%以上

205.您企业中大致有多少比例的员工来自农村（　　　）

A.10%人以下　B.10%—30%　C.30%—50%　D.50%—70%　E.70%以上

206.您企业员工中已婚员工的比例大致为（　　　）

A.10%人以下　B.10%—30%　C.30%—50%　D.50%—70%　E.70%以上

207.您企业员工的流动率大致为（　　　）

A.10%人以下　B.10%—30%　C.30%—50%　D.50%—70%　E.70%

以上

208.您企业员工的平均年龄是(   )

A.20 岁以下   B.20—30 岁   C.30—40 岁   D.40—50 岁   E.50 岁以上

209.您企业对招聘的员工是否有工作经历的要求(   )

A.没有要求   B.要有 1—2 年相关工作经历   C.3 年以上工作经历

210.您企业招聘的员工是(   )

A.熟练工   B.半熟练工   C.新手

211.您企业员工的学历结构(所占百分比)为:

初中以下   初中   高中   专科   本科或以上
   %   %   %   %   %

212.您企业员工离职的原因是(   )

A.工资收入低   B.福利待遇差   C.工作时间过长,太辛苦   D.工作太单调   E.没有发展前途   F.家庭需要照顾   G.工作没有保障   H 其他

213.离职员工中,哪一个年龄段所占的比例最大(   )

A.20 岁以下   B.20—30 岁   C.30—40 岁   D.40—50 岁   E.50 岁以上

214.离职员工中,哪一类员工所占比例最大(   )

A.熟练工   B.半熟练工   C.新手

215.离职员工中,哪一个学历层次的员工所占比例最大(   )

A.初中以下   B.初中   C.高中   D.专科   E.本科或以上

216.您企业离职员工的去向(   )

A.同一行业的其他企业   B.其他行业   C.省内其他地区   D.外省

E.自己创业   F.回家务农   G.其他

217.您企业离职员工占员工总数的比例是(   )

A.5%以下   B.6%—10%   C.11%—15%   D.16%—20%   E.20%以上

218.在离职员工中主动离职占比为: %   被动离职占比为: %

第三部分　企业用工制度和用工环境

301.您企业是否和员工签订正式的用工合同(　　)

A.是　B.否　C.部分签订

302.您企业是否为员工缴纳保险(　　)(如果选择否,请直接跳至第304题)

A.是　B.否

303.您企业为员工缴纳的保险包括(多选)(　　)

A.养老保险　B.医疗保险　C.工伤保险　D.失业保险　E.生育保险

304.您企业员工的平均月收入是(　　)

A.1000元以下　　B.1000—1500元　C.1600—1900元

D.2000—2900元　E.3000元以上

305.您企业员工的平均基本工资是(　　)

A.500元以下　B.500—550元　C.560—600元　D.610—660元

E.670—720元　F.720元以上

306.您企业员工平均每月的加班费大致是多少(　　)

A.200元以下　B.200—290元　C.300—390元　D.400—490元

E.500—590元　F.600—690元　G.700—790元　H.800元以上

307.您企业员工每周工作时间大致是(　　)

A.40小时或以下　B.40—49小时　C.50—59小时

D.60—69小时　E.70小时以上

308.在每周的工作时间中,以加班计算的时间平均是(　　)

A.0小时　B.1—9小时　C.10—19小时　D.20—29小时

E.30—39小时　F.40小时以上

309.您企业员工加班工资每小时是(　　)

A.4.7元以下　B.4.8—5.2元　C.5.3—5.7元　D.5.8—6.2元

E.6.3—6.8元　F.6.8元以上

310.您企业是否设有心理咨询室(　　)

A.是　B.否

311.您企业每年举办各种员工参与的娱乐活动的次数（　　）

A.几乎没有　B.1 次　C.2—3 次　D.3 次以上

312.您企业是否设有工会（　　）

A.是　B.否

2.农民工就业波动分析及对策研究调查问卷表二

尊敬的女士、先生：

您好！我们是南昌大学国家社会科学基金项目研究课题组的研究人员，课题的目的是了解农民工就业波动的情况，研究有效缓解和治理农民工就业波动的长效机制，为确定社会政策走向和动态调整提供依据，本调查问卷仅供学术研究之用。我们对您的回答不做个别分析，并将予以保密！请您安心作答。您的真实想法的展现将是对我们工作的最大支持和帮助。

请您在空格处填写或在您认为合适的选项上画"√"，谢谢！

1.您的性别（　　）

A.男　B.女

2.您的年龄（　　）

3.您的最后学历（　　）

A.小学或以下　B. 初中　C.高中　D.大专　E.本科或以上

4.您外出打工的时间（　　）

A.一年以下　B. 1—3 年　C.4—5 年　D.6—10 年　E.10 年以上

5.您的婚姻状况（　　）

A.未婚　B. 已婚　C.单身

6.您的配偶是否和您在同一城市务工（　　）

A.是　B.否

7.您是否有孩子（　　）

A.是　B.否

8.您的孩子是否和您生活在一起(　　)

A.是　B.否

9.您的父辈是否有外出务工的经历(　　)

A.是　B.否

10.您成长的环境是(　　)

A.一直在农村　B.一直在城市　C.农村和城市

11.目前为止,您务工的城市(　　)

A.1 个　B.1—3 个　C.3—5 个　D.5 个以上

12.您外出务工是否经过了仔细考虑(　　)

A.仔细考虑过　B.稍作考虑　C.没有考虑

13.您外出务工的原因(可多选,并按程度排序)(　　)

A.更高的收入　B.向往城市的生活　C.习惯了城市的生活　D.城市有更多的机会　E.不会务农　F.农村没有朋友　G.不习惯农村的生活
H.其他

14.您第一份工作是通过何种方式获得的(　　)

A.老乡介绍　B.同学介绍　C.中介机构　D.自己找的　E.广告
F.其他

15.您目前或最近一份工作是通过何种方式获得的(　　)

A.老乡介绍　B.同学介绍　C.中介机构　D.自己找的　E.广告

F.同事介绍　G.雇主推荐

16.您目前或最近一份工作的月收入(　　)

A.1000 元以下　B.1000—1500 元　C.1600—1900 元　D.2000—2900
元　E.3000 元以上

17.您目前或最近一份工作的基本工资是多少(　　)

A.500 元以下　B.500—550 元　C.560—600 元　D.610—660 元

E.670—720 元　F.720 元以上

18.您每月的加班费大致是多少(   )

A.200 元以下   B.200—290 元   C.300—390 元   D.400—490 元
E.500—590 元   F.600—690 元   G.700—790 元   H.800 元以上

19.您每周工作时间大致是多少小时(   )

A.40 小时或以下   B.40—49 小时   C.50—59 小时   D.60—69 小时
E.70 小时以上

20.在您每周的工作时间中正常上班的时间大致是多少(   )

A.40 小时或以下   B.40—49 小时   C.50—59 小时   D.60—69 小时
E.70 小时以上

21.在您每周的工作时间中,以加班计算的时间是多少小时(   )

A.0 小时   B.1—9 小时   C.10—19 小时   D.20—29 小时   E.30—39
小时   F.40 小时以上

22.您加班的原因是什么(   )

A.多赚点加班费   B.公司硬性规定   C.尽快完成任务   D.博得上司的
好感   E.业余时间没什么娱乐活动   F.随大流   G.其他_____

23.您加班工资每小时是多少元(   )

A.4.7 元以下   B.4.8—5.2 元   C.5.3—5.7 元   D.5.8—6.2 元
E.6.3—6.8 元   F.6.8 元以上

24.您业余时间如何安排(   )

A.看电视   B.上网   C.和朋友喝酒、聊天   D.逛街   E.上培训班
F.照顾家庭中其他成员   G.其他_____

25.您在花费在寻找目前或最近一次工作方面的费用是多少(   )

A.50 元以下   B.50—100 元   C.100—200 元   D.200 元以上

26.这些求职费用主要用在哪些方面(   )

A.中介公司   B.参加招聘大会   C.人情费   D.其他

27.您每年花在往返城市和家乡之间的路费大约是多少(   )

A.300 元以下   B.300—500 元   C.600—800 元   D.800 元以上

28.您每月花费在和老家亲朋通讯的费用大约是多少(　　)

A.50元以下　B.50—100元　C.100—200元　D.200元以上

29.您每月的住宿费大约是多少(　　)

A.100元以下　B.100—200元　C.200—300元　D.300元以上

30.您每月的伙食费大约是多少(　　)

A.100元以下　B.100—200元　C.200—300元　D.300元以上

31.除去以上四方面的开支之外,您每月的日常开支大约是多少(　　)

A.100元以下　B.100—200元　C.200—300元　D.300—400元

E.400—500元　F.500元以上

32.您每月寄回家乡赡养父母的花费大约是多少(　　)

A.100元以下　B.100—200元　C.200—300元　D.300—400元

E.400—500元　F.500元以上

33.您每月在孩子教育方面的花费大约是多少(　　)

A.100元以下　B.100—200元　C.200—300元　D.300—400元

E.400—500元　F.500元以上

34.您每月的日常开支中最大的一项是(　　)

A.伙食　B.住宿　C.孩子教育　D.赡养父母　E.和老家的通讯　F.娱乐

G.参加培训　H.人情交往

35.您的朋友圈子主要是那些人(　　)

A.同学　B.老乡　C.同事　D.在城市认识的朋友　E.网友　F.其他_____

36.您目前或最近一次务工单位提供哪些福利(可多选)(　　)

A."三险一金"　B.免费住宿　C.工作餐　D.幼儿园

E.健身中心　F.心理咨询　G.技能培训　H.其他_____

37.您希望务工单位提供哪些福利(　　)(可多选并按程度排序)

A."三险一金"　B.免费住宿　C.工作餐　D.幼儿园

E.健身中心　F.心理咨询　G.技能培训　H.其他_____

38.您对目前的工作满意吗(　　)

A.很满意　B.较满意　C.一般　D.不太满意 E.很不满意

39.您目前有换工作的打算吗(　　)

A.有　B.没有　C.说不准　D.一边工作一边找机会

40.您有回老家的打算吗(　　)

A.有　B.没有　C.说不准

41.您希望您的孩子将来在哪里工作(　　)

A.农村　B.城市　C.无所谓

42.您务工期间对自己的处境是否满意(　　)

A.很满意　B.较满意　C.一般　D.不太满意 E.很不满意

43.您务工期间最满意的是什么(　　)

A.收入提高了　B.享受了城市的生活　C.认识了朋友　D.增长了见识

E.学习了技能　F.其他_____

44.您务工期间最不满意的是什么(　　)

A.收入太低　B.受到了歧视和不公正待遇　C.没有朋友　D.没有归属感　E.对未来觉得茫然　F.其他_____

3.农民工就业波动分析及对策研究调查问卷表三

尊敬的进城务工人员:

您好!

我们正在进行进城务工人员的培训和职业流动的调查研究,需要了解您的职业培训和就业状况,恳请您帮助填写以下调查问卷,非常感谢您的支持,请您仔细阅读并坦诚地根据学校的实际情况认真填答,不要遗漏任何项目。本问卷采用匿名方式作答,问卷信息保密,请您耐心细致填答。再次感谢您的参与! 祝您万事如意!

进城务工人员的就业波动课题组

一、【个人和家庭基本情况】

101.您的性别(　　　)

1.男　2.女

102.您现在的年龄(　　　)岁

103.您的婚姻状况(　　　)

1.未婚　2.初婚　3.离婚　4.离婚再婚　5.丧偶　6.丧偶再婚

104.您本人的文化程度(　　　)

1.不识字或识字很少　2.小学　3.初中程度

4.高中、职高、中专、技校　5.大专　6.本科及以上

105.您的户口类型(　　　)

1.农业户口　2.非农户口　3.其他类型

106.您的户籍所在地来自哪里(　　　)

1.(江西省)_____市_____县　2.(外省)_____省_____市_____县

107.您现在打工所在的城市：_____省_____市_____县。

108.您在外打工一共多少年?_____年,您在现在的企业工作了____年。

109.您的平均月收入为_____元(包括奖金、福利、补贴),每天平均工作_____小时,每周工作_____天。

110.您的职业类型(　　　)

1.国家与社会管理者　2.经理人员　3.私营企业主

4.专业技术人员　5.办事人员　6.个体工商户

7.商业服务业员工　8.产业工人　9.农业劳动者

10.无固定职业

111.您现在就业的单位性质(　　　)

1.土地承包者　2.机关、事业单位　3.国有及国有控股企业

4.集体企业　5.个体工商户　6.私营企业

7.其他,请注明_____

112.您现在家庭人口数（　　　）人

其中：1.16—59 周岁有劳动能力的人数（不包括在校学生）：＿＿＿＿人

　　　2.现在有工作的就业人口数：＿＿＿＿人

113.您现在是否和以下亲人居住在一起（多选题,请在一起居住的家庭成员选项上打√）：

1.父亲　2.母亲　3.配偶　4.岳父或公公

5.岳母或婆婆　6.子女　7.兄弟　8.姐妹

9.祖父或外公　10.祖母或外婆　11.孙子女或外孙子女　12.其他

114.如果您是已婚者,请问您有几个孩子（　　　）

1.没有　2.有＿＿＿＿个　［其中：学龄前儿童＿＿＿＿人、中小学生＿＿＿＿人］

115.如果您有学龄前和学龄小孩,您的未成年子女在什么地方上学或读幼儿园？（　　　）

1.本市/区/县　2.老家　3.其他地方

116.您的家人学历和职业类型（请选择合适的编号填写在学历、职业类型后面的括号内）

	填写栏	学历	职业
父亲	学历（　　　） 职业（　　　）	1.文盲 2.小学 3.初中 4.高中、中技校、职高 5大专 6.大学本科 7.研究生以及以上	1.无业 2.企事业单位负责人 3.一般管理、行政、办事人员 4.专业技术、研究人员 5.商业工作人员 6.服务型工作人员 7.生产、运输工人 8.农林牧副渔劳动者 9.个体户、自由职业者
母亲	学历（　　　） 职业（　　　）		
配偶 （未婚、离异者不填）	学历（　　　） 职业（　　　）		

117. 2010 年和您生活在一起的家庭成员（共同收支）的全部年总收入大约是多少：＿＿＿＿＿＿万元。

118.您认为您是否已经融入了现在正在打工的城市？（　　　）

1.根本未融入　2.没有融入　3.不确定　4.基本融入　5.完全融入

二、【就业和培训基本情况】

201.您是通过什么渠道在城市(县)找到工作的?(　　)

1.靠亲朋好友的介绍　2.由培训学校有组织的输出

3.用人单位直接的招工　4.由政府有组织的输出

5.中介机构的介绍　6.互联网得到信息后靠自己应聘面试找到

202.您的亲戚中帮你找过工作的有几个?(　　)个

203.您的亲戚中帮你找过工作的是您的什么人?(　　)

204.您在打工地认识的朋友、同事或熟人帮你找过工作吗?(　　)

1.没有　2.有

205.您找工作去过职业介绍所或人才市场吗?(　　)

1.从未去过　2.偶尔去　3.不清楚　4.有时去　5.经常去

206.您认为政府组织就业有必要吗?(　　)

1.根本没必要　2.没有必要　3.有点没必要　4.不清楚

5.有点必要　6.比较有必要　7.非常必要

207.您参加了什么样形式的技能培训?(　　)

1.没有参加任何形式的培训

2.由用人单位组织的培训

3.就业前自己在家乡参加的培训

4.在城市参加中介机构组织的培训

5.由政府买单的、有组织的培训

208.您参加培训的文化课程和技能课程有:＿＿＿＿＿＿＿＿＿＿

209.如果您参加过各种培训,您在培训中遇到的最主要问题是(最多三项)(　　)

1.没有时间参加培训和学习　2.培训学习费用太高　3.文化基础太低

4.工作不稳定没有心思学习　5.担心学习以后没有用

6.单位附近没有学校或培训机构或离居住地太远

210.您认为目前政府组织的农民工培训学校存在的主要问题是（　　）

1.教师授课水平不高　2.培训课程不适应需要　3.培训教学形式单一

4.后勤服务不到位　5.培训内容实用程度不强　6.培训内容的难度学员跟不上　7.培训只停留在低层次的技能培训　8.其他

211.培训后,正是因为技能的提高,您离开曾经的企业去了新的企业（　　）

1.根本不同意　2.比较不同意　3.有点不同意　4.不清楚　5.有点同意

6.比较同意　7.非常同意

212.过去5年至现在,您进城务工以来换过几次工作（　　）（5次以上请写明次数）

1.0次　2.1次　3.2次　4.3次　5.4次

213.在未来一两年中,您是否很可能离开现在的企业?（　　）

1.是　2.否【选择没有打算离开现在企业的跳问219】

214.如果您打算更换工作,您换工作的最主要原因是什么?（最多可选择3项,并按重要性排序)（　　）

1.单位工资收入比较低　2.经过技能培训提升后换职位　3.找到更好的工作岗位　4.自己创业当老板　5.夫妻分居的原因　6.小孩读书上学的原因　7.照顾家中老人　8.单位没有参与"五险一金"（养老保险、工伤保险、医疗保险、失业保险、生育保险、住房公积金）

215.您如果想换工作,您的理想就业地在什么地方?（　　）

1.家乡农村　2.家乡所在的城市　3.发达城市　4.其他地方

216.如果您换过工作,在最近一次您换工作前,在原来的企业工作了____年____个月。

217.您在现在的企业已经工作几年了:____年____个月。

218.进城打工后最亲密的朋友是谁?(　　)

1.一同来打工的老乡　2.进城后认识的农民朋友　3.进城后认识的城里人

219.您来到城市里工作,遇到最大的困难是什么?(　　)

1.没有困难　　2.住房困难　　3.社会关系少、感情孤独　4.生活艰苦

5.本地人排挤　6.找不到工作　7.城里物价太贵　8.其他

220.您有没有被老板辞退工作过?(　　)

1.有　2.没有【选择没有被老板辞退工作的跳问223】

221.您被老板辞退工作的原因是什么?(　　)

1.工作技能不够　2.和上司关系不好　3.企业经济效益下滑裁员

4.因工受伤　　　5.自己生病休养　　6.工作态度不好

7.无故被辞退

222.您未来是否有创业当老板的想法并付诸实施?(　　)

1.已经创业了　2.未来1年内准备创业　3.未来3—5年内准备创业

4.根本不打算创业【跳问228】

223.您如果打算创业,是否打算参加创业培训?(　　)

1.不参加　2.参加

224.您如果打算创业和正在创业,您创业的目的是什么?(　　)

1.为了改善生活、增加收入而选择创业

2.为了事业的发展而选择创业

225.您认为创业机会来自哪里?(　　)

1.外出务工积累的经验和技术　　2.农村养殖业和种植业的发展

3.地区非农产业发展产生的机会　4.政府的鼓励和支持

5.模仿别人的成功创业经验

226.您如果打算创业或正在创业,您打算或从事创业的行业是(　　)

1.制造业　2.交通运输业　3.建筑业　4.商业餐饮业

三、参考文献

（一）国外译著和论著

[1]《马克思恩格斯全集》第16卷,中央编译局译,人民出版社1964年版。

[2][法]诺拉:《社会的信息化》,施以方译,商务印务馆1985年版。

[3][美]舒尔茨:《人力资本投资》,商务印书馆1990年版。

[4][英]凯恩斯:《就业、利息和货币通论》,高鸿业译,商务印书馆1999年版。

[5][美]林南:《社会资本:关于社会结构与行动的理论》,张磊译,世纪出版集团2000年版。

[6][日]速水佑次郎:《发展经济学》,李周译,社会科学文献出版社2003年版。

[7][美]加里·贝克尔:《人力资本理论》,中信出版社2007年版。

[8][美]曼昆:《宏观经济学(第六版)》,张帆译,中国人民大学出版社2009年版。

[9][英]亚当·斯密:《国民财富的性质和原因的研究》下卷,郭大力译,商务印书馆2009年版。

[10][美]托达罗:《发展经济学》,余向华译,机械工业出版社2009年版。

[11][丹]索伦森:《高级宏观经济学导论》,王文平译,中国人民大学出版社2012年版。

[12][美]克鲁格曼:《经济学原理》,黄卫平译,中国人民大学出版社2013年版。

[13][美]康芒斯:《制度经济学》,赵睿译,华夏出版社2013年版。

[14]Max Weber. The Protestant Ethic and the Spirit of Captalism. New York: Charles Scribner's Sons, 1958.

[15]Schultz, T.Z. "Investment in Human Capital." *American Economic Review*. 1961(5): 1-17.

[16]Becker, Gary. *Human Capital: A Theoretical and Empirical Analysis* (2nd Edition). New York: National Bureau of Economic Research, 1975.

[17]Casson, Mark. *The Entrepreneur: An Economic Theory*. Barnes & Noble Books (Totowa, N.J.) 1982: 396-415.

［18］Bourdieu P."The Forms of Capital",In Richardson(ed),*Handbook of Theory and Research for the Sociology of Education*,Westport,CT:Greenwood Press,1986.

（二）国内论著

［19］《毛泽东选集》第二卷，人民出版社 1991 年版。

［20］汪大海：《挑战失业的中国》，经济日报出版社 1999 年版。

［21］蔡昉：《中国人口流动方式与途径（1990—1999 年）》，社会科学文献出版社 2001 年版。

［22］王洪春、阮宜胜：《中国民工潮的经济学分析》，中国商务出版社 2004 年版。

［23］程新征：《中国农民工若干问题研究》，中央编译出版社 2007 年版。

［24］蔡昉：《人口与劳动绿皮书（2008）》，社会科学文献出版社 2008 年版。

［25］蔡昉：《人口与劳动绿皮书（2009）》，社会科学文献出版社 2009 年版。

［26］谢建社：《风险社会视野下的农民工融入性教育》，社会科学文献出版社 2009 年版。

［27］邰风涛：《中国转型期就业制度研究》，人民出版社 2009 年版。

［28］李培林：《当代中国民生》，社会科学文献出版社 2010 年版。

［29］赖德胜：《中国就业 60 年》，中国劳动社会保障出版社 2010 年版。

［30］蔡昉：《人口与劳动绿皮书（2010）》，社会科学文献出版社 2010 年版。

［31］蔡昉：《人口与劳动绿皮书（2011）》，社会科学文献出版社 2011 年版。

［32］任仲文：《"八个怎么办"学习参考》，人民日报出版社 2011 年版。

［33］刘晓昀：《农村劳动力就业与波动的性别差异》，社会科学文献出版社 2011 年版。

［34］马雪松：《从盲流到产业工人——农民工总量与和谐社会建设研究》，江西人民出版社 2011 年版。

［35］郭振玺：《提问 2012——中国百姓关注的十大民生问题》，红旗出版社 2012 年版。

［36］国务院农民工办课题组：《中国农民工发展研究》，中国劳动社会保障出版社 2013 年版。

［37］吴江：《中国人力资源发展报告》，社会科学文献出版社 2013 年版。

（三）国外期刊

［38］Laary A.Sjaastad.The Cost and Returns of Human Migration,*Journal of Political Economy*,Lxx,1962(4):80-93.

［39］Diamond,P.A Model of Price Adjustment,*Journal of Economic Theory*,1971(3):

156-168.

[40] Granovetter. M. The Strength of Weak Ties. *American Journal of Sociology*, 1973 (178):1356-1367.

[41] Chiswick, Barry. The Effects of Americanization on the Earnings of Foreign-born Men[J]. *Journal of Political Economy*. 1978(5):897-921.

[42] Bourdieu, P. Le Capital Social: Notes Provisoires. *Actes de la Recherche en Sciences Sociales*, 1980(31):41-49.

[43] Diamond, P. A. Aggregate Demand Management in Search Equilibrium, *Journal of Political Economy*, 1982(9):881-894.

[44] Bird. B. Implementing Entrepreneurial ideas: The Case for Intention, *Academy of Management Review*, 1988(3):442-453.

[45] Twomey D.F. The Long-term Supply of Entrepreneur: Students' Career Aspirations in Relation to Entrepreneurship, *Journal of Small Business Management*, 1988(4):5-13.

[46] Bird. B. Implementing Entrepreneurial Ideas: The Case for Intention, *Academy of Management Review*, 1988, 13(3):442-453.

[47] Low M B, MacMillan I C. Entrepreneurship: Past Research and Future Challenges [J]. *Journal of Management*, 1988, 14(2):139-161.

[48] Stuart R W, Abetti P A. Impact of Entrepreneurial and Management Experience on early Performance, *Journal of Business Venturing*, 1990, 5(3):151-163.

[49] Barkham R J. Entrepreneurial Characteristics and the Size of the New Firm: a Model and an Econometric Test, *Small Business Economics*. 1994(6):117-125.

[50] Kirzner I M. Creativity and/or Alertness: A Reconsideration of the Schumpeterian Entrepreneur, *Review of Austrian Economics*, 1999(11):5-17.

[51] Kim P H, Aldrich H E, Keister L A. Access(not) denied: the Impact of Financial, Human, and Cultural Capital on Entrepreneurial Entry in the United States, *Small Business Economics*, 2006(27):5-22.

[52] Marvel M R. Technology Entrepreneurs' Human Capital and its Effects on Innovation Radicalness, *Entrepreneurship Theory and Practice*, 2007(31):807-828.

[53] Marvel M R, Lumpkin G T. Technology Entrepreneurs' Human Capital and its Effects on Innovation Radicalness, *Entrepreneurship Theory and Practice*, 2007(31):807-828.

（四）国内期刊

[54] 边燕杰:《社会网络与求职过程》,《中国社会科学》1990 年第 2 期。

[55] 李培林:《流动民工的社会网络和社会地位》,《社会学研究》1996 年第 4 期。

[56] 蔡昉:《劳动力流动择业与自组织过程中的经济理性》,《中国社会科学》1997年第4期。

[57] 盛仕斌:《要素价格扭曲的就业效应研究》,《经济研究》1999年第5期。

[58] 王诚:《当前经济增长中的失业治理》,《浙江社会科学》2000年第5期。

[59] 边燕杰、张文宏:《经济体制、社会网络与职业流动》,《中国社会科学》2001年第2期。

[60] 殷晓清:《农民工就业模式对就业迁移的影响》,《人口研究》2001年第3期。

[61] 赵延东、王奋宇:《城乡流动人口的经济地位获得及决定因素》,《中国人口科学》2002年第4期。

[62] 李实:《中国个人收入分配研究回顾与展望》,《经济学(季刊)》2003年第2期。

[63] 吴兴陆、亓名杰、冯宪:《中国农民工流动机理的理论探索出处》,《中国人口科学》2003年第6期。

[64] 李军峰:《就业质量的性别比较分析》,《市场与人口分析》2003年第6期。

[65] 曾芬钰:《中国特殊城镇化进程:农民—农民工—市民》,《财贸研究》2004年第2期。

[66] 魏众:《健康对非农就业及其工资决定的影响》,《经济研究》2004年第2期。

[67] 钱雪飞:《进城农民工收入的实证分析》,《南通师院学报(社科版)》2004年第3期。

[68] 侯风云:《农村外出劳动力收益与人力资本状况相关性研究》,《财经研究》2004年第4期。

[69] 任保平:《发展经济学的工业化理论述评》,《学术月刊》2004年第4期。

[70] 李运萍:《中部地区农村劳动力就业及收入与学历关系分析》,《职教通讯:江苏技术师范学院学报》2004年第5期。

[71] 章铮:《民工供给量的统计分析——兼论"民工荒"》,《中国农村经济》2005年第1期。

[72] 姚先国:《劳动力市场分割:一个文献综述》,《渤海大学学报》2005年第1期。

[73] 司睿:《农民工流动的社会关系网络研究》,《社科纵横》2005年第5期。

[74] 刘素华:《建立我国就业质量量化评价体系的步骤与方法》,《人口与经济》2005年第6期。

[75] 赵珍:《人力资本产权化的经济效应分析》,《山西财经大学学报》2006年第1期。

[76] 程名望:《中国农村劳动力转移动因与障碍的一种解释》,《经济研究》2006年第4期。

[77]刘传江、徐建玲:《"民工潮"与"民工荒"——农民工劳动供给行为视角的经济学分析》,《财经问题研究》2006年第5期。

[78]刘琦:《农民工平等就业权法律保护研究》,《湖湘论坛》2007年第6期。

[79]何美金、郑英隆:《农民工的形态演变:基于中国工业化进程长期性的研究》,《学术研究》2007年第11期。

[80]彭国胜:《青年农民工就业质量及影响因素研究——基于湖南省长沙市的实证调查》,《青年探索》2008年第2期。

[81]王华艳:《论提高劳动就业质量的经济社会功能及发展对策》,《青岛大学》2008年第6期。

[82]乔明睿:《劳动力市场分割、户口与城乡就业差异》,《中国人口科学》2009年第1期。

[83]李文川、鲁银梭:《基于农民工流动的浙江产业工人素质提升战略研究》,《改革与战略》2009年第3期。

[84]谢勇:《基于就业主体视角的农民工就业质量的影响因素研究——以南京市为例》,《财贸研究》2009年第5期。

[85]姚永告:《青年农民工就业质量问题研究》,湖南师范大学,2009年。

[86]邹永红:《农村剩余劳动力转移理论及模式比较》,《经济研究导刊》2009年第6期。

[87]张翼:《我国未来劳动力人口的供给及就业技能需求变化分析》,《中国经贸导刊》2009年第9期。

[88]符平、唐有才:《倒"U"型轨迹与新生代农民工的社会流动——新生代农民工的流动史研究》,《浙江社会科学》2009年第12期。

[89]周小刚、陈东有:《中国人口城市化的理论阐释与政策选择:农民工市民化》,《江西社会科学》2009年第12期。

[90]陈宪:《劳动力市场分割对农民工就业影响的机理分析》,《生产力研究》2009年第20期。

[91]李文川、鲁银梭:《基于农民工流动的浙江产业工人素质提升战略研究》,《改革与战略》2009年第25期。

[92]章铮:《定居城市:农民工至少奋斗30年》,《中国社会科学报》2010年1月25日。

[93]唐巍:《我国土地所有权与经营方式的历史变迁及现实启示》,《经济视角》2010年第1期。

[94]周大鸣、姬广绪:《回流的主位视角:企业农民工流动研究》,《广西民族大学学报(哲学社会科学版)》2010年第3期。

［95］沈宏亮:《新熊彼特派长波理论研究进展述评》,《石家庄学院学报》2010 年第2 期。

［96］郑秉文:《如何从经济学角度看待"用工荒"》,《经济学动态》2010 年第3 期。

［97］周大鸣、姬广绪:《回流的主位视角:企业农民工流动研究》,《广西民族大学学报(哲学社会科学版)》2010 年第3 期。

［98］丁守海:《经济周期中就业波动研究新进展》,《经济理论与经济管理》2010 年第9 期。

［99］吴愈晓:《劳动力市场分割、职业流动与城市劳动者经济地位获得的二元路径模式》,《中国社会科学》2011 年第1 期。

［100］杨宜勇:《加大再分配调节公平分配的力度》,《求是》2011 年第2 期。

［101］李萍:《社会资本对新生代农民工择业行为影响调研》,《广东行政学院学报》2011 年第2 期。

［102］杨志明:《新生代农民工融入城市仍面临"三难"》,新华网,2011 年3 月23 日。

［103］韩长赋:《解决农民工问题的基本思路》,人民网,2011 年3 月30 日。

［104］胡德巧:《东部地区用式形势及对策》,《人民日报》2011 年4 月13 日。

［105］辜胜阻:《以"用工荒"为契机推动经济转型升级》,《中国人口科学》2011 年第4 期。

［106］黄祖辉、戴国琴:《发达地区农村外来农民工流动意愿和动因调查——以浙北两村外来农民工为例》,《甘肃社会科学》2011 年第5 期。

［107］张昱、杨彩云:《社会资本对新生代农民工就业质量的影响分析》,《华东理工大学学报(社会科学版)》2011 年第5 期。

［108］张春泥:《农民工为何频繁变换工作》,《社会》2011 年第6 期。

［109］顾和军:《教育和培训对中国城镇劳动力就业的影响》,《人口与经济》2013 年第1 期。

［110］唐代盛:《人口红利理论新进展》,《经济学动态》2012 年第3 期。

［111］吕昭河:《中国区域间人口红利差异分解及解释》,《中国人口科学》2012 年第4 期。

［112］吴华:《"刘易斯拐点"的中国现实判断》,《人口与经济》2012 年第4 期。

［113］张桂文:《二元转型及其动态演进下的刘易斯转折点讨论》,《中国人口科学》2012 年第4 期。

［114］张车伟:《中国劳动供求态势变化、问题与对策》,《人口与经济》2012 年第4 期。

［115］杨云秀:《中国农村地区的家庭禀赋与外出务工劳动力回流》,《人口研究》

2012 年第 4 期。

[116]李强:《"双重迁移"女性的就业决策和工资收入的影响因素分析》,《中国人口科学》2012 年第 4 期。

[117]杨灵:《寻求破解就业困局之道》,《中国政协》2012 年第 5 期。

[118]潘华:《"二代农民工"频繁跳槽为哪般》,《南风窗》2012 年第 5 期。

[119]杨菊华:《社会排斥与青年乡——城流动人口经济融入的三重弱势》,《人口研究》2012 年第 5 期。

[120]宋骁:《人力资本、经济结构与流动人口从业状态》,《人口与经济》2012 年第 5 期。

[121]李鹏:《新生代农民工的流动趋势分析》,《财经问题研究》2012 年第 9 期。

[122]纪志耿:《资源与亲情双重张力下农民工返乡创业的"四川模式"》,《中国人口科学》2012 年第 11 期。

[123]陈东有、钱芳、周小刚:《农民工就业波动分析》,《江西社会科学》2012 年第 12 期。

[124]易富贤:《人口政策如何调整》,《经济导报》2012 年第 18 期。

[125]肖卫:《中国劳动力城乡流动、人力资源优化配置与经济增长》,《中国人口科学》2013 年第 1 期。

[126]郝福庆:《统筹解决我国流动人口问题的路径选择及对策建议》,《人口研究》2013 年第 1 期。

[127]周天勇:《户籍制度改革与中小城市发展》,《宏观经济管理》2013 年第 8 期。

[128]汪苏:《户籍改革闸门开启》,《思想理论动态参阅》2013 年第 33 期。

（五）其他资料

[129]江西省司法厅:《法律援助,服务民生——江西省农民工法律援助精品案例汇编(内部资料)》。

[130]中国就业网:《2012 年第四季度部分城市公共就业服务机构市场供求状况分析》,发布日期:2013 年 1 月 15 日。

[131]中国人力资源和社会保障部:《2012 年度人力资源和社会保障事业发展统计公报》,发布日期:2013 年 5 月 28 日。

[132]中国就业网:《2012 年第四季度部分城市公共就业服务机构市场供求状况分析》,发布日期:2013 年 1 月 15 日。

致　　谢

我们研究农民工就业波动问题的对象时限,是从 2009 年到 2013 年的 5 年,课题自始至终的时间规定是从 2011 年到 2013 年,课题最后送专家审评是 2014 年初。而关于农民工就业、生存诸多问题的解决,虽然此前政府、社会、企业和农民工自己已经作出了许多的努力,但以户籍制度改革和农村新一轮土地改革为着力点的深层次改革却是从现在开始,随着这两项重大制度的改革,我们突然发现,农民的权益和农民工的权益、农民工就业和农民工社会保障诸多问题的解决开始出现新的局面,给包括农民工在内的社会各界带来了新的期望,这正是中国共产党第十八次全国代表大会带来的社会发展"新常态"。一切改革,不过是权力和权利的重新分配,我们期待包括农民工在内的广大劳动群众能够在全面深化改革中获得自己应有的权益。我们课题组全体成员欣喜地看到这种进步,也为自己五年多来研究的前期成果和阶段性成果为社会的进步作出的努力得到肯定而感到由衷的高兴。那么,我们的这个研究报告,即这本书既是我们研究工作的总结,也是迎接我们这个时代"新常态"的一个链接。正如有的朋友在阅读本文稿时评论的那样:研究的问题很有针对性,提出的对策很有前瞻性,而其中不少的问题正在解决。前两句我们不敢受领,而后一句正是我们期盼的。我们想的是:所有的这些问题都不要发生,如果发生了就应该立即解决,那多好!好在,问题不可回避,问题也已经开始解决。

这个课题的完成,不仅是让我们研究了一个各方面都非常关心的社会问题,也让我们课题组全体成员获得了一次极好的学习和体验机会。课题组全体成员,有的是机关干部,有的是高校教师,虽然没有农民工这样的务工人员,但我们有来自农村的农民后代,有当年下过放的知青,每一位都对农村和农民有着深深的情结和真诚的关注。在调研过程中,我们走进田间,走进车间,走进乡镇集市,走进施工现场,与农民和农民工交流,听取他们的喜怒和哀乐,听取他们的故事和倾诉;我们在政府打造的农民工就业中介与农民工谈工资收入和劳动保障,我们也在农民工自发兴起的务工市场与农民工谈报酬的涨跌和对孩子老婆的挂念。我们都来自平民百姓,但从未有过像这次完成课题过程中获得的对农民、农民工乃至平民百姓的认知和感受。三年的调查研究,迫使我们必须深入社会底层去接触百姓,而多次深入的接触让我们的感情和思想都发生了极大的变化,课题组全体成员,无论是年过花甲的老知青还是中青年的博士、教授,对农民工,对农民,对我们这个社会和国家的实情都有了更多更深更准确的了解,体会多多。因此,我们首先要衷心感谢热情支持本课题并且给予本课题的各项调研热情帮助的广大农民工兄弟姐妹!

我们要衷心感谢许多在我们前面已经作出了重要研究的学者,他们的成果为我们建筑了极好的学术台阶。

我们要衷心感谢多次帮助我们的同行朋友,王明美研究员、马雪松研究员,从开始开题设计到问卷设计和难题讨论,直到课题定稿,他们都一直都在关心,都在参与,都在指导。

我们要衷心感谢江西省人大内务司法委员会的同志们,衷心感谢江西省人力资源与社会保障厅的同志们,衷心感谢江西省南昌市、赣州市和宜春市及其相关县区、工业园区的同志们,在我们多次的社会调研工作中,他们给予了热情的指导和真诚的帮助。

研究的过程,就是不断深入认知的过程。为此,我们衷心感谢国家社科规划办给了我们一次极好的机会,为我们搭建了非常好的一个认知社会和国情的平台;衷心感谢江西省社科规划办的同志们,他们为我们做了大量的服务工作,使本课题的各个工作环节都能够顺利地进行。

衷心感谢人民出版社和张振明主任。他们不仅积极支持出版本书,并为本书的顺利出版做了大量扎实的工作。

衷心感谢江西省十二五重点学科"南昌大学管理科学与工程学科"的大力支持。

感谢是为了记住自己的进步是怎么来的,铭记朋友的关心、支持和帮助。

感谢也是为了鞭策自己如何不断地进步,如何去关心、支持和帮助他人。

陈东有　周小刚　钱　芳　李丽清

陈　熹　刘国飞　蔡宝琦

2015 年 4 月于南昌

责任编辑:郑牧野
封面设计:石笑梦
责任校对:吕　飞

图书在版编目(CIP)数据

农民工就业波动分析及对策研究/陈东有 等著. -北京:人民出版社,2015.8
ISBN 978 - 7 - 01 - 015103 - 8

Ⅰ.①农…　Ⅱ.①陈…　Ⅲ.①民工-劳动就业-研究-中国　Ⅳ.①D669.2

中国版本图书馆 CIP 数据核字(2015)第 174919 号

农民工就业波动分析及对策研究
NONGMINGONG JIUYE BODONG FENXI JI DUICE YANJIU

陈东有 等著

人民出版社 出版发行
(100706　北京市东城区隆福寺街 99 号)

涿州星河印刷有限公司印刷　新华书店经销

2015 年 8 月第 1 版　2015 年 8 月北京第 1 次印刷
开本:710 毫米×1000 毫米 1/16　印张:15.5
字数:220 千字　印数:0,001-2,000 册

ISBN 978 - 7 - 01 - 015103 - 8　定价:32.00 元

邮购地址 100706　北京市东城区隆福寺街 99 号
人民东方图书销售中心　电话 (010)65250042　65289539

版权所有·侵权必究
凡购买本社图书,如有印制质量问题,我社负责调换。
服务电话:(010)65250042